Solti über Solti

Sir Georg Solti

SOLTI

über

SOLTI

Unter Mitarbeit von Harvey Sachs

Aus dem Englischen von Michael Schmidt
und Harald Stadler

KINDLER

Titel der Originalausgabe: Memoirs
Originalverlag: Alfred A. Knopf, Inc., New York

Der Verlag dankt der Familie Solti für diverse
Fotos aus ihrem Privatbesitz.

Umschlaggestaltung: Sigfried Schiller, München
Satz und Gestaltung: Hartmut Czauderna, Gräfelfing
Druck und Bindung: Franz Spiegel Buch GmbH, Ulm
Printed in Germany

ISBN 3-463-40317-X
5 4 3 2

Für Valerie, Gabrielle und Claudia

INHALT

ERSTES KAPITEL

Budapest

IM FEBRUAR 1997, ALS diese Memoiren fast abgeschlossen waren, dirigierte ich Béla Bartóks *Cantata profana* mit den Berliner Philharmonikern und dem ungarischen Rundfunkchor. Während der Aufführung wurde mir auf einmal klar, daß mein ganzes Leben, der ganze Weg, den ich zurückgelegt habe, in der Geschichte der *Cantata* enthalten ist.

Bartók, einer meiner Lehrer an der Liszt-Musikakademie in Budapest, hatte den Text der *Cantata* aus dem Rumänischen ins Ungarische übersetzt. Die *Cantata* erzählt die Geschichte eines Vaters, der seine neun Söhne zu Hirschjägern erzieht, damit sie keine Bauern oder Kaufleute werden – eben keine »durchschnittlichen« Männer. Als die Söhne größer werden, dehnen sie ihr Jagdgebiet auf immer entlegenere Gegenden des Waldes aus, bis sie eines Tages eine verwunschene Brücke überqueren und in wunderschöne Hirsche verwandelt werden. Der Vater ist beunruhigt über die allzu lange Abwesenheit seiner Söhne und macht sich auf die Suche nach ihnen. Er passiert die Brücke, gelangt an eine Quelle und erblickt neun Hirsche. Er richtet sein Gewehr auf den größten. Gerade als er schießen will, hört er den Hirsch sprechen. Der Hirsch erklärt ihm, daß er sein ältester Sohn sei – der Liebling des Vaters –, und falls der Vater versuche, irgendeinen der Hirsche zu schießen, würden sie ihn mit ihren Geweihen in Stücke reißen.

»Kommt mit mir«, bittet der Vater seine Söhne. »Eure Mutter wartet auf euch, einsam, liebevoll, kummervoll ... Die Lampen brennen, der Tisch ist gedeckt, die Gläser sind gefüllt ...«

»Wir werden nie zurückkehren«, erwidert der Sohn, »weil unsere Geweihe nicht durch die Tür passen.« Die *Cantata* endet mit der schmerzlichen Erkenntnis des Mannes, daß ihm seine Söhne fremd geworden sind und nie wieder sein werden, was sie zuvor gewesen sind.

Ich hatte diese Geschichte immer mit Bartóks Leben interpretiert. Als ich an jenem Tag die *Cantata* dirigierte, ging mir auf, daß auch ich der »Hirsch« war: Ich war dazu geboren und ausgebildet, Musik zu vermitteln, genauso wie die Söhne zur Jagd geboren und ausgebildet waren. Ich hatte das Glück, in Ungarn aufzuwachsen, einem Land, das Musik lebt und atmet, das leidenschaftlich an die Macht der Musik als einer Feier des Lebens glaubt. Aber eines Tages – ich war noch ganz jung – wurde ich von meiner Familie getrennt und verließ mein Heimatland. Ich jagte und suchte die Musik. Meine Lebensumstände wurden mein »Geweih« und hinderten mich daran, heimzukehren.

Wie viele international anerkannte Musiker gehöre ich allen und teile mit der ganzen Welt alles, was ich zu bieten habe. Mein Leben hat mich in musikalischer wie persönlicher Hinsicht großartig belohnt, aber ich mußte auch große Opfer bringen. Es gab Zeiten, in denen ich das Gefühl hatte, nie wieder belohnt zu werden.

Ungarn, ein flaches, fruchtbares Land, war ein politisches Durchgangsland, in dem sich zahlreiche Nationen und Herrscher getummelt haben: Römer, Österreicher, Franzosen, Deutsche, Russen und andere Völker versuchten, Ungarn zu beherrschen. Aber Ungarn konnte überleben. Seine ungewöhnliche Sprache – die mit keiner der wichtigen europäischen Sprachen verwandt ist – blieb intakt, die ungewöhnlich lebendige ungarische Kultur wurde durch die Fremden bereichert.

Die Musik war und ist ein wesentlicher Bestandteil des Alltagslebens in Ungarn: Die Volksmusik der verschiedenen Regionen, die Zigeunermusik, die der Nation ins Blut ging, die einheimische und ausländische Kunstmusik und die Kaffeehausmusik, die eine Kombination aus diesen Elementen darstellt – diese musikalische Vielfalt erklärt, warum Ungarn, das auch heute nur knapp über zehn Millionen Einwohner zählt, so viele Musiker und so viele ausgezeichnete Musikwerke hervorgebracht hat. Ich bin dankbar, dort geboren und ausgebildet worden zu sein.

In den ersten sechs Jahren meines Lebens war Ungarn einer der wichtigen Bestandteile des riesigen Österreichisch-Ungarischen Kaiserreichs der Habsburger. Nach dem Ersten Weltkrieg wurde Ungarn ein unabhängiger Staat. Während der nun folgenden Welle des ungarischen Nationalismus nahmen viele Ungarn mit deutschen Nachnamen entsprechende ungarische Namen an. Meine Eltern behielten den ursprünglichen Familiennamen Stern für sich selbst bei. Aber mein Vater beschloß, daß meine Schwester und ich einen neuen Nachnamen bekommen sollten, um leichter

Karriere machen zu können. Er wählte einen beliebigen Namen: Solti – den Namen einer ungarischen Kleinstadt. Mein Vorname György blieb unverändert, bis ich Ungarn verließ. Da niemand diesen seltsam geschriebenen Namen aussprechen konnte, wurde in deutschsprachigen Ländern daraus Georg, in englischsprachigen Ländern George. (Aus demselben Grund begann der Mann, der über viele Jahre der herausragende Dirigent des Philadelphia Orchestra war, sein Leben als Jenö Blau und beschloß es als Eugene Ormandy.)

Aus der Geschichte meiner Familie ist mir nur eine Tatsache bekannt: Als der ungarische Diktator Admiral Horthy die Politik Ungarns nach dem nationalsozialistischen Deutschland auszurichten begann, erließ die Regierung 1938 ein Gesetz, wonach Beamte gezwungen waren, ihre ungarische Abstammung über mindestens fünfzig Jahre nachzuweisen. Der fehlende Nachweis zog unweigerlich die Kündigung nach sich. Diese Vorschrift richtete sich hauptsächlich gegen die zahlreichen polnischen und russischen Juden, die nach der Jahrhundertwende über die Karpaten nach Ungarn geflohen waren, um der Diskriminierung in ihren Herkunftsländern zu entgehen. Als Korrepetitor an der staatlich subventionierten Nationaloper in Budapest war ich Beamter und mußte daher einen derartigen Beweis erbringen. Mein Vater fuhr nach Balatonfökajár, seinem Heimatort am Plattensee in Westungarn, und fand Papiere, die bewiesen, daß unsere Familie dort über zweihundertfünfzig Jahre lang gelebt hatte.

Bis zur Generation meines Vaters waren die Sterns meist Bauern, Bäcker und Müller in Balatonfökajár gewesen. Sie hatten Land von der Familie Tóth gepachtet, den örtlichen Großgrundbesitzern. Aladár Tóth, einer ihrer Nachkommen, wurde ein hervorragender Musikwissenschaftler, der wichtigste Musikkritiker der führenden Budapester Zeitung, Intendant der Budapester Oper und Ehemann der Pianistin Annie Fischer, meiner guten Freundin und ehemaligen Mitschülerin. Erst nachdem wir einander schon einige Zeit kannten, kamen wir dahinter, daß mein Großvater von seinem Großvater Land gepachtet hatte.

Vor dem Ersten Weltkrieg waren die ungarischen Juden assimiliert und ins ungarische Leben integriert. Juden hatten die gleichen Rechte wie Nichtjuden. Die beiden wichtigsten Berater des österreichischen Kaisers und Königs von Ungarn Franz Joseph waren ungarische Juden: der Bankier Leo Lanczy und der Kommandeur der Armee, Generaloberst Samuel Hazai. Wir Sterns konnten bis zu einem gewissen Grad von dieser relativ liberalen Einstellung profitieren.

Meine Erinnerungen an die Familie Stern sind ziemlich vage, doch habe ich meine Cousine Elisabet zu Rate gezogen. Elisabet ist zwar schon 99 Jahre alt, aber sie verfügt über ein außergewöhnlich gutes Gedächtnis. Mein Großvater väterlicherseits, Salomon Stern, und seine Frau Fanny hatten acht Söhne. Großvater besaß eine Mühle und war ein wohlhabender Pächter. Seine Söhne waren alle fleißig und wohlgeraten. Alles war gut, bis eines Tages der Sohn Mischa die Familie mit seiner Spielleidenschaft ins Unglück stürzte. Karoly lebte über seine Verhältnisse und machte ungeheure Schulden. Seine Brüder versuchten zwar, die Schulden zu begleichen, um die Familienehre zu retten. Bei diesem Rettungsversuch ruinierten sie sich finanziell.

Mein Vater Mórícz Stern, geboren 1878 in Balatonfökajár, zog als junger Mann mit zwei seiner Brüder nach Budapest. Mórícz war ein herzensguter Mensch, aber ein völlig untauglicher Geschäftsmann, auch wenn er sein Leben lang das Gegenteil zu beweisen suchte – zuerst als Mehlhändler, dann als Versicherungs- und Immobilienmakler. Mórícz vertraute fast jedem Menschen und wurde oft übers Ohr gehauen. Trotzdem muß er vor dem Ersten Weltkrieg eine Zeitlang relativ wohlhabend gewesen sein, denn ich weiß, daß er bei Kriegsbeginn als Patriot eine beträchtliche Summe Geld – all seine Ersparnisse – in Kriegsanleihen mit sechs Prozent Zinsen anlegte – ein für die damalige Zeit sehr hoher Zinssatz. Nach dem Krieg wurde die österreichisch-ungarische Währung praktisch wertlos. Als die Anleihe eingelöst werden konnte, bemühte sich mein Vater erst gar nicht darum, denn sie war nicht viel mehr wert als ein Straßenbahnfahrschein. Irgendwie hatte mein Vater mit keinem seiner Finanzgeschäfte Glück, aber seine Brüder und die Familie meiner Mutter griffen ihm in den schlimmsten Fällen unter die Arme.

Meine Mutter, Teréz Rosenbaum, kam aus Ada, einem Ort in der Region Bácska in Südungarn (dem heutigen Serbien) zwischen Donau und Tisza. Teréz hatte eine Schwester und drei Brüder. Einer von ihnen war Tierarzt und hatte großen Einfluß auf mein frühes Leben. Die Familie meiner Mutter wies mehrere ungewöhnliche Persönlichkeiten auf: Am berühmtesten war ihr Cousin zweiten Grades, László Moholy-Nagy, der Fotograf und Mitbegründer des Bauhauses. Ich besuchte Moholy-Nagy in seinem Fotoatelier, als meine Mutter, meine Schwester und ich Mitte der zwanziger Jahre nach Berlin fuhren. Damals entwarf er gerade Bühnenbilder für Otto Klemperers avantgardistische Kroll-Oper. László Moholy-Nagy war sehr nett, aber ziemlich scheu, und ich weiß noch, daß er eine Brille mit dicken Gläsern trug. Nachdem er aus Nazi-Deutschland geflohen war, gründete er das »Neue Bauhaus« in Chicago und trug zur Gründung der Schule des

Chicago Art Institute bei. László Moholy-Nagy starb, acht Jahre bevor ich nach Chicago ging.

Einer meiner Cousins – der Sohn von Simon Rosenbaum, dem jüngsten Bruder meiner Mutter – war der Journalist, Verleger und Kunstsammler Emery Reeves. Sein ursprünglicher Name Imre Rosenbaum wurde zuerst zu Imre Réves ungarisiert und dann anglisiert. Er studierte in Dresden und arbeitete dann in Berlin als Sekretär bei der Mundwasserfirma Odol. Als die Nazis an die Macht kamen, ging Emery nach Paris und gründete seine überaus erfolgreiche Presseagentur. Winston Churchill und Anthony Eden gaben ihm Exklusivinterviews zur Lage in Europa – diese Artikel wurden weltweit in den Medien verbreitet. Als der Krieg ausbrach, besorgte ihm Churchill ein Einreisevisum für England und setzte sich später für Emerys Bewerbung um die britische Staatsbürgerschaft ein.

Emery verlegte Churchills Memoiren, trug als Kenner eine bedeutende Sammlung von impressionistischen und postimpressionistischen Gemälden zusammen und kaufte »La Pausa«, Coco Chanels wunderschöne Villa in Roquebrune in Südfrankreich. Hierher kam Churchill oft, um sich zu entspannen und zu malen. Wendy, Emerys schöne Amerikanerin, war eine merkwürdige Frau: hochintelligent, sardonisch witzig und ein Snob. Ich war für sie schlicht Luft, bis ich die Stelle des Musikalischen Leiters in der Royal Opera London erhielt. Ich werde Emery allerdings ewig dafür dankbar sein, daß er meiner Mutter und meiner Schwester half, den Krieg in Budapest zu überleben, indem er ihnen Lebensmittel und Geld schickte, als ich selbst nicht in der Lage war, ihnen zu helfen.

Meine Mutter war noch ein Teenager, als sie meinen Vater kennenlernte und heiratete. Sie war erst achtzehn, als meine Schwester Lilly 1904 geboren wurde; mein Vater war damals sechsundzwanzig. Ich kam acht Jahre später zur Welt, am 21. Oktober 1912. Meine Geburtsstätte war eine Wohnung in der Vérmezö-Straße in Buda. (Buda, am Westufer der Donau, und Pest, am Ostufer, waren bis 1872 getrennte Städte.) Lange lebte ich allerdings nicht in Buda. Als ich zwei Jahre alt war, brach der Erste Weltkrieg aus. Mein Vater war sechsunddreißig Jahre alt und hatte erhebliches Übergewicht. Trotzdem wurde er zur Arbeit in einer Militärdienststelle im Städtchen Veszprém, nordwestlich vom Plattensee, eingezogen. Er nahm seine Familie mit nach Veszprém.

Meine frühesten Erinnerungen gehen auf unsere Jahre in Veszprém zurück. Mein Vater war ein sanfter, gläubiger Mensch, der alle jüdischen

Traditionen einhielt, jeden Morgen betete und jeden Freitagabend und Samstagmorgen zum Gottesdienst in die Synagoge ging. Er nahm mich immer mit, und ich spielte draußen mit anderen Kindern, deren Eltern ebenfalls dem Gottesdienst beiwohnten. Einmal kam ein Zirkus für eine Woche in die Stadt und errichtete sein Zelt unweit der Synagoge. Ich ging hin, gelangte ohne Eintrittskarte ins Zelt und konnte bis zum Ende der Vorstellung bleiben – zwei Stunden lang. Es war wunderbar – ich hatte noch nie so etwas gesehen! Als der Gottesdienst zu Ende war, kam mein Vater. Er war entsetzt, als er mich nicht bei der Synagoge fand, und eilte sogleich nach Hause, in der Hoffnung, mich dort anzutreffen. Nun wurde auch meine Mutter beunruhigt. Mein Vater alarmierte die Ortspolizei, und es wurde eine Suchaktion eingeleitet. Nach der wunderbaren Zirkusvorstellung rannte ich allein nach Hause und brannte darauf, meinen Eltern und Lilly zu schildern, was ich gesehen hatte. Als ich daheim ankam, wurde ich von meiner Mutter nicht ausgeschimpft – obwohl ich jetzt weiß, wie verzweifelt meine Eltern gewesen sein müssen. Meine Mutter sagte nur: »Geh schnell zu Bett, bevor dein Vater heimkommt!«

In den Kriegsjahren besuchten wir manchmal die Familie meines Vaters in Balatonfökajár, unweit von Veszprém. Ich weiß noch, wie ich neben meiner Großmutter in einem von Pferden gezogenen Rollwagen saß, den sie selbst fuhr. Ich sehe sie vor mir in ihrem altmodischen schwarzen Kleid und mit seltsamem Schmuck im Haar. Sie erschien mir damals unglaublich alt – wahrscheinlich war sie erst um die Siebzig. Ich kann mich noch gut an den köstlichen Geruch der großen Brotlaibe erinnern, die im Holzofen der Familienbäckerei gebacken wurden. Seitdem liebe ich den Duft und Geschmack von frischem Brot. Normalerweise kamen wir nur etwa einmal im Jahr nach Balatonfökajár zu Besuch, aber meine Onkel, die in Budapest lebten, sahen wir öfter.

Im Herbst 1918, mitten in der Niederlage und dem Zusammenbruch des Österreichisch-Ungarischen Kaiserreichs, kehrten wir nach Budapest zurück, auf Pferdewagen und nur nachts, weil tagsüber die politischen Gruppen der Roten und Weißen im ganzen Land gegeneinander kämpften. Es war eine furchtbare Zeit: Faschisten brachten Kommunisten um, Kommunisten brachten Faschisten um. Ich erinnere mich allerdings nur an unsere Fahrt zurück nach Budapest und an die Angst, daß uns irgend etwas passieren könnte. Ich bin die Angst vor Uniformen seit jener Zeit nicht los geworden, seien es nun Militär- oder Polizeiuniformen oder auch nur Zolluniformen. In Ungarn waren Uniformen stets gleichbedeutend mit irgendeiner Form von Verfolgung.

Im Frühjahr 1919 gewannen die »Roten« die Oberhand, und Ungarn wurde von einem rigiden kommunistischen Regime unter Béla Kún regiert. Kún war wie viele andere ungarische linke Aktivisten Jude. Langfristig erwies sich das als furchtbar gefährlich für die Juden. Andererseits sind Juden fast immer Gegner der extremen Rechten, die oft Antisemiten sind. Illustre Nichtjuden wie Béla Bartók und Zoltán Kodály hatten unter dem Kún-Regime verantwortliche Positionen inne. Wie alle anständigen Menschen glaubten sie einfach an gleiche Rechte für alle. Schließlich bekam Admiral Horthy, der Führer der Rechten – und der einzige Admiral in der Geschichte, der auf keinem Meer fahren konnte –, das Land Ungarn unter Kontrolle: Horthy ritt auf einem Schimmel in Budapest ein. Viele »Rote« wurden hingerichtet. Béla Kún floh ins Ausland; Bartók, Kodály und andere Kún-Sympathisanten fielen in Ungnade und wurden vorübergehend aus dem öffentlichen Leben ausgeschlossen.

Zu jener Zeit steckte mein Vater in finanziellen Schwierigkeiten. Er war nicht mehr in der Lage, den angenehmen Lebensstil beizubehalten, den er und meine Mutter gewohnt waren. In den chaotischen Nachkriegsjahren war alles in Ungarn heruntergekommen. Das zwanzig Jahre alte Mietshaus in der Morosstraße in Buda, in das wir einzogen, bildete keine Ausnahme. Der Hausflur war ein schmaler Gang, ein paar Stufen über der Straße. Unter dem Gang befand sich ein Abstellplatz für Müll – ein Anziehungspunkt für Ratten. Als Kind hatte ich ständig Angst, auf eine Ratte zu stoßen. Sobald ich das Haus betreten hatte, rannte ich die Stufen vom Erdgeschoß in den ersten Stock hoch – erst wenn ich den Treppenabsatz erreicht hatte, fühlte ich mich sicher. Unsere Wohnung bestand aus einem Wohnzimmer, einer Küche und vier kleinen Schlafzimmern. Ich habe alle Zimmer nur als grau und übelriechend in Erinnerung. Ich bin sicher, daß meine ausgeprägte Aversion gegen Schmutz und schlechte Gerüche aus jenen Jahren herrührt.

Mein Onkel, der Tierarzt, unterstützte uns ein wenig in finanzieller Hinsicht. Irgendwie gelang es meiner Mutter, einer wunderbaren Frau, unseren Geldmangel zu verheimlichen: Wir waren stets gut gekleidet, meine Mutter sah immer elegant und anmutig aus. Meine Eltern wollten Lilly und mir unbedingt eine gute Erziehung angedeihen lassen, aber wegen der Familienfinanzen gab es ständig Streit. Meine Mutter schimpfte mit meinem Vater, weil er geschäftlich so erfolglos war. Bis heute steckt die Angst vor dem finanziellen Ruin tief in mir, deswegen hasse ich Luxus und Verschwendung.

Kurz nach unserer Rückkehr aus Veszprém nach Budapest wurde ich eingeschult. Einer Familienanekdote zufolge hat mich mein Vater am ersten

Schultag zur Schule gebracht. Ich habe zu ihm aufgeschaut und gesagt: »Papa, heute fangen meine Sorgen an.« In gewisser Hinsicht sollte ich recht haben.

Unsere Lehrer waren schlecht bezahlt, das Bildungsniveau war niedrig, aber in den ersten Jahren war ich ein guter Schüler, einer der Besten in der Klasse. Wir begannen zunächst mit den Grundfächern – Mathematik, Ungarisch und Geschichte –, dann mit elf Latein und mit dreizehn oder vierzehn Deutsch. Ein- oder zweimal wöchentlich wurde die Klasse für den Religionsunterricht geteilt: in die katholische Mehrheit und in die protestantische und jüdische Minderheit, die jeweils gesondert unterrichtet wurden. Obwohl meine Eltern gläubig waren, wurde ich nie gezwungen, den jüdischen Glauben zu praktizieren. Ich habe nicht gegen den Glauben aufbegehrt, aber damals wie heute mochte ich keine organisierte Religion. Ich habe eine merkwürdige Hemmung, mit anderen Menschen zu beten. Gebet ist für mich Privatangelegenheit. Gelegentlich hat mich mein Vater gescholten, weil ich nicht in die Synagoge ging. Um ihm eine Freude zu machen, ging ich an hohen Feiertagen mit ihm hin.

In der Synagoge hat mich stets das unaufhörliche Gerede im Hintergrund gestört. »Das ist schrecklich!« sagte ich zu meinem Vater. »Das mußt du verstehen«, erwiderte er, »für einen Juden ist die Synagoge sein Zuhause.« Auch diese Erklärung hat nichts an meiner Einstellung geändert.

Meine Mutter kam mir weniger gläubig vor als mein Vater. Oft bereitete sie für sich und mich nichtkoscheres Essen wie Speck. Wenn beim Passahfest jeder sagte: »Nächstes Jahr in Jerusalem!«, dann fügte sie immer hinzu: »Ohne mich!« Wenn meine Eltern doch nur in den zwanziger oder dreißiger Jahren nach Jerusalem gegangen wären, wie anders hätte unser Leben verlaufen können!

Die Tatsache, daß es Mozart gab, galt mir damals als ausreichender Beweis für die Existenz eines höchsten Wesens. Je älter ich werde, desto entschiedener glaube ich, daß Mozarts Leben, in dem er unglaublich viel Freude und Schönheit für die Menschheit geschaffen hat und schon mit fünfunddreißig Jahren starb, kein Zufall gewesen sein kann. Dieses Leben muß einen höheren Sinn haben – also muß es eine Kraft geben, welche die unglückliche Menschheit trösten will. Als Gabrielle, meine erste Tochter, geboren wurde, hielt ich dieses gerade eine halbe Stunde alte kleine Wesen zum ersten Mal in Händen. Als es die Augen aufschlug, da verstand ich plötzlich das Wunder des Lebens und der Seele. Aber über diese Gefühle geht mein religiöser Glaube nicht hinaus.

In der Schule wurde ausgiebig nationalistisch indoktriniert. Dies war das

Erbe des Österreichisch-Ungarischen Kaiserreichs: Man sorgte dafür, daß die Untertanenvölker einander mißtrauen und sich nicht mögen – damit sie sich nicht zusammentaten, um die österreichische Herrschaft zu stürzen. Diese Praxis wurde später Teil der faschistisch-nationalistischen Mentalität nach dem Ersten Weltkrieg – wir Ungarn waren die besseren Menschen, wir waren die stärkeren Soldaten, wir waren intelligenter. Dies schuf eine furchtbare Saat des Hasses. Als Schulkind in Budapest hat man mir vor fünfundsiebzig Jahren beigebracht, daß Rumänen, Tschechen, Kroaten, Slowenen und Serben die Feinde der Ungarn wären und daß wir ihnen mißtrauen müßten.

Die Macht dieser Indoktrinierung wurde mir bei einem Fußballspiel zwischen der ungarischen Nationalmannschaft und Newcastle United wieder deutlich: Im ungarischen Team waren Rumänen, Tschechen und Russen, allesamt ungarische Staatsbürger. Zufällig spielte ein rumänischer Spieler besonders rauh und aggressiv, und ich rief: »Ach, diese schrecklichen Rumänen!« Ich reagierte genauso, wie es mir die Lehrer als kleinem Jungen eingebleut hatten. Obwohl ich ein Antifaschist, Antinationalist und Antimilitarist bin – kaum schaue ich mir ein Fußballspiel an, kehren all diese dummen alten Vorurteile zurück.

Die ganze serbisch-bosnisch-kroatische Katastrophe ist die Folge von jahrhundertealtem Haß. Es ist nicht verwunderlich, daß in Mittel- und Osteuropa der Antisemitismus unvermindert weiterbesteht, obwohl fast alle mittel- und osteuropäischen Juden emigriert sind oder umgebracht wurden: Das Vorurteil ist so tief verwurzelt, ja fast schon angeboren. Viele europäische Juden sind davon angesteckt worden. Ich erinnere mich schamvoll daran, wie erfreut ich als junger Mann war, wenn die Leute mir sagten, ich sähe so unjüdisch aus.

Freunde sind für mich wichtig, und ich hatte immer viele. Das hat unter anderen zwei Ursachen: Ich bin von Natur aus ein freundlicher Mensch. Und: Ich hasse es, allein zu sein. Als Junge verdankte ich meine Freundschaften dem Fußball. Meine liebsten Erinnerungen an meine Schulzeit haben mit Fußballspielen zu tun. Viele meiner Klassenkameraden waren arm, zumindest hatte ich ihnen eins voraus: Ich besaß einen Fußball. Ich spielte unermüdlich, ich war leichtfüßig und ein guter Läufer. Ich liebe das Spiel auch heute noch, aber nur als Zuschauer.

In der Schulzeit hatte ich drei oder vier gute Freunde. Als wir elf Jahre alt waren und einer von ihnen so schlechte Zensuren bekam, daß er sitzenzubleiben drohte, stahlen wir das Zensurenheft des Lehrers und verbrannten es. Wir beschlossen, uns in Frankreich der Fremdenlegion anzuschließen. Aber nach einer Stunde hatten wir so Hunger, daß wir wieder heimgingen und alles beichteten. Am nächsten Tag mußten wir in der Schule ein öffentliches Geständnis ablegen. Der Lehrer schimpfte fürchterlich mit uns. Wir bekamen schlechtere Zensuren, als uns zustanden. Dies war meine einzige Heldentat – begangen aus Solidarität zu meinen Freunden.

Als ich sechs Jahre alt war – in dem Jahr, als wir aus Veszprém nach Budapest zurückkehrten und ich eingeschult wurde –, bemerkte meine sehr musikalische Mutter, daß ich gut und sauber sang. Außerdem stellte sie fest, daß ich ein gutes Gehör hatte. Meine Cousine Elisabet erinnert sich an ihre Besuche in Veszprém: Ich saß am liebsten oben auf dem Klavier und hörte ihr beim Spielen zu. Als mein Talent entdeckt wurde, setzte meine Mutter, Elisabets Erzählungen zufolge, alles daran, es zu fördern, und sie beschloß, daß ich Klavierunterricht bekommen sollte. Ich will ausdrücklich betonen: Dies war ihre Idee, nicht die meine: Ich hätte lieber einen neuen Fußball gehabt, aber doch keinen Klavierunterricht!

Meine Mutter hörte sich ein wenig um: Jemand erzählte ihr, der deutsche Harfenist des Budapester Opernorchesters sei ein guter Klavierlehrer. Also kam er fortan einmal wöchentlich zu uns. Ich haßte ihn, weil er mir auf die Finger schlug, wenn ich Fehler machte oder nicht folgte. Noch schlimmer war, daß das Klavier neben einem Fenster stand und ich während des Unterrichts oder beim Üben meine Freunde unten im Park Fußball spielen sah. Meiner Meinung nach sind Kinder, die gern ein Instrument spielen lernen, nicht ganz normal: Entweder sind sie Genies oder – was häufiger vorkommt – völlig unbegabt. Ich mochte ganz sicher nicht üben. Der schlagende Lehrer und der Ausblick auf den Park trugen nicht gerade dazu bei, meine Einstellung zu ändern. Nach sechs Monaten sagte ich meiner Mutter, daß ich mit dem Unterricht aufhören wollte. Sie war so klug, um mich nicht zu zwingen weiterzumachen. Auch kostete der Klavierunterricht Geld – und damit war unser Haushalt nicht eben reichlich gesegnet.

Also hörte mein Klavierspiel beinahe gleich wieder auf, nachdem es begonnen hatte – und glücklich spielte ich wieder Fußball. Dann, in meinem zweiten Grundschuljahr, wurde mein Interesse an der Musik plötzlich wiederbelebt durch das Singen in der Schule – oder vielmehr durch den Jungen, der uns am Klavier begleitete. Ich wußte, daß ich es viel besser könnte! Er weckte meinen musikalischen Ehrgeiz, der bis heute nie nachgelassen hat. Ich unterdrückte meinen Stolz und erklärte meiner Mutter, daß ich gern wieder Klavierunterricht nehmen würde.

Damals war ich etwa acht Jahre alt. Meine sechzehnjährige Schwester Lilly hatte soeben mit ihrem Gesangstudium begonnen, und meine Eltern meinten, sie würden vielleicht ein bißchen Geld sparen, wenn ich sie begleiten könnte – ich glaube, das war für sie sehr wichtig. Lilly machte schließlich eine bescheidene Karriere als Sängerin. Sie hatte wie unser Vater eine hübsche Stimme, war aber nicht sehr musikalisch. Nach zwei Jahren als Sängerin an deutschen Provinzbühnen begrub sie ihre Opernambitionen und heiratete. Meine Mutter glaubte wirklich, daß ich das Zeug zum Musiker hatte, und zweifellos verdanke ich ihr mein Leben mit der Musik. Sie trotzte sogar dem Rat eines ihrer Brüder, mich lieber einen »richtigen« Beruf erlernen zu lassen, als viel Zeit mit Musik zu vertändeln. Vielleicht wollte sie selbst einmal Pianistin werden und übertrug ihren Ehrgeiz auf mich.

Als ich zum zweiten Mal mit dem Unterricht anfing, nahm auch meine Mutter einige Stunden. Sie machte gute Fortschritte und pflegte mit mir zu üben. Leider mußte sie wieder aufhören, weil sie keine Zeit hatte, aber sie ermutigte mich weiterzumachen – und seitdem habe ich nie aufgehört, Musik zu studieren. Je älter ich werde, desto fleißiger, ja fanatischer arbeite ich.

Auch der Bruder meiner Mutter, der Tierarzt, spielte Klavier. Als ich dreizehn oder vierzehn war, verbrachte ich die Sommerferien bei ihm in dem rumänischen Städtchen Nagyvárad. Eines Abends nahm er mich auf eine Party mit, damit ich seinen Freund, den Apotheker, begleiten konnte, der ein Amateursänger war. Dieser Freund sang die »Piff, paff«-Arie aus Meyerbeers Oper *Die Hugenotten*, die ich noch nie gehört hatte. Ich fand das Stück so lustig und den Sänger so schrecklich, daß ich zu lachen begann. Ich lachte so sehr, daß ich nicht weiterspielen konnte. Der Sänger war fürchterlich beleidigt, mein Onkel schrecklich verlegen – und ich wurde ungnädig nach Hause und ins Bett geschickt.

Meine Mutter fand eine andere Lehrerin, eine Frau Koczy, eine bezaubernde ältere Dame. Normalerweise unterrichtete sie mich in unserer Wohnung, aber gelegentlich suchte ich sie in ihrem angenehmen Haus auf, das in einem schickeren Teil von Buda lag als das unsere. Die Klaviertechnik, die sie mir beibrachte, war ganz altmodisch: Spreize nie deine Finger, halte sie immer gekrümmt und den Handrücken so flach, daß du einen Bleistift darauf balancieren könntest. Ich mochte meine Unterrichtsstunden, übte aber nie mehr als eine Stunde pro Tag, statt zwei bis drei Stunden, wie man mir auftrug. Frau Koczy ließ mich in ein Büchlein, das meine Mutter jede Woche unterschreiben mußte, die Zahl der Stunden eintragen, die ich jeden

Tag übte. Ich log schamlos. Eines Tages erkundigte sich Frau Koczy bei meiner Mutter, ob es wahr sei, daß ich jeden Tag zwei bis drei Stunden arbeitete, und meine Mutter sagte: »Nein – ich habe in dem Buch nur unterschrieben, weil er mich darum gebeten hat.« Das war mir dermaßen peinlich, daß ich augenblicklich meine tägliche Übungszeit auf eineinviertel Stunden erhöhte.

Als ich zehn Jahre alt war, bestand ich die Aufnahmeprüfung für die Ernö-Fodor-Musikschule, das nach der Franz-Liszt-Akademie bedeutendste Musikinstitut Ungarns. Meine Mutter oder mein Vater mußten mich dreimal die Woche hinbringen, da die Schule auf der anderen Seite der Donau, in Pest, war. Wir fuhren mit der Straßenbahn über die Margaretenbrücke. Miklós Laurisin, einer der Theorieprofessoren, betreute mich auch am Klavier. Er hat mir als erster Lehrer erklärt, daß der Klang auch mit der Handfläche und nicht nur mit den Fingern erzeugt wird. Er war zwar hochbegabt, hatte aber viel zu spät Spielen gelernt, als daß er selbst eine herausragende Technik hätte entwickeln können. Doch ihn faszinierte die Vorstellung, eine Methode zu erarbeiten, die bei anderen gut funktionierte. Er war ein leidenschaftlicher Lehrer und wußte, daß das Klavier einen singenden Legatoton hervorbringen konnte und nicht wie ein Schlaginstrument klingen mußte. Laurisin war sehr nett zu mir. Ich war ihm dankbar für das, was er mir beibrachte. Bedauerlicherweise wurde er später ein Nazi-Mitläufer – und ich verlor jeden Kontakt zu ihm. Ich konnte es nicht mehr ertragen, ihn zu sehen.

Nach zwei Jahren an der Fodor-Schule bestand ich die Aufnahmeprüfung an der Liszt-Akademie, wo ich sechs Jahre lang den entscheidendsten Abschnitt meiner Musikerziehung genoß. Die Liszt-Akademie ist in einem herrlichen Gebäude Budapests untergebracht. Ihr wunderschöner Jugendstil-Konzertsaal besitzt eine hervorragende Akustik für Solokonzerte und Kammermusikaufführungen. Die Ausbildung an der Akademie war schwierig und zeitweise hart. Wer sie hinter sich brachte, ging als echter Musiker daraus hervor. Meine Zeit an der Akademie vermittelte mir eine Basis an Disziplin und harter Arbeit, von der ich mein Leben lang profitierte. Die Lektionen, die ich dort gelernt habe, versuche ich nun jungen Menschen weiterzugeben.

Jeden Morgen fuhr ich mit der Straßenbahn Nr. 81 direkt zur Akademie, wo ich in den Standardfächern – zum Beispiel Musiktheorie und Musikgeschichte – unterrichtet wurde oder Klavierstunden erhielt. Mein erster Klavierlehrer dort war Arnold Székely, der wie viele andere bedeutende ungarische Musiker seiner Generation ein Schüler von István Thomán gewesen war – der wiederum war ein Schüler von Liszt und ein Freund von Brahms gewesen. Vielleicht verdankte Székely der Beziehung zu Thomán seine Stellung, denn er war kein sehr guter Lehrer. Székely bevorzugte die gleiche altmodische Technik, die mir Frau Koczy beigebracht hatte und die Laurisin hatte korrigieren wollen – das Spiel mit verkrampften Händen und Armen. Ich widersetzte mich großenteils seinen Anweisungen – darum war das Verhältnis zwischen uns nicht gerade glücklich.

Ich sehe Székely noch als kleine, elegante, ja eitle Gestalt vor mir, aber ich kann mich kaum noch an seinen Unterricht erinnern, obwohl ich bei ihm vier Jahre studiert habe. Er war nicht aggressiv, wiederholte aber immer die gleichen Dinge. Der wichtigste Aspekt dieses Unterrichts war der Umstand, daß fünf oder sechs hochbegabte junge Pianisten zweimal die Woche zusammenkamen und einander mehrere Stunden lang beim Spielen zuhörten. Weil wir wußten, daß wir den anderen vorspielen würden, übten wir: Im ersten Jahr lernten wir Bachs zweistimmige Inventionen, im zweiten Jahr die dreistimmigen Inventionen, im dritten Jahr Teile aus dem *Wohltemperierten Klavier* und jedes Jahr erhebliche Mengen Haydn, Mozart, Beethoven und von den anderen Klassikern.

In Székelys Klasse lernte ich Annie Fischer kennen, die meiner Meinung nach begabteste ungarische Pianistin des 20. Jahrhunderts. Weitere Freunde in meiner Klasse waren Edith Farnadi, ein Wunderkind, und György Fejér, der Jazz und leichte Musik liebte. Er wanderte nach Amerika aus und wurde der berühmte New Yorker Barpianist George Feyer – jahrelang spielte er im Carlyle und im Waldorf Astoria Hotel. Wir sind gute Freunde geblieben und sehen einander gelegentlich in New York und in Europa.

Als ich fünfzehn oder sechzehn war, bekam Professor Székely eine Lungenentzündung. Uns Schülern wurde gesagt, daß wir während seiner Abwesenheit bei Professor Bartók Unterricht hätten. Obwohl Béla Bartók ein guter Pianist war und für seinen Lebensunterhalt unterrichten mußte, stellt sich natürlich die Frage: Warum unterrichtete er Klavier statt Komposition? Die Antwort lautet: Bartók glaubte, Komposition könne nicht gelehrt werden. Er hatte absolut recht. Zwar muß und kann man die zentralen Elemente der Komposition – Harmonie, Kontrapunkt, Form – erlernen, aber niemand kann einem beibringen, wie man etwas Hörenswertes komponieren muß – entweder man hat das Talent, Musik zu komponieren, oder man hat es nicht.

Bevor Székely krank wurde, war ich Bartók nur in den Gängen der Liszt-Akademie begegnet und hatte nie ein Wort mit ihm gewechselt. Bartók präsentierte sich seiner Umwelt von einer asketisch strengen Seite. Schon damals, als er erst Mitte Vierzig war, besaß er einen legendären Ruf. Auch wenn er wenig offizielle Anerkennung erlangt hatte und weithin als verrückter Radikaler galt, wußten wir Musikstudenten aber ganz genau, wie bedeutend er war, und wir verehrten ihn. Wir waren uns absolut darüber im klaren, daß an unserer Akademie ein echtes Genie als Lehrer tätig war.

Als ich erfuhr, daß ich Bartók vorspielen müßte, hatte ich fürchterliche Angst. Bartók unterrichtete unsere Klasse getrennt von seiner eigenen. In den sechs Wochen, als Székely krank war, waren wir zweimal die Woche mehrere Stunden mit ihm zusammen. Seither sind siebzig Jahre vergangen, und von diesen Sitzungen ist mir nicht mehr viel in Erinnerung geblieben, aber ich weiß noch, daß in jeder Stunde jeder Schüler Bartók Teile aus dem *Wohltemperierten Klavier* vorspielte. Ich spielte ihm auch einige Préludes von Debussy vor. In einer der ersten Stunden beging ich einen fürchterlichen Fauxpas: Ich setzte mich hin, um sein *Allegro barbaro* für Klavier zu spielen. Als er sah, wie ich die Noten auf den Ständer legte, wurde er ganz aufgeregt. »Nein, nein, das nicht!« rief er. »Ich will das nicht hören!« Es war töricht von mir zu glauben, daß er sich vielleicht darüber freuen könnte, einen unreifen Schüler eine seiner Kompositionen spielen zu hören, aber ich hatte es gut gemeint: Ich hatte ihm zeigen wollen, daß ich ihn liebte und respektierte.

Nachdem ich Bartóks Klasse verlassen hatte, hatte ich nie wieder persönlichen Kontakt zu ihm. Hin und wieder ein »Guten Morgen, Herr Professor«, wenn ich ihm im Gang begegnete – das war alles. Ich besuchte viele seiner Konzerte, bei denen er Scarlatti und Liszt (besonders erinnere ich mich an einige der weniger häufig aufgeführten Stücke aus *Années de pèlerinage*), Haydn, Mozart, Schubert, Debussy und sogar Schönberg spielte, dessen Musik damals in Ungarn genauso wenig beliebt war wie anderswo. Nie habe ich ihn Beethoven oder Brahms spielen hören, dafür aber viele Stücke aus seinem *Mikrokosmos*, für die er ein frisches Stakkatospiel bevorzugte. Bartók war ein wunderbarer Pianist, der das Üben ernst nahm, doch sein Spiel war ein wenig trocken, überhaupt nicht romantisch. Er bevorzugte einen ziemlich harten, aber außerordentlich klaren Klang und verwendete weniger Pedal als die meisten Pianisten – sogar bei Debussy sehr wenig.

Horthy und seine Anhänger verziehen schließlich Kodály sein Sympathisieren mit den Kommunisten, aber Bartók, der einen viel kompromißloseren Charakter hatte, verziehen sie nie. So isoliert Bartók schon im ungarischen Musikleben gewesen sein mochte – noch schwieriger wurde seine Lage in der Emigration. Die Geschichte seiner Ausreise zu Beginn des

Zweiten Weltkriegs und seines Überlebenskampfes in Amerika, wo er 1945 starb, ist bekannt. Seit seinem Tod ist er als einer der großen Komponisten des 20. Jahrhunderts anerkannt. In Ungarn wurde er postum ein Nationalheld: In den meisten Städten sind Straßen oder Plätze nach ihm benannt. Auch die ehemalige Franz-Liszt-Akademie heißt inzwischen Franz-Liszt-/Béla-Bartók-Akademie.

Als ich mit dreizehn oder vierzehn einen von einem Budapester Politiker geförderten Klavierwettbewerb gewann, spielte ich unter anderem ein eigenes Stück. Meine Mutter war überzeugt, daß ich ein zweiter Mozart wäre, und überredete den Politiker, für mich einen Empfehlungsbrief an den bekanntesten Kompositionslehrer der Akademie zu schreiben – Zoltán Kodály.

Kodály, damals Mitte Vierzig, war ein genialer Mann, der einige sehr schlimme Jahre durchmachte und am Rande des Wahnsinns stand. Er war ein Fanatiker. Sein jugendliches, asketisches Gesicht und sein Leninbart verliehen ihm ein christusähnliches Aussehen. Kodály glaubte an eine fast messianische Form des Kommunismus und war Anhänger eines extremen Gesundheitskults mit streng vegetarischer Lebensweise, Kaltwasserkuren und Barfußlaufen. Eine Zeitlang erschien er sogar in der Akademie ohne Schuhe. Seine Frau Emma Sándor, die Schwester eines reichen, liberalen Parlamentsabgeordneten, war eine hochintelligente Frau und eine begabte Komponistin, Pianistin, Dichterin und Übersetzerin. Ihr Reichtum gestattete es Kodály, seine Zeit mit Komponieren und Volksmusikforschungen zu verbringen, wozu er nicht die Freiheit gehabt hätte, wenn er die ganze Zeit hätte unterrichten müssen.

Ich weiß nicht, woher meine Mutter den Mut nahm, mich zu einem derart angesehenen Mann wie Kodály zu bringen, aber da standen wir nun eines Tages – in seinem Studierzimmer in der Akademie. In ihrer Naivität in politischen Dingen hatte sie nicht einmal gemerkt, daß der Politiker, dessen Empfehlungsschreiben sie nun übergab, ein Rechter und Kodály ein Linker war. »Mein Sohn komponiert und hat einige kleine Stücke mitgebracht, die er geschrieben hat«, sagte sie einfach. »Möchten Sie sie sich anhören?«

Ich bin sicher, daß die Stücke schrecklich waren, aber Kodály hörte geduldig zu. »Der Junge hat sicher Talent«, erklärte er meiner Mutter dann, »aber er muß seine Ausbildung abschließen. Bringen Sie ihn wieder zu mir, wenn er achtzehn ist, dann reden wir noch einmal darüber.« Das war ein faires Angebot, aber meine Mutter war tief gekränkt: Wie hatte es Kodály wagen können, ihren kleinen Mozart abzuweisen? Statt seinem Rat zu folgen, brachte sie mich schnurstracks zu Albert Siklós, dem anderen ordentlichen Professor für Komposition an der Akademie; er hörte sich meine Stücke an und nahm mich als Schüler an.

Siklós repräsentierte das konservative Element der Akademie; Kodály war der Champion der Radikalen, wenngleich er als Komponist weitaus konservativer als Bartók war. Siklós ließ uns nach den gleichen Kompositionslehrbüchern studieren, die Liszt und Brahms bereits fünfundsiebzig oder hundert Jahre zuvor benutzt hatten. Dagegen arbeitete Kodály nach seiner eigenen Methode, die mit dem Studium des Kontrapunkts aus dem 16. Jahrhundert begann und durch die folgenden vier Jahrhunderte voranschritt. Bis zu einem gewissen Grade waren wir alle von Kodálys System beeinflußt. Auch ich lernte im Stil von Orlando di Lasso und Palestrina zu komponieren. Die Ergebnisse müssen furchtbar gewesen sein, aber das spielte keine Rolle: In erster Linie sollten wir die alten Stile verstehen und nicht Meisterwerke in ihnen komponieren. Auf diese Weise erlernte ich die Beherrschung des Kontrapunkts. Dabei wurde meine besondere Liebe zur Musik Bachs geboren.

Nachdem wir zwei Jahre lang in Stilen der Vergangenheit gearbeitet hatten, durften wir in unserem eigenen Stil komponieren. Die meisten von uns imitierten Kodály, nicht nur weil er das naheliegendste Vorbild war, sondern auch weil Stücke, die von der Volksmusik beeinflußt waren, neu und kühn schienen. Ich habe nie sehr an mein Talent als Komponist geglaubt. Schon bald merkte ich, daß ich außerstande war, etwas anderes als schwache Imitationen von Kodály hervorzubringen.

Die Kompositionsexamen fanden zweimal im Jahr statt. Wir bekamen frühmorgens leeres Notenpapier und mußten bis Mittag eine bestimmte Art von Komposition zustande bringen. Siklós und Kodály sahen sich gemeinsam die Arbeit jedes Schülers an und benoteten sie. Bei diesen Gelegenheiten – in vier Jahren gab es mindestens acht derartige Prüfungen – ließ sich Kodály nicht im geringsten anmerken, daß er mich wiedererkannte. Er benotete meine Arbeit stets gerecht, sagte aber nie ein Wort zu mir. Ich schloß den Kurs erfolgreich ab und schrieb ein Streichquartett als Abschlußarbeit. Damit beendete ich meine Karriere als Komponist. Kodály überreichte mir mein Diplom, aber nicht einmal da sprach er mit mir.

Ein paar Jahre später – ich war Korrepetitor an der Staatsoper – saß ich eines Abends auf meinem üblichen Platz in der Opernkantine vor einer Vorstellung von Kodálys Singspiel *Die Spinnstube*. Der Intendant kam mit Kodály herein und bat mich, den Komponisten zu seiner Loge zu bringen.

Als wir nebeneinander gingen, wandte sich Kodály an mich und sagte: »Sehen Sie, Sie haben dieses Empfehlungsschreiben gar nicht gebraucht. Sie haben Ihren Weg auch ohne diesen Politiker gemacht.«

Ich war verblüfft: »Herr Professor, daran erinnern Sie sich?«

»Aber ja«, erwiderte er sanft.

Etwa dreißig Jahre lang hatte ich ihn seitdem nicht mehr gesehen. Nach einer Aufführung von Mahlers Erster Symphonie, die ich 1964 in Salzburg dirigiert hatte, kam ein Logendiener in meine Garderobe und sagte, Professor Kodály wolle mich sehen. Da trat Kodály auch schon mit seiner neuen, jungen Frau ein – die erste war gestorben – und machte folgende erstaunliche Bemerkung: »Ich muß mich bei Ihnen dafür entschuldigen, daß ich damals so unfreundlich war zu Ihrer Mutter. Aber wissen Sie, der Mann, der diesen Empfehlungsbrief geschrieben hatte, war mein politischer Feind.«

Ich sah Kodály noch einmal, als er im darauffolgenden Jahr eine meiner Vorstellungen von Schönbergs *Moses und Aron* an der Covent Garden Opera besuchte. Anschließend lobte er meine Fortschritte als Musiker. Das hat mich sehr gefreut, denn er war ein scheuer Mensch und warf normalerweise nicht gerade mit Komplimenten um sich. Kodály starb 1967, mit fünfundachtzig Jahren. Einen Sachverhalt möchte ich an dieser Stelle eigens hervorheben: Seine Methode, Kinder in Musik zu unterrichten, indem man mit dem Singen beginnt, ist logisch und genial, weil Singen die natürlichste Form des Musizierens ist. Alles gute Musizieren beginnt mit der Stimme – das ist zwar schon viele Male gesagt worden, aber es kann gar nicht oft genug wiederholt werden.

Unser Professor für Musikgeschichte an der Liszt-Akademie war der bekannte Musikwissenschaftler Antal Molnár, ein großer, seltsam aussehender Mann mit einer dicken Brille. Ich habe ihn als einen guten Lehrer und als einen sehr netten Menschen in Erinnerung. Es gab auch eine Dirigierklasse, bei Ernö Unger, der seine Schüler anwies, mit steifen kleinen Handgelenkbewegungen zu arbeiten. Ich besuchte seine Klasse zwar nur zwei Jahre lang, aber ich benötigte fünf Jahre praktischer Dirigiererfahrung, bevor ich mir wieder abgewöhnen konnte, was er mir eingebleut hatte.

Doch die wichtigste Klasse für mich und Hunderte von ungarischen Musikern war die Kammermusikklasse. Etwa vom vierzehnten Lebensjahr an und bis zum Abschluß an der Akademie mußten alle Instrumentalisten außer den schweren Blechbläsern (Trompeter, Posaunisten und so weiter) und den Schlagzeugern diesen Kurs belegen. Geleitet wurde er viele Jahre lang von dem Komponisten Leó Weiner, der einen ungeheuren Einfluß auf drei Generationen ungarischer Musiker hatte. Ich erinnere mich noch an meine erste Stunde bei ihm. Dénes Koromzay, ein ehrgeiziger Geiger, der später im ungarischen Streichquartett spielte, und ich hatten Beethovens *Frühlingssonate* für Klavier und Geige erarbeitet. Wir begannen zu spielen, und alles wartete darauf, daß Weiner mit der Faust auf den Tisch schlug, »Nein!« schrie und uns nach ein paar Takten zum Aufhören zwang, wie es seine Gewohnheit war. Statt dessen ließ er uns den ganzen ersten Satz spielen.

»Sehr gut«, sagte er. »Ihr seid beide sehr begabt. Spielt es nächste Woche noch einmal.«

Die Klasse war sprachlos. Dénes und ich freuten uns wie die Schneekönige, nicht so sehr wegen unseres Spiels, sondern weil wir das Werk durchspielen durften. Aber als wir in der darauffolgenden Woche spielten, wurden wir nach Strich und Faden zerlegt. Wir durften nicht mehr als vier Takte spielen, ohne daß Weiner uns korrigierte. Schließlich sagte er barsch: »Ach, ihr beiden seid überhaupt nicht begabt.«

Wir waren am Boden zerstört. Mit einer derartigen psychologischen Attacke wird man nur sehr schwer fertig, aber wenn man stark genug ist, sie als Herausforderung zu akzeptieren, kann sie sich als nützlich erweisen. Dénes und ich arbeiteten noch einmal an dem Stück und trugen es Weiner zum dritten Mal vor – und von da an behandelte er uns freundlicher. Er war zwar weiterhin überaus kritisch, aber ein von Weiner gemurmeltes schlichtes »Gut« bedeutete mehr als ein hohes Lob von irgend jemand anderem.

In seiner Klasse spielte ich ein umfangreiches Repertoire von Mozart bis Brahms. Ich kann gar nicht genug betonen, wie dankbar ich Weiner bin. Er war ein wunderbarer, natürlicher Musiker, aber auch ein absoluter Profi, der ein umfassendes und profundes Wissen über die Kunst des Musizierens besaß. Weiner sprach nie von Technik, sondern von musikalischen Strukturen, von der Freiheit des Phrasierens und der Suche über die Noten hinaus. Er brachte uns bei, einander zuzuhören, wenn wir in einem Ensemble spielten, wie groß oder klein dieses auch sein mochte. Er lehrte uns zu erkennen, wann wir führen und wann wir folgen sollten – und warum und wie. Zu wissen, wie man zuhört, wie man beurteilt, was in einem Ensemble vorgeht, und wie man das, was falsch ist, feststellt und korrigiert – das sind die Grundfertigkeiten eines Kammermusikers ebenso wie eines Dirigenten. Ich übertreibe nicht, wenn ich sage: Alles, was ich als Musiker erreicht habe, verdanke ich Leó Weiner.

Wie Bartók und Kodály interessierte auch Weiner sich für authentische ungarische Volksmusik, die Einfluß auf seine eigenen Werke hatte. Als Komponist war er konservativer als die beiden anderen, die meisten seiner Werke sind vergessen. Ich habe das wunderbare, postmendelssohnsche Scherzo aus seinem Ballett *Prinz Csongor und die Kobolde* sowie die Suite in f-Moll aufgenommen. Weiner war auch ein bestens ausgebildeter Pianist, aber er übte nie. Er wußte eine ganze Menge über die Techniken aller Standardinstrumente, erfand Bogenführungen, die von guten Streichern geschätzt wurden, und er war stolz auf ein dirigentenloses, vierzigköpfiges Kammerorchester, das er zusammengestellt und betreut hatte. Sie brauchten immer ungeheuer viele Proben, um zusammenzuspielen und gemeinsam fertig zu werden. Einmal erlebte ich sie bei einer Probe zu einem Klavierkonzert von Mozart mit Annie Fischer; alle lernten eine ganze Menge – besonders wie man einander zuhörte. Wenn wir Studenten uns nach altehrwürdiger Tradition im großartigen Foyer der Liszt-Akademie versammelten und uns über unsere Lehrer beklagten oder uns über sie lustig machten, hat nie jemand negativ über Weiner gesprochen – er wurde einfach von allen geliebt und respektiert.

Weiner war ein kleiner, schwarzhaariger Mann. Außerhalb des Klassenzimmers bewies er viel Humor, aber während des Unterrichts war er absolut ernst und lächelte nur selten. Seine Methode bestand darin, daß er die Studenten streng behandelte, keinesfalls wie verwöhnte Kinder. Ich vergötterte ihn, und ich glaube, er mochte mich auch. Weiner führte ein einsames und wohl auch ziemlich trauriges Leben. Die Liebe seines Lebens war die Pianistin Ilona Kabos, eine seiner Schülerinnen. Als sie den Pianisten Louis Kentner heiratete und mit ihm nach England ging, zerbrach Weiners Welt. Er hat nie geheiratet, hatte nie eine Familie und schien der klassische Junggeselle zu sein.

Obwohl er Jude war, gelang es ihm, den Krieg und die darauffolgende Zeit der schweren Entbehrungen zu überleben – niemand hatte damals genug zu essen. Kurz nach dem Krieg begegnete ihm einmal ein Freund auf der Straße und freute sich, ihn zu sehen.

»Leó, bitte komm doch zu mir zum Essen!« lud ihn der Freund großzügig ein. »Ich habe gerade ein Freßpaket aus Amerika bekommen – Büchsenhuhn.«

Weiners Antwort war typisch für seinen Perfektionismus. »Büchsenhuhn? Aber ich mag kein Büchsenhuhn.« Lieber verhungern als etwas essen, was unter dem eigenen Geschmacksniveau war! In musikalischer Hinsicht hat er mir diesen Perfektionismus ein wenig eingeimpft: Geh nie Kompromisse ein, denn selbst das Beste, das zu tun du imstande bist, ist nicht gut genug.

Als ich 1947 nach Ungarn kam, um das Budapester Symphonieorchester an der Liszt-Akademie zu dirigieren, lobte er meine Aufführung von Schuberts Großer C-Dur-Sinfonie. Das war ein wunderbares Gefühl für mich. Er lud mich zum Abendessen in seinem Club Fészek (Das Nest) ein, dem Stammlokal von Ferenc Molnár und vielen anderen ungarischen Schriftstellern, Malern und Musikern. Als wir den Boulevard entlanggingen, forderte er mich auf, ihn nicht mehr mit Herr Professor, sondern mit Leó anzureden. Auf einmal blieb er abrupt stehen und fragte mich: »Magst du wirklich Bartóks Musik?«

»Ja, sehr sogar.«

»Ach. Ich versteh sie einfach nicht.« Abrupt wechselte er das Thema. Er hatte einfach herausfinden müssen, ob ich zu den »Modernen« gehörte, denn er selbst war nie über Strauss und Debussy hinausgekommen. Doch war er nie ungerecht. Vor kurzem habe ich erfahren, daß einer von Weiners Schülern ihn provozieren wollte, indem er ihn fragte, was er denn von Bartóks Fünftem Streichquartett halte, das gerade herausgekommen war. Alles erwartete eine abfällige Bemerkung, aber statt dessen erklärte Weiner sanft, warum ihn das Stück nicht interessierte. Dann setzte er sich ans Klavier und spielte den ungeheuer schwierigen ersten Satz auswendig. Obwohl er wahrscheinlich nach einem Blick gewußt hatte, daß er das Werk nicht mochte, hatte er sich die Mühe gemacht, es gründlich zu erlernen, denn er verstand, daß es verdiente, ernst genommen zu werden. Für mich ist und bleibt Weiner das herausragende Musterbeispiel eines Musikers.

In den letzten beiden Jahren an der Akademie studierte ich Komposition und Klavier bei Ernö Dohnányi (oder Ernst von Dohnányi, wie er außerhalb von Ungarn genannt wurde), dem international berühmten Pianisten, Dirigenten und Komponisten, der ein paar Jahre nach meinem Abschlußexamen Direktor der Akademie wurde. Er war ein genialer Mensch, aber kein guter Lehrer.

Zunächst hatte ich einmal alle zwei Wochen Kompositionsunterricht bei Dohnányi. Dann sah er sich meine Arbeiten an, spielte sie am Klavier durch, verbesserte sie und sprach mit mir darüber. Dohnányi konnte phantastisch gut vom Blatt lesen. In Windeseile erfaßte er, was auch immer ich zu Papier gebracht hatte, ganz gleich, wie fürchterlich ich es hingekritzelt hatte. Nach ein paar Monaten erklärte Dohnányi mir allerdings: »Ruf mich an, wenn du etwas geschrieben hast.« Das war ein fataler pädagogischer Fehler: Ich arbeitete immer weniger. Im zweiten Jahr hatte ich nicht mehr als drei Unterrichtsstunden bei ihm. Die gleiche Einstellung hatte er auch zum Klavierunterricht: »Ruft mich an, wenn ihr etwas erarbeitet habt«, pflegte er seinen Schülern zu sagen. Wenn er wirklich einmal unterrichtete, schob er den Schüler einfach von den Tasten weg und spielte das Stück selbst. Wer diesen am Beispiel demonstrierten Unterricht aufnehmen konnte, lernte eine ganze Menge – zu seinen Schülern zählten immerhin Annie Fischer und Géza Anda –, doch für weniger begabte Schüler war es eine Katastrophe, bei Dohnányi zu studieren.

Dohnányi war ein beachtlicher Pianist. Seine Beethoven-Interpretationen waren zwar sehr frei, aber er bewies einen guten Sinn für Phrasierung und Form. Ich kann mich noch gut an eine Aufführung von Beethovens *Pathétique* erinnern, und zwar nicht wegen seiner wunderbaren Interpretation, sondern weil er bei der kniffligen Durchführung des ersten Satzes hängenblieb. Mit erstaunlicher Gelassenheit improvisierte er über das Problem hinweg. Andere wären aufgestanden und hätten die Bühne verlassen, aber Dohnányi spielte weiter. Eigentlich war er es gewohnt, hängenzubleiben, weil er nie übte.

»Arbeitet nicht zuviel«, pflegte er seinen Schülern zu predigen, »sonst verliert ihr eure Frische. Wenn ihr ein Stück nicht lernen könnt, indem ihr drei Stunden am Tag daran arbeitet, werdet ihr es nie lernen.«

Darin steckt zwar ein Körnchen Wahrheit, aber sogar Fritz Kreisler, Arthur Rubinstein und andere berühmte Solisten, die behaupteten, nicht viel zu üben, haben in Wirklichkeit hart gearbeitet. Ein Instrumentalist zu sein ist eine Verpflichtung – man muß immer daran arbeiten. Zu diesem Thema soll der Pianist Eugen d'Albert gesagt haben: »Wenn ich einen Tag lang nicht übe, bemerke ich den Unterschied. Wenn ich zwei Tage nicht übe, bemerkt meine Frau den Unterschied. Wenn ich drei Tage nicht übe, bemerken die Kritiker den Unterschied.«

Dohnányi war ein eleganter Mann – und er liebte die Frauen. Seine zweite Frau, die Ballerina Elsa Galafres, war mit Bronislaw Huberman, dem berühmten polnischen Geiger, verheiratet gewesen. Es gab einen Skandal, als Huberman und Dohnányi ihretwegen eines Tages auf der Straße handgreiflich wurden. Galafres war nicht sehr beliebt. In der Budapester Musikwelt hieß es ziemlich gehässig, Dohnányi habe zwar die Schlacht gewonnen, aber den Krieg verloren. Ich bin ihr ein- oder zweimal begegnet, als ich Dohnányi zum Unterricht zu Hause aufsuchte, und ich war überrascht, als ich erfuhr, daß sie nie ein Wort Ungarisch gelernt hatte.

Einer von Dohnányis Schülern, Sándor Kuti, war ein außergewöhnlich begabter jüdischer Junge, zwei oder drei Jahre älter als ich. Er wohnte in den Slums von Obuda (Alt-Buda). Ich habe ihn öfter in dem armseligen kleinen Kellerloch besucht, in dem er mit seiner Familie hauste. Ich bin überzeugt, daß Kuti einer der größten Komponisten Ungarns geworden wäre, hätte er länger gelebt: Er starb während des Kriegs in einem Konzentrationslager.

Als Student ist es mir nicht aufgefallen, daß die meisten wichtigen Lehrer an der Akademie – Dohnányi, Bartók, Kodály, Weiner, Siklós und Molnár – zwischen 1877 und 1890 geboren waren. Wie viele große Köpfe hatte doch das kleine Land Ungarn in so wenigen Jahren hervorgebracht! Nur der Akademiedirektor Jenö Hubay, einer der berühmtesten Geiger seiner Zeit, war eine Generation älter. Hubay war mit einer reichen Baronesse verheiratet. Wir Jungen sahen in ihm einen geheimnisvollen, undefinierbaren Aristokraten der alten Schule. Er hatte bei dem legendären Joseph Joachim studiert, er war von Brahms enthusiastisch gelobt worden, und er hatte eine ganze Generation vollendeter junger Geiger hervorgebracht, zu denen Joseph Szigeti zählte.

Andererseits war Hubay als schlechter Dirigent berüchtigt. Als ein Harfenist bei einer Probe seinen Einsatz verpaßte, fragte Hubay ihn, warum er nicht spiele. Der Harfenist erwiderte: »Ich warte auf den Einsatz, Herr Professor.« »Den Einsatz?« rief Hubay. »Aber können Sie denn nicht sehen, daß ich dirigiere?«

Konzertbesuche waren ein weiterer wichtiger Bestandteil meiner Erziehung. Viele wunderbare Pianisten gaben in Budapest Konzerte, entweder im kleinen, aber herrlichen Akademiesaal mit seiner großartigen Akustik oder im größeren Vigadó-Saal. Ich hörte Emil von Sauer, einen der letzten noch lebenden Liszt-Schüler. Ich habe auch Rachmaninow gehört, dessen Spiel mich ungeheuer beeindruckte.

Den stärksten Eindruck hinterließ ein junger russischer Pianist, dessen Budapester Debüt ich Mitte der zwanziger Jahre erlebte: Wladimir Horowitz. In Budapest war der gerade zwanzig Jahre alte Horowitz fast unbekannt. Bei seinem ersten Konzert war der Saal fast leer. Wir Studenten waren fasziniert von seiner Präzision in einer Scarlatti-Sonate und verblüfft über die Crescendi der Doppeloktaven in Liszts *Funérailles*: Bei einem dieser Crescendi erhob sich das gesamte Publikum. Seine Geschwindigkeit und Exaktheit waren unerhört, unvergeßlich waren die Oktaven in der Mitte von Chopins As-Dur-Polonaise, deren Crescendo wie ein Vulkanausbruch war. Nach Liszt war Horowitz das größte Klavierphänomen der Geschichte.

Manchmal frage ich mich, wie ich damals Musik »gehört« habe. In meiner Jugend habe ich mich noch nicht für den Inhalt der Musik interessiert. Die Komponisten und ihre Intentionen verstand ich erst so richtig, als ich älter war. Ich wollte mich in erster Linie auf meine Technik konzentrieren und sie so weit verbessern, daß sie den allerbesten Maßstäben entsprach. Zum ersten Mal in meinem Leben hat mich ein symphonisches Stück wirklich bewegt, als ich im Alter von 14 Jahren Beethovens Fünfte unter Erich Kleiber hörte. Die Musik war machtvoll und allumfassend. Nicht nur Kleibers Interpretation, sondern der Klang von Beethovens Symphonie ließ in mir den Wunsch aufkommen, mein Leben der Musik zu widmen. Ich beschloß augenblicklich, Dirigent und nicht Pianist zu werden. Als ich nach Hause kam, teilte ich meiner Mutter meinen Entschluß mit. Wie eine gute jüdische Mutter sagte sie: »Das ist sehr gut, aber nun übst du gefälligst weiter Klavier.« Jener Abend entschied über mein weiteres Schicksal.

Ich hatte überhaupt keine Ahnung von der Orchestrierung der großen Beethoven-Symphonien. Heute, siebzig Jahre später, weiß ich, daß ihre Größe – genau wie Mozarts Werke – Amateure ebenso wie Profis anspricht. Die Symphonien weisen innerhalb einer strengen Form viele künstlerische Freiheiten auf. Als Junge kannte ich keine einzige Mozart-Oper. Abgesehen von einer einzigen Aufführung von *Figaros Hochzeit* habe ich meine erste Mozart-Oper – *Idomeneo* – erst 1951 dirigiert, als ich fast vierzig war. Ich kannte *Die Zauberflöte* vom Klavier her und aus meiner Zeit als Korrepetitor in Salzburg, aber die Genialität des Werks habe ich erst relativ spät begriffen. Eigentlich habe ich erst jetzt das Gefühl, den Zauber und die drei Welten dieser Oper – Priester, Sterbliche und Übernatürliches – wirklich zu verstehen. Jahrelang habe ich Noten dirigiert, aber nicht den philosophischen Gehalt hinter den Noten.

Dies ist einer der Gründe, warum ich *Die Zauberflöte* zweimal aufgenommen habe – ich hoffe, daß ich in der zweiten Version ihrer Wahrheit ein wenig nähergekommen bin.

Als Junge verstand ich auch nicht, daß die konzentrierte musikalische Erziehung an der Akademie einen entscheidenden Nachteil hatte: Meine nichtmusikalische Erziehung wurde entscheidend vernachlässigt. In anderen Fächern bekam ich Privatunterricht. Anfangs funktionierte dieses System ganz gut, da ich rasch lernte und bei den alljährlichen Prüfungen gut abschnitt. Auf die Dauer allerdings erwiesen sich fehlender Termindruck und unregelmäßige Tests als katastrophal für mich. Meine Leistungen verschlechterten sich rapide. Man tolerierte mich wohl nur deshalb, weil ich der Klavierbegleiter bei den Schulkonzerten war.

Als ich siebzehn war, sagte einer der Prüfer zu mir: »Wir lassen dich bestehen, um dir und uns einen Gefallen zu erweisen. Wir wollen nicht, daß du wiederkommst.« So endete meine formale Schulbildung. Alles, was ich seither gelernt habe, habe ich mir selbst beigebracht, durch Lesen und durch Erfahrung. Aber ich habe noch immer ungeheure Bildungslücken. Ich liebe die Literatur und alle geisteswissenschaftlichen Fächer, aber ich mußte sie mir Stück für Stück aneignen. Daher beschloß ich, meinen Töchtern die bestmögliche Allgemeinbildung zukommen zu lassen.

* * *

Ich kann mich nicht erinnern, in meiner Schulzeit viele Opernaufführungen erlebt zu haben. Meine Eltern nahmen mich einmal zu einer Aufführung der *Meistersinger* mit – ich war zwölf Jahre alt und blamierte mich, indem ich einschlief. Ich saß im Publikum, als Richard Strauss Ende der zwanziger Jahre nach Budapest kam, um seine jüngste Oper, *Die ägyptische Helena*, zu dirigieren. Am meisten beeindruckten mich seine äußerst sparsamen Gesten. Doch ich wußte, daß man am ehesten Dirigent wurde, wenn man in einem Opernhaus begann. Als Korrepetitor hatte man die besten Möglichkeiten, das Repertoire von der Pike auf zu lernen. Unmittelbar nach meinem Abschlußexamen an der Liszt-Akademie (ich erhielt mein Klavierdiplom 1930, mein Kompositionsdiplom 1931, als ich 19 Jahre alt war), wandte ich mich an Miklós Radnai, den Direktor des Állami Operaház (Nationaloper), der auch Musiktheorie an der Akademie lehrte: Ich sagte ihm, daß ich als Korrepetitor arbeiten wollte.

»Ein Opernhaus ist eine sehr unmoralische Institution«, erwiderte er, »und Sie sind noch so jung. Sind Sie sicher, daß Ihre Eltern Ihnen erlauben, eine derartige Stelle anzunehmen?«

»Ich habe mit ihnen darüber gesprochen, sie haben nichts dagegen«, log ich schamlos.

»Also gut, versuchen Sie es eine Zeitlang, um zu sehen, ob es Ihnen gefällt.« Ich wurde als Assistent ohne Gehalt für ein Jahr eingestellt und sollte mit dem Chefkorrepetitor, Herrn Petö, zusammenarbeiten – einem unbegabten Dirigenten, aber guten Musiker und freundlichen Menschen. Petö kannte die Organisation eines großen Opernhauses von Grund auf. Er wußte, wie jedes Werk erarbeitet werden mußte. Ich habe eine ganze Menge von ihm gelernt.

Napoleon hat gesagt, man müsse ein guter Korporal sein, bevor man ein guter General sein könne. Dieses Prinzip läßt sich auch auf Opernhäuser übertragen: Man kann kein erstklassiger Operndirigent sein, wenn man nicht mit allen Elementen einer Inszenierung vertraut ist. Im Opernhaus, wo jede Aufgabe weitaus komplexer als im Konzertsaal ist, lernt man Selbstdisziplin und organisatorische Fertigkeiten. Hat man diesen Lernprozeß hinter sich, dann ist man besser gerüstet, um Disziplin und Ordnung von anderen zu verlangen. Aber selbst wenn man alle Selbstdisziplin und organisatorischen Fertigkeiten der Welt besäße, ohne Talent und gute Ausbildung wird man nie über das Mittelmaß hinauskommen. So gut wie jeder herausragende Dirigent erlernte sein Handwerk, indem er sich in einem Opernhaus hochdiente. Wenn man mit der komplexen Aufgabe, Musik *und* Theater zu machen, gut zurechtkommt, dann kommt man mit allem zurecht. Rein musikalisch gesehen gilt: Wenn man Jahr um Jahr eng mit Sängern zusammengearbeitet hat, dann lernt man so zu musizieren, daß die Musik atmet – das heißt, richtig zu phrasieren, sogar bei reiner Instrumentalmusik. Jeder, der mich beim Dirigieren einer Oper beobachtet, wird feststellen, daß ich wie ein Fisch den Mund öffne und schließe. Ich atme mit den Sängern.

Als ich an der Nationaloper begann, war Sergio Failoni Chefdirigent, ein Italiener, der zehn Jahre zuvor Arturo Toscaninis Assistent an der Scala war. 1928 war er im Alter von achtunddreißig Jahren nach Budapest gekommen, wo er weitere zwanzig Jahre seines Lebens blieb. Failoni hatte zwar die Pflichten eines musikalischen Leiters, nicht aber den Titel. Trotzdem durfte er über die Wahl des Repertoires entscheiden. Ich würde Failoni als hochbegabten Dilettanten bezeichnen. Wäre er in London statt in Budapest gelandet, er wäre der Liebling der Engländer gewesen, die geniale Amateure lieben. Failoni besaß ein erstaunliches Gedächtnis: Von jeder Oper, die er dirigierte, kannte er den Text auswendig, ganz gleich, in welcher Sprache dieser geschrieben war, aber er beherrschte nur den Klavierauszug der Partitur, nicht die Details der Orchestrierung. Ich sehe noch sein Exemplar der Orchesterpartitur von *Tristan* vor mir – die Seiten waren noch gar nicht aufgeschnitten.

Failoni imitierte Toscaninis sprunghaftes Verhalten. Wie Toscanini wußte er, was er hören wollte. Aber ihm fehlte Toscaninis profundes musikalisches Wissen und die Beherrschung der Details. Failoni besaß ein umfangreiches Repertoire – insbesondere Verdi, Wagner und Puccini –, aber er probte zu wenig. Dies erwies sich auf Dauer als gut für mich, denn Failoni übertrug mir die meisten Proben. Ich konnte mit den Sängern einzeln und im Ensemble üben. Erst bei den letzten Proben und bei der Aufführung dirigierte dann Failoni.

Anton Fleischer, der zweite Dirigent am Hause, war ein zum Christentum konvertierter Jude. Juden durften an der Nationaloper nicht dirigieren, aber Konvertiten wurden bis 1939 toleriert, als schärfere Rassengesetze auch sie aus dem Dienstplan eliminierten. Wie Failoni war auch Fleischer sehr begabt, aber undiszipliniert. Das Opernhaus besaß zwei Dirigenten, welche die Vorarbeit größtenteils ihren Assistenten überließen. Der dritte Dirigenten war Otto Berg, er übernahm alle Vorstellungen, an denen Failoni und Fleischer kein Interesse hatten. Aber ich erinnere mich noch, daß er unbegabt, phantasielos und engstirnig war. 1931 besuchte er die Bayreuther Festspiele – in diesem Jahr dirigierte Wilhelm Furtwängler den *Tristan* und Toscanini *Tannhäuser* und *Parsifal*. Wieder zurück in Budapest, sprach unser dritter Dirigent nur über irgendwelche kleinen Fehler, die er gehört hatte, obwohl doch die Aufführungen nach den Berichten aller Fachleute ganz außergewöhnlich waren.

Wenig später übernahm auch János Ferencsik – der nur fünf Jahre älter war als ich – einige Aufführungen von Ferencsik und Berg. Nach dem Krieg wurde Ferencsik der führende Dirigent Ungarns und leitete die Nationaloper wie das Philharmonische Orchester. Wir sind uns mehrmals in Deutschland und England begegnet und noch einmal 1978 in Budapest, als ich nach langer Zeit wieder in der ungarischen Hauptstadt dirigierte. Ferencsik war mir gegenüber stets großzügig und warmherzig. Ich habe ihn sehr bewundert, wie er in Ungarn ein hohes künstlerisches Niveau unter schwierigen und restriktiven Regimes aufrechterhielt.

Ich paßte mich leicht und gerne an die Arbeitsbedingungen in der Natinaloper an. Ich wurde für ein zweites Jahr angestellt und bekam sogar eine kleine Gage. Inzwischen hatten mich auch die Sänger engagiert, um mit ihnen privat zu arbeiten.

Ohne zu zögern kann ich sagen, daß ich der beste Korrepetitor wurde: Diese Aufgabe erforderte Spiel im Rhythmus, doch so leise, daß die Sänger stets den Schlag spüren, aber ihre Stimme nicht ermüden müssen, um über das Klavier hinweg zu schreien. Der Korrepetitor muß nicht alle, sondern nur die *wesentlichen* Noten spielen. Bei der Arbeit mit einem einzelnen Sänger an einer Rolle, muß der Korrepetitor die Führung übernehmen. Bei einer Bühnen- oder Ensembleprobe jedoch muß der Korrepetitor folgen. Ich war in der Lage, auch dem schlechtesten Sänger bis in die Hölle und zurück zu folgen. Vielleicht hätte ich auch Vogelgezwitscher folgen können.

Nach kurzer Zeit engagierten mich fünfzehn oder zwanzig Ensemblemitglieder ziemlich regelmäßig – dadurch verdiente ich ganz ordentlich. Ich kam mir ungeheuer reich vor. Meine Eltern beschlossen, in eine Wohnung in der Király-Straße in Pest zu ziehen, damit ich in der Nähe der Oper wohnte. Dies ist sehr typisch für sie, denn sie glaubten ganz stark an mich und taten alles für mich. Der Gedanke, allein zu wohnen, kam mir nie in den Sinn – man wohnte damals einfach bei seinen Eltern, bis man verheiratet war. Also wohnte ich zu Hause, bis ich Ungarn für immer verließ.

In den dreißiger Jahren gab es an der Budapester Oper viele gute Sänger. Ich half ihnen, ihre Rollen zu erlernen oder aufzufrischen. Im Gegenzug lernte ich eine Menge über gutes Singen und Musizieren. Insbesondere fallen mir dabei Imre Pallo und Andreas von Rösler ein. Pallo, ein guter Bariton, war herausragend in der Titelrolle von Kodálys Singspiel *Háry János*. Der Tenor Rösler sang Mitte der dreißiger Jahre den Florestan in Toscaninis *Fidelio* bei den Salzburger Festspielen. Ich erinnere mich, daß er hochmusikalisch war, aber eine etwas gequetschte Stimme hatte. Einmal fuhren die beiden Sänger im Sommer zusammen nach Mailand, um bei einem berühmten italienischen Gesangslehrer zu studieren. Als Pallo wiederkam, sang er besser denn je, aber Rösler hatte nun eine total blockierte Kehle und konnte kaum noch einen Ton herausbringen. Dies ist für mich immer ein typisches Beispiel, wie schwierig Gesangsunterricht ist. Wenn ein Sänger eine Naturstimme hat, kann man verbessern, was die Natur geschenkt hat. Aber ohne diese wesentliche Gabe und das instinktive Gefühl für die richtige Tonerzeugung kann auch der beste Unterricht nicht vermitteln, was die Natur versagt hat. Was ich in diesen Jahren an der Budapester Oper gelernt habe, ist für mich während meiner ganzen Karriere von unschätzbarem Wert gewesen.

Als Juden hätte man mir nie gestattet, eine Aufführung an der Budapester Oper zu dirigieren, ganz gleich, wieviel Erfahrung ich als Korrepetitor hatte. Als Josef Krips nach Budapest kam, um Hubays *Anna Karenina* zu dirigieren, ergriff ich die Gelegenheit, um ihn zu fragen, ob er mich in Karlsruhe, wo er musikalischer Leiter war, als Assistenten annehmen würde. Ihm gefiel meine Arbeit. Da bei ihm gerade eine Stelle frei war, engagierte er mich vom Fleck weg.

Anfang Oktober 1932 kam ich also nach Karlsruhe und nahm mir ein Zimmer bei einer deutschen Familie in der Nähe des Theaters. Vater und Sohn waren beide arbeitslos. Die Mutter vermietete ein Zimmer. Von diesen Einkünften lebte die ganze Familie. Rasch verstand ich, daß die Nazis vor allem deshalb soviel Zulauf hatten, weil Hitler Arbeitsplätze versprach. Arbeitsplätze zählten für die Deutschen am meisten – und schließlich hat

Hitler ja auch sein Versprechen gehalten. Er befahl den Bau der berühmten Autobahnen und förderte die Entwicklung der Industriefabriken, die später Panzer und Waffen produzierten. In der Rückschau liegt das Muster nur allzu klar auf der Hand: Alles, was Hitler tat, diente dem größenwahnsinnigen Ziel der Weltherrschaft. Aber damals habe nicht nur ich, ein junger Musiker aus Budapest, sondern auch viel erfahrenere Menschen – ja, viele führende Persönlichkeiten der Welt – es nicht verstanden, die Lage richtig einzuschätzen, die zu einem Weltkrieg eskalieren würde.

Als ich nach Karlsruhe kam, war mein Deutsch nur sehr bruchstückhaft, denn in Ungarn wurden alle Opern auf ungarisch aufgeführt. Doch bald verbesserten sich meine Sprachkenntnisse. Als erste Oper betreute ich *Lohengrin*; ihr folgten noch mehrere andere Musiktheaterwerke. Ich arbeitete zwar nur mit Krips, lernte aber sowohl den zweiten Dirigenten, Rudolf Schwarz, der später das Konzentrationslager Bergen-Belsen überlebte und Chefdirigent des BBC Symphony Orchestra in London wurde, wie auch den dritten Dirigenten, Joseph Keilberth, kennen. Keilberth, ein gebürtiger Karlsruher, war sehr nett zu mir, als ich ihm Jahre später erneut begegnete. 1968 starb Keilberth auf dem Podium während einer Aufführung von *Tristan und Isolde* (vielleicht das ideale Ende für einen Dirigenten). Ich vergegenwärtigte ihn mir nochmals, als wir seinerzeit in Karlsruhe alle noch so jung waren . Von uns vieren – Krips, Schwarz, Keilberth und mir – war Krips mit dreißig Jahren der Älteste.

Zwei oder drei Monate nach meiner Ankunft brachte der *Völkische Beobachter* einen Artikel, der über Krips herzog, weil er einen »Ostjuden« zur Arbeit nach Karlsruhe geholt habe. Dieser Ostjude war ich – und man verlangte meine Entlassung.

»Ich weiß, wie das passiert ist«, erklärte mir Krips. »Eines der Orchestermitglieder ist ein strammer Nazi und versucht mich loszuwerden. Aber keine Angst. Ich werde Sie meinem Kollegen Joseph Rosenstock empfehlen, dem Chefdirigenten in Mannheim, wo die Sozialisten das Sagen haben. Dort wird so etwas nicht passieren.«

Fünfzehn Jahre später bewarb sich jenes Orchestermitglied um eine Stelle bei mir in München, als ich Generalmusikdirektor der Bayerischen Staatsoper war. Ich erkannte den Namen wieder und reagierte nicht auf seinen Brief.

Ich fuhr also nach Mannheim, um Rosenstock vorzuspielen. Er war sehr verständnisvoll und bat mich, die erste Szene aus dem *Rosenkavalier* und ein Soloklavierstück vorzuspielen. Ich wählte eine von Kodálys Klavierbearbeitungen von Volksliedern. »Gut, ich nehme Sie«, meinte Rosenstock dann. »Sie sind besser als jeder, den ich hier gerade habe. Wenn sich die Dinge beruhigt haben, können Sie ja wieder zu Krips zurückgehen. Aber einstweilen sind Sie hier willkommen.«

Ich bereitete mich auf die Übersiedelung nach Mannheim vor, nachdem ich mit den Inszenierungen fertig war, an denen ich in Karlsruhe gearbeitet hatte, aber daraus wurde nichts. Im Dezember empfahl Krips mir, nach Budapest heimzukehren, bis die deutschen Wahlen vorbei seien. »Du wirst schon sehen«, meinte er, »daß dieser Spuk bald vorbei ist – dann kannst du zurückkommen und mit mir das Festival de Strasbourg vorbereiten.« Aber in Straßburg sollte ich erst vierzig Jahre später zum erstenmal auftreten. Am 30. Januar 1933 kam Hitler an die Macht. Kurz danach wurde ich gefeuert. Rosenstock wurde in Mannheim, Krips und Schwarz wurden in Karlsruhe entlassen. Nur der Nichtjude Keilberth durfte bleiben. Als ich Keilberth Jahre später wieder begegnete, sagte er zu mir, er habe nie wieder jemanden erlebt, der so begabt oder so schüchtern gewesen sei wie ich.

Wie ein geprügelter Hund kehrte ich nach Budapest zurück, so sehr schämte ich mich. Schließlich war es ja mein eigener Entschluß gewesen, Budapest zu verlassen und nach Deutschland zu gehen. Ich wagte mich gar nicht mehr in die Nähe des Opernhauses, denn ich hätte ja meinen Kollegen begegnen können. Dann müßte ich erklären, warum ich wieder in Budapest zurück bin. Eines Tages lief ich Ferencsik über den Weg: »Was machst du denn hier?« wollte er wissen. Ich erklärte ihm, was passiert war. Er erwiderte: »Bitte komm doch zu uns zurück. Wir brauchen dich.« Ich vereinbarte einen Termin beim Intendanten und wurde für die Saison 1933/34 wiedereingestellt.

Viele jüdische und antinazistische Dirigenten, die ihre Jobs in Deutschland verloren hatten, begannen sich anderswo nach Arbeit umzusehen und gaben Gastspiele in Budapest ebenso wie in anderen europäischen Großstädten. Damit hatte ich Gelegenheit, alle zu beobachten und mit einigen von ihnen zu arbeiten. Ich assistierte Bruno Walter bei Verdis *Requiem* und Issay Dobrowen bei *Chowanschtschina* und *Boris Godunow*, ich hörte Otto Klemperer Beethovens Neunte Symphonie dirigieren und arbeitete mit Fritz Busch an einem Chorwerk zusammen. Außerdem betreute ich den *Rosenkavalier* und *Die Entführung aus dem Serail* für mein Idol Erich Kleiber und spielte die Celesta in den *Rosenkavalier*-Aufführungen. Kleiber war ein hundertprozentiger Operndirigent und hatte ein unglaubliches Gefühl für die Bühne. Er inszenierte die *Entführung* selbst, stellte die Sänger dorthin, wo er sie haben wollte, spielte ihre Rollen und diskutierte mit dem Bühnenbildner über die Ausstattung. Man findet nur ganz selten einen Dirigenten, der ein so absoluter Theatermensch ist wie Erich Kleiber. Ich wollte immer so sein wie er. Wegen meines dunklen Teints und meines dichten Haarschopfs nannte er mich damals Mascagni.

In meinem Leben drehte sich fast alles um die Oper. Theater verschlingen die Menschen, die in ihnen arbeiten. Man ist morgens, mittags und abends dort. Freiwillig und aus Mangel an Alternative freundet man sich mit den Kollegen an. Wenn man mich nach dem Kaffeehausleben im Budapest der dreißiger Jahre fragt, weiß ich nicht, was ich darauf sagen soll – ich habe daran nicht teilgenommen. Obwohl ich gelegentlich versuchte, eine Arbeit im Ausland zu finden, weil ich wußte, daß ich in meinem Heimatland wohl kaum Karriere machen würde, liebte ich Budapest und führte dort ein gutes Leben. Das einzige Café, das ich regelmäßig frequentierte, war das Operncafé. Da meine Kollegen dort ebenfalls Stammgäste waren, drehte sich unsere Unterhaltung in unserer Freizeit unweigerlich um unsere Arbeit – und wir klatschten. Wir liebten den Klatsch – und ich liebe ihn noch bis heute.

Seltsamerweise waren beide Frauen, in die ich mich in den dreißiger Jahren ernsthaft verliebte, nicht aus dem Opernmilieu: Früher, mit sechzehn Jahren, schwärmte ich für eine begabte junge Pianistin in Weiners Klasse. Aber ich unterdrückte diese Gefühle. Viele Jahre später erfuhr ich, daß zwei Klassenkameraden – die Geiger Dénes Koromzay und Sándor Végh – ebenfalls in das Mädchen verliebt waren. Mit neunzehn lernte ich die Fotografin Ilona kennen. Ihre jüngere Schwester, eine Pianistin, war mit Sándor Kuti befreundet, dem jungen Komponisten, mit dem ich an der Liszt-Akademie studierte. Ilis Eltern, emigrierte russische Juden, gehörte ein großes Fotoatelier in Obuda, Ili leitete eine Filiale der elterlichen Firma. Ili war meine erste »richtige« Freundin. Diese Erfahrung war eminent aufregend – also beschloß ich, Ili zu heiraten. Meine Mutter war ganz entschieden gegen diese Idee, weil ich noch so jung war und so wenig verdiente. »Warte ein paar Jahre, dann wirst du sehen, ob du sie immer noch heiraten willst«, sagte sie. Sie hatte recht: Innerhalb eines Jahres hatte ich es mir anders überlegt.

Mit etwa fünfundzwanzig verliebte ich mich in eine Schriftstellerin, die mein Hauptkontakt zur Budapester Intelligenz wurde. Meine Beziehung zu dieser wunderschönen jungen Frau währte so lange, bis der Krieg uns trennte. Als wir uns wiedersahen, waren wir beide mit einem anderen Menschen verheiratet. Sie wurde aktives Mitglied der Kommunistischen Partei und bekleidete einen hohen Posten in der Kulturbürokratie. Vor ein paar Jahren starb sie. Zum Glück stehe ich noch mit unserer gemeinsamen Freundin

Zsuzsi Vermes Dancs in Verbindung – sie und ihr Mann István halten mich über unsere alten Freunde und das Budapester Kulturleben auf dem laufenden.

Im Sommer 1936 besuchte ich zum ersten Mal die Salzburger Festspiele. Es gelang mir, ein paar Proben und Aufführungen inoffiziell beizuwohnen. Bruno Walter und andere berühmte Musiker wirkten mit, aber die Hauptattraktion war Toscanini, der *Fidelio, Falstaff, Die Meistersinger* und einige Orchesterwerke dirigierte. Dieses Erlebnis war ganz und gar wunderbar – eine neue Welt von hoher Qualität tat sich für mich auf. Im folgenden Sommer beschloß ich, wieder nach Salzburg zu fahren. Auf meine dringende Bitte hin gab mir der Intendant der Budapester Oper ein Empfehlungsschreiben mit, damit ich in die Proben hineinkam. An einem Abend im Juli 1937 traf ich in Salzburg ein. Am nächsten Vormittag ging ich zum Festspielhaus, um meinen Brief dem Baron Puthon vorzulegen, einem österreichischen General a. D. und Generaldirektor der Festspiele.

Nach langem Warten wurde ich zum Baron vorgelassen. Er las den Brief und fragte: »Können Sie die *Zauberflöte* spielen?«

»Ja.«

»Können Sie um zwei Uhr wiederkommen, um bei einer Bühnenprobe zu spielen? Wegen einer Grippeepidemie fehlen uns Korrepetitoren.«

Natürlich sagte ich zu, denn es war nicht nur eine neue *Zauberflöten*-Inszenierung, sondern sie sollte von Toscanini dirigiert werden, dem großen Dirigenten und damals berühmtesten Musiker der Welt.

Ich erschien zur vereinbarten Zeit und wurde Herbert Graf, dem Bühnenregisseur, vorgestellt, einem freundlichen Österreicher, der später nach Amerika auswanderte und viele Jahre lang an der Metropolitan Opera arbeitete. Ich ging in den Orchestergraben, begab mich zum Klavier und entdeckte, daß die Sänger auf der Bühne bereit waren – aber nirgendwo war ein Assistenzdirigent zu sehen. Ich dachte nicht im Traum daran, daß der große Toscanini einer einfachen Bühnenprobe beiwohnen würde, also fing ich an zu spielen und gab mit einer Hand die Einsätze, genau wie ich es in Budapest gewohnt war. Plötzlich sah ich aus dem Augenwinkel heraus, wie ein kleiner Mann aus der rechten Gasse die Bühne betrat. Mir stockte das Herz – es war Toscanini. Obwohl er im März siebzig geworden war, befand er sich auf dem Höhepunkt seiner Kraft und seines Ansehens. Er äugte in den Orchestergraben, ein wenig mißtrauisch, weil er stark kurzsichtig war und nicht wußte, wer da spielte. Ohne mich zu unterbrechen, begann er zu

dirigieren – ganz kleine, einfache, aber klare Tempo- und Dynamikbezeich-
nungen. Ich folgte ihm, als ob mein Leben davon abhinge. Nach etwa einer
Stunde legte er eine Pause ein, wandte sich an mich und sagte leise: »Bene.«
In meinem ganzen Leben habe ich mich über kein Kompliment so gefreut
wie über dieses eine Wort von Toscanini.

Die Grippeepidemie hielt unvermindert an. Selbst Erich Leinsdorf,
Toscaninis Hauptassistent, fiel für eine Weile aus. Ich spielte bei vielen anderen *Zauberflöte*-Proben für Toscanini, bei mehreren *Fidelio*-Proben und
bei einer oder zwei *Falstaff*-Proben. Ich wußte, daß Toscanini Humor hatte,
aber ich habe ihn nie erlebt. Bei der Arbeit war er stets absolut ernst und erwartete, daß alle jederzeit ihr Bestes gaben. Es hätte nicht konzentrierter
zugehen können. Rasch wurde ich einer seiner Assistenten. Schließlich
spielte ich das Glockenspiel bei den *Zauberflöte*-Aufführungen.

In jenem Sommer wurde ich für meine Arbeit nicht bezahlt. Bevor ich
aber nach Hause fuhr, ließ Baron Puthon mich in sein Büro kommen und
engagierte mich für den folgenden Sommer als Korrepetitor mit festem
Gehalt: Toscanini wollte, daß ich vier der fünf Opern betreute, die er dirigieren würde (die fünfte sollte *Tannhäuser* sein). Ich war ganz aufgeregt bei
der Aussicht, offiziell für Toscanini zu arbeiten.

Im Oktober, keine zwei Monate nach dem Ende der Festspiele, kam
Toscanini mit den Wiener Philharmonikern nach Budapest. Auf Leinsdorfs
Vorschlag ging ich zum Bahnhof, um ihn zu begrüßen. Ich habe ihn auch
nach dem Konzert getroffen und ihm gesagt, wie wunderbar das Konzert
war. Das stimmte zwar – es war wirklich wunderbar –, aber ich kam mir so
lächerlich vor, etwas so Banales zu meinem Idol zu sagen. Ich hatte allerdings einen guten Augenblick erwischt, denn Toscanini lächelte und sagte:
»Bis zum nächsten Sommer in Salzburg.« Niemand konnte vorhersehen,
daß er Österreich nie wieder betreten würde.

Die Nachricht, daß ich mit Toscanini gearbeitet hatte – und von ihm
wieder engagiert worden war –, wurde von der Budapester Presse aufgegriffen. Nun schenkte man mir als Musiker Beachtung. Ich lag der
Budapester Opernintendanz damit in den Ohren, mich doch etwas dirigieren zu lassen. Falls man mir keine Chance gab, würde ich versuchen, wo-
anders hinzugehen. Schließlich organisierte man eine Aufführung für
mich: *Figaros Hochzeit*, am 11. März 1938. Soweit ich weiß, hatte an diesem
Abend zum ersten Mal seit der Unabhängigkeit Ungarns ein nichtkonver-
tierter Jude eine komplette Oper an diesem Haus dirigiert.

Natürlich kannte ich unsere *Figaro*-Inszenierung gut – schließlich hatte
ich sie für Failoni einstudiert –, aber es war doch schrecklich, in den

Orchestergraben zu gehen, um zum ersten Mal in meinem Leben eine Oper zu dirigieren, zumal man mir keine einzige Probe zugestanden hatte. Aber schon nach der Ouvertüre fühlte ich mich absolut wohl und sicher. Die ersten beiden Akte liefen gut. Während der Pause schienen alle hinter der Bühne ganz zufrieden zu sein. Aber zu Beginn des dritten Akts machte Herr Lendvai, der Bariton, in der Rolle des Grafen Almaviva, der beherrschenden Figur in dieser Szene, alle möglichen Fehler; er sang unverständlich und schien sein Vertrauen völlig verloren zu haben. Ich war wütend auf ihn, weil er die Vorstellung geschmissen hatte. Schließlich bekam er sich wieder in den Griff. Als ich nach der Vorstellung hinter die Bühne ging, erfuhr ich, was passiert war. Gerade als er auf die Bühne hinausgehen wollte, hatte man ihm die Extraausgabe einer Abendzeitung in die Hand gedrückt: Die deutschen Truppen rückten auf Wien vor. Der sogenannte Anschluß Österreichs fand statt. Niemand wußte, wie weit Hitler gehen würde. Würde er seinen Truppen an den österreichischen Grenzen Einhalt gebieten, oder würde er sie weiter nach Budapest, Bukarest oder Prag schicken? Lendvai, ein Jude, hatte die Selbstbeherrschung verloren – wer hätte ihm da einen Vorwurf machen können? Wahrscheinlich wäre es mir nicht anders ergangen, hätte ich gewußt, was gerade passierte.

Meine Eltern wollten im Anschluß an die Vorstellung mit mir feiern. Daraus wurde natürlich nichts – meine Hochstimmung schlug in Angst und Niedergeschlagenheit um. Mein Dirigentendebüt an der Budapester Oper war zugleich meine letzte dortige Opernaufführung. Ich war fünfundzwanzig Jahre alt und hatte das starke Gefühl, daß sich all meine Hoffnungen zerschlagen hatten. Dieser Abend hat für immer eine Narbe auf meinem Herzen hinterlassen.

Die deutsche Wehrmacht marschierte 1938 zwar nicht in Ungarn ein, aber Admiral Horthy wollte Hitler beschwichtigen und ersetzte die alten De-facto-Beschränkungen für die jüdische Bevölkerung durch neue, offizielle Restriktionen. Zunächst durfte ich meine Anstellung als Korrepetitor noch behalten, da ich nachweisen konnte, daß meine Familie schon seit über fünfzig Jahren im Lande lebte. Ich erinnere mich, daß ich 1938, als Bartók und seine Frau Ditta Pásztory erstmals seine Sonate für zwei Klaviere und Schlagzeug – mit Ernest Ansermet als Dirgenten – an der Budapester Oper aufführten, in letzter Minute hinzugezogen wurde, um für Frau Bartók die Partiturseiten zu wenden. Da ich die komplizierte Partitur nie zuvor gesehen hatte, war dies keine leichte Aufgabe. Niemals habe ich einer

Aufführung beigewohnt, der so wenig Erfolg beschieden war. Als die Sonate zu Ende war, gab es nur vereinzeltes Klatschen; das Publikum blieb überwiegend stumm. Das tat mir für Bartók sehr leid.

Als sich das politische Unwetter über Mitteleuropa zusammenbraute, beschloß ich, mich anderswo nach Arbeit umzuschauen. Eine erste Gelegenheit dazu ergab sich durch meine Freundschaft mit Antal Dorati. Dessen Vater war Geiger im Budapester Opernorchester. Dorati war ins Ausland gegangen, als er Anfang Zwanzig war – seit 1933 war er nun Dirigent der berühmten Ballets Russes de Monte Carlo. Dorati mußte von seinem Vater Gutes über mich gehört haben, denn er lud mich nach London ein, wo ich einen Teil der Sommersaison 1938 der Ballets Russes an Covent Garden dirigieren sollte.

Ich blieb etwa einen Monat in London. Außer der Familie Dorati kannte ich niemanden in London und fühlte mich ganz fremd. Dorati und seine Frau Clary hatten mir ein Zimmer in einer kleinen Bed-and-Breakfast-Pension in einer Nebenstraße beim British Museum besorgt. Die Pension war ziemlich schmutzig – es gab weder ein gutes Bett noch ein gutes Frühstück. Ich haßte das englische Weißbrot und hatte noch nie Porridge oder Eier mit Speck gegessen – es war eine merkwürdige Erfahrung für meinen ungarischen Gaumen. Die meiste Zeit fühlte ich mich einsam, weil ich mich mit niemandem verständigen konnte: Ich sprach kaum Englisch.

Die Doratis waren äußerst nett zu mir, und ich verbrachte viele Stunden in ihrer Wohnung, in der sie mit ihrer kleinen Tochter Tonina lebten. Ich ging gern zu Fuß zur Arbeit, denn von meiner Pension bis Covent Garden waren es nur etwa fünf Minuten. Das Lunch nahm ich immer im Lyons Corner House am Strand ein. Hier konnte ich ganz einfach bestellen, indem ich auf dasjenige deutete, was mir gerade ins Auge fiel. Wenn ich nicht arbeitete, lief ich allein in den Straßen herum und sah mir diese außergewöhnliche und so fremde Stadt an.

Ich weiß heute nicht mehr, wie es mir gelang, mich mit dem London Philharmonic Orchestra zu verständigen. Aber wenn ein Dirigent in seinen Gesten klar ist, braucht er eigentlich keine Worte. Ein paar englische Worte mehr, als ich damals kannte, wären jedoch ganz nützlich gewesen. Ich befand mich die ganze Zeit in einer Art Trance. Meine Erinnerungen an diese Zeit sind sehr nebulös. An eines erinnere ich mich freilich gut: Meine Entscheidung, mir von Montague Burtons, den Schneidern am Strand, einen Anzug aus blauem Harris Tweed zu kaufen, erwies sich als gute Investition. Es war der einzige Anzug, den ich in den Kriegsjahren und danach besaß.

Das große russische Ballett war kein so aufregendes Ensemble mehr wie vor dem Ersten Weltkrieg unter der Leitung seines Gründers Sergej Diaghilew. Picasso hatte für dieses Ballett die Bühnenbilder entworfen, Strawinsky hatte Kompositionen geliefert. *Der Feuervogel, Petruschka* und *Le Sacre du Printemps* hatten ihre Welturaufführung bei der Truppe erlebt, ebenso Ravels *Daphnis et Chloé* und Debussys *Jeux*. Gleichwohl war das Ballett 1938 unter der künstlerischen Leitung von Michel Fokine und seiner Frau noch immer eine sehr eindrucksvolle Kompanie. Ich wurde gebeten, *Les Sylphides*, die Polowetzer Tänze aus Borodins *Fürst Igor* und Glasunows Bearbeitung von Schumanns *Carnaval* zu dirigieren.

Ich wollte mein Bestes geben und studierte eifrig in der Bibliothek der Oper. Die Fokines, die wie die ganze Truppe nett und hilfreich zu mir waren, nahmen mich in der Zeit der Klavierproben zum Probenraum der Tänzer irgendwo in London mit, damit ich die Tempi der Stücke einschätzen konnte. Ich regte mich furchtbar auf, als ich begriff, daß die Tempi auf eine äußerst unmusikalische Weise gedrückt und gezogen werden müssen, um sie den Bewegungen der Tänzer anzupassen. Aber ich dachte, ich sollte lieber genau das tun, worum man mich bat – und alle schienen über meine Arbeit erfreut zu sein.

Ein paar Tage vor Ende der Saison rief mich Oberst de Basil, der Direktor des Ensembles, in sein Büro und bot mir einen Vertrag für eine Tournee mit dem Ensemble in Australien an. Dies bedeutete eine sichere Arbeit für mehrere Monate außerhalb Ungarns, und es war eine wunderbare Gelegenheit, Europa zu verlassen. Ich dankte dem Direktor und versprach, mir seinen Vorschlag ernsthaft zu überlegen. Vermutlich bin ich nur deshalb nicht sofort auf dieses Angebot eingegangen, weil ich die Lage in Europa als nicht so ernst einschätzte. Auch hatte ich bei der ersten Probe den Eindruck, daß ich wegen der nötigen Tempowechsel Ballette nicht so gerne dirigieren wollte.

Bei meiner letzten Vorstellung beschloß ich, *Carnaval* genau nach Schumanns Tempoanweisungen zu dirigieren: Die armen Tänzer mußten sich anpassen, so gut sie konnten. Die meisten Tempi waren viel zu schnell für sie. Die Tänzer waren nicht glücklich, und der Inspizient sagte mir, nachdem der Vorhang gefallen war: »Gehen Sie, bevor die Sie lynchen«.

Dorati und seine Frau, die die Dinge viel kosmopolitischer einschätzten als ich, wußten, daß ich unbedingt aus Ungarn herauskommen mußte, bevor Nazi-Deutschland den Rest von Europa verschlang. Deshalb legten sie mir dringend nahe, an der Australientournee der Ballets Russes teilzunehmen. Die Doratis verbrachten die Kriegsjahre in Amerika, wo Antal schließlich musikalischer Leiter mehrerer bedeutender Orchester wurde: Dallas, Detroit, Minneapolis und Washington, D. C. Später war er Dirigent so großer europäischer Ensembles wie des BBC Symphony Orchestra und der Stockholmer Philharmoniker. Aber ich hörte nicht auf sie.

Bevor ich nach Hause zurückkehrte, ging ich nach Oslo, wo Issay Dobrowen mich engagiert hatte, um eine Neuinszenierung von *Figaros Hochzeit* einzustudieren, die er an der Oper dirigierte. Heute würde ich Todesängste ausstehen, wenn ich allein über die Nordsee in so einem kleinen Schiff wie der Fähre von Harwich nach Esbjerg fahren müßte, aber 1938 war es ein Abenteuer: Der Zug nach Oslo kam mir außergewöhnlich sauber und geräumig vor. Mir gegenüber saß eine hinreißend schöne blonde junge Frau. Wir kamen ins Gespräch, in einer Mischung aus gebrochenem Englisch und Deutsch. Zu meiner Enttäuschung erfuhr ich, daß sie nicht in Oslo blieb, sondern nur umstieg.

Dobrowen, ein russischer Jude, hatte vor 1933 sehr viel in Berlin und Dresden dirigiert, bis er dann in Europa umherzuwandern begann. Ich hatte mit ihm in Budapest gearbeitet, wo er *Boris Godunow* und *Chowanschtschina* inszenierte und dirigierte. Außerdem war er ein häufiger Gast in Norwegen. Dobrowen war ein freundlicher Mensch, ein intuitiver, großartiger und natürlicher Musiker ebenso wie ein guter, souveräner Regisseur. Ich sehe in ihm einen Vorläufer von Mstislaw Rostropowitsch und Gennady Roschdestwensky. Dobrowen war von Hause aus kein Mozart-Dirigent, sondern brauchte einen starken musikalischen Assistenten für den *Figaro*. Zu diesem Zweck hatte er sich an meine Arbeit in Budapest erinnert.

Wie das Orchester der Osloer Oper gespielt hat, weiß ich heute nicht mehr – wahrscheinlich nicht sehr gut. Regie führte nicht Dobrowen, sondern Karl Aagaard Oestvig, ein Tenor. Oestvig, verheiratet mit der Sopranistin, die die Susanna sang, war ein herausragender Wagner-Tenor mit einer internationalen Karriere. Er hatte große Partien an der Wiener Staatsoper, an der Berliner Städtischen Oper und in der Uraufführung von Richard Strauss' *Die Frau ohne Schatten* gesungen. Mit Anfang Vierzig verlor er seine Stimme und wandte sich der Regiearbeit zu.

Oestvig beging unglaubliche Dummheiten: Bei der Vorbereitung der Szene im Boudoir der Gräfin vergaß er, den Bühnenbildner ein Fenster bauen zu lassen, damit Cherubino hinausspringen konnte. Zu meinem großen Amüsement wurde im letzten Augenblick für das benötigte Fenster ein Loch in die Kulisse gesägt.

Jede Nacht gingen Oestvig und der Bühnenbildner in eine Osloer Kneipe und betranken sich. Die Proben wurden abends abgehalten, wenn der Regisseur wieder nüchtern war, aber nach jeder Probe begann die Kneipentour von neuem.

Dobrowen hatte mir ein Zimmer in einer kleinen Pension besorgt, einen kurzen Spaziergang vom Theater entfernt, in der Hauptstraße Kungsgatan. Als ich Dobrowen einmal in seiner Wohnung aufsuchte, sagte eine Dame, der er mich vorstellte, daß sie mich bereits ziemlich gut kenne.

»Mein Fenster geht auf die Kungsgatan hinaus«, erklärte sie, »und jeden Morgen sehe ich Sie die Straße entlanggehen, wobei Sie den Kopf in alle Richtungen auf einmal drehen, um sich all die blonden Mädchen anschauen zu können.«

Ich genoß meinen Aufenthalt in Oslo sehr – dank der langen, herrlichen Sommerabende des Nordens, dank der freundlichen und warmherzigen Norweger und dank der schönen blonden Mädchen.

Nach dem Münchner Abkommen im September 1938 glaubten wir alle naiv an die Erklärung des britischen Premierministers Neville Chamberlain: »Frieden in unserer Zeit.« Ich fühlte mich ganz sicher, ich war zu Hause, ich hatte Arbeit. Ich dachte noch einmal über Oberst de Basils Angebot der Australientournee nach. Da ich über die Aussicht, ein Ballettdirigent zu sein, nicht gerade begeistert war, schickte ich ihm eine höfliche Absage. Die Doratis gingen nach Australien, während ich in Ungarn blieb – wo ich ein halbes Jahr später meine Stelle verlor. 1939 wurde ein neues antisemitisches Gesetz erlassen, dem zufolge Juden keine vom Staat bezahlten Positionen innehaben durften, ganz gleich, wie lange ihre Vorfahren in Ungarn gelebt hatten. Alle Angestellten der Budapester Oper, einer staatlich subventionierten Einrichtung, waren Beamte. Daher war ich von heute auf morgen arbeitslos.

Ich konnte mir ein bißchen Geld verdienen, indem ich mit Sängern privat arbeitete, aber insgesamt waren die Aussichten trübe. Dennoch habe ich es nie bedauert, Oberst de Basils Angebot abgelehnt zu haben, denn auf lange Sicht hat sich meine Entscheidung als richtig erwiesen. Vielleicht hätte ich den Rest meines Lebens als Ballettdirigent wider Willen verbracht oder wäre in Australien geblieben und nie wieder nach Europa zurückgekehrt. Dies war das erste von vielen Malen in meinem Leben, bei denen – wie es mir rückblickend scheinen will – meine Handlungen tatsächlich von einem »Schutzengel« geleitet waren.

Ich überlegte hin und her, wie ich eine Beschäftigung finden könnte. Ich dachte schon, ein rein jüdisches Opernensemble zusammenzustellen, mit zwei Klavieren als Begleitung, ähnlich wie die jüdische Opernkompanie in Berlin. Im Januar 1939 ging ich wieder als Pianist nach Skandinavien, um Leó Weiners Klavierkonzert zweimal zu spielen – einmal mit dem norwegischen Rundfunkorchester in Oslo und einmal mit dem schwedischen Rundfunkorchester in Stockholm – dank einer Empfehlung von Dobrowen.

Mein Zug ging durch Deutschland. Da ich Budapester Freunden versprochen hatte, einer Berlinerin Geschenke mitzubringen, übernachtete ich in einem Hotel in Bahnhofsnähe. In Berlin fand gerade ein Parteitag der Nazis statt. Als ich am Morgen mein Zimmer verließ, sah ich im Gang lauter SS-Schaftstiefel in einer Reihe stehen. Zu meinem Entsetzen trug die Frau, die ich besuchte, einen gelben Davidsstern am Ärmel – so wie es die Nazis gesetzlich angeordnet hatten. Bevor ich den Zug bestieg, der erst am frühen Nachmittag abfuhr, blieb ich vor einem kleinen Restaurant stehen und sah erstmals das Schild »Für Juden verboten«. Ich war schockiert, aber da ich sehr hungrig war und nicht ausgesprochen jüdisch aussehe, ging ich dennoch hinein – vielleicht hielt man mich für einen Italiener. Ich bin in meiner Familie dafür bekannt, daß ich sehr schnell esse, aber so schnell habe ich nie wieder in meinem Leben gegessen.

Auf dem Schiffszug teilte ich mein Abteil mit einem norwegischen Ehepaar. Bis zur deutschen Grenze hatte ich fürchterliche Angst, daß Nazis zusteigen, meinen Ausweis überprüfen und mich zwingen könnten, den Zug zu verlassen. In allen ungarischen Ausweisen steht die Religionszugehörigkeit des Inhabers. Als wir an Bord der Fähre waren, die über Dänemark nach Schweden fuhr, gaben mir die Norweger etwas Whisky zu trinken. Ich hatte noch nie Whisky getrunken und hielt ihn für eine schreckliche Medizin gegen Seekrankheit. Seither habe ich meine Meinung grundlegend geändert – ich verbringe keinen Abend ohne ein Glas Malt Whisky.

Das Rundfunkorchester war qualitativ Stockholms zweites Orchester – das erste waren die Stockholmer Philharmoniker. Während meines Aufenthalts wurde es von Fritz Busch dirigiert. Busch war ein unerschütterlicher Nazigegner wie seine Brüder, der berühmte Geiger Adolf Busch und der bekannte Cellist Hermann Busch. Fritz Busch war freiwillig ins Exil gegangen, so wie Toscanini das faschistische Italien verlassen hatte. Ich wandte mich an Fritz Busch in Stockholm und hoffte, er könne mir helfen, eine Stelle in Skandinavien zu finden. Er erinnerte sich an mich von Budapest her und lud mich zum Mittagessen in ein Restaurant ein.

Ich hatte eine gewisse Furcht vor Busch, doch er war sehr freundlich. Im Laufe des Essens bemerkte ich, was für ein unglücklicher Mensch er war. Busch trank Unmengen von Champagner, sein Gesicht rötete sich immer mehr, und die Unterhaltung wurde immer lebhafter. Er erzählte mir, daß die Berliner Philharmoniker vor kurzem in Stockholm gastiert hätten und daß er heimlich zu ihrer Probe gegangen sei. Der Dirigent war Furtwängler. Furtwängler habe das Orchester abgeklopft, um etwas zu korrigieren. Dabei habe er den Musikern erklärt, sie sollten besonders gut spielen, weil ein berühmter deutscher Dirigent in Stockholm lebe. Ich konnte erkennen, daß Busch von dem, was Furtwängler gesagt hatte, zutiefst berührt war: Busch war schließlich einer der führenden zeitgenössischen Vertreter der großen deutschen Musiktradition. Aus Prinzip hatte er die Dresdner Oper verlassen, wo er elf Jahre lang Generalmusikdirektor war. Die Tatsache, daß er seiner so überaus geliebten Heimat den Rücken gekehrt hat, mag dazu beigetragen haben, daß Busch so früh starb – im Alter von nur einundsechzig Jahren, wenige Jahre nach dem Krieg.

So freundlich Busch zu mir war, er konnte mir doch nicht helfen, eine Arbeit in Skandinavien zu finden, das von geflüchteten Musikern überlaufen war, von denen viele weitaus bekannter waren als ich. So fuhr ich nach Budapest zurück und versuchte, als Privatkorrepetitor zu überleben. Im Juni 1939 lud Alfréd Fellner, der Präsident der Freunde der Oper und Oberhaupt einer der prominentesten Budapester Industriellenfamilien, zu sich nach Hause zum Mittagessen ein.

Fellner war ein aufrichtiger Musikliebhaber und ein wahrer Freund. Er hatte stets meine Karriere verfolgt und eine der *Zauberflöten*-Aufführungen in Salzburg besucht, wo er Stammgast war. Er wollte wissen, wie ich mir meine berufliche Zukunft vorstellte. Ich erzählte ihm von meinem Plan, ein jüdisches Opernensemble zusammenzustellen. Da er wußte, wie hoffnungslos die Lage war, beschwor er mich, Ungarn so rasch wie möglich zu verlassen – meine ganze Zukunft, ja mein Leben könne auf dem Spiel stehen. Er schlug mir vor, in die Schweiz zu gehen, wo Toscanini bei den Internationalen Musikfestwochen von Luzern dirigierte. »Bitten Sie doch den Maestro, Ihnen behilflich zu sein, Arbeit in Amerika zu finden«, meinte er. Doch das wollte ich nicht – es wäre mir peinlich gewesen, mein Idol um einen Gefallen zu bitten. Aber Fellner bestand darauf. Als ich die Ausrede erfand, ich hätte nicht genügend Geld für die Reise, sagte er: »Ich gebe Ihnen das Geld.« Ich ging nach Hause und erklärte meinen Eltern, ich würde für ein paar Tage nach Luzern fahren.

Am 15. August 1939, ich war damals 26 Jahre alt, verabschiedete ich mich von meiner Mutter und meiner Schwester, nahm einen kleinen Koffer mit, der ein Paar Schuhe, ein paar saubere Hemden und Unterhosen sowie meinen besten Anzug enthielt, und fuhr mit meinem Vater in der Straßenbahn zum Budapester Westbahnhof. Mein Vater war der sanfteste und liebste Mensch, den man sich vorstellen kann. Er hatte mich nie geschimpft oder mir irgend etwas abgeschlagen. Ich war das Licht seines Lebens, er kümmerte sich mehr um mich als um irgend etwas anderes auf der Welt – genauso wie ich mich heute um meine Töchter kümmere. Auch ich liebte ihn, war ihm aber nicht so ergeben wie er mir. (Heute weiß ich als Vater, daß Kinder ihre Eltern nie so sehr lieben können, wie ihre Eltern sie lieben.)

Als wir am Bahnhof waren, standen wir auf dem Bahnsteig und plauderten miteinander, bis der Zug kam. Gerade als ich einsteigen wollte, begann mein Vater zu weinen.

Ich war sehr verlegen. »Warum weinst du denn?« fragte ich ihn. »Du siehst doch, daß ich nur diesen kleinen Koffer dabei habe. In zehn Tagen bin ich ja wieder da!« Aber es war, als ob er ganz bestimmt wüßte, daß wir einander nie wiedersehen würden.

Der Anblick seiner Tränen und der ruppige Ton meiner Stimme haben mich seither verfolgt. Nie habe ich mir meine Harschheit verziehen. Ich sollte ihn nie wiedersehen.

ZWEITES KAPITEL

ZÜRICH

AUF DER FAHRT VON BUDAPEST nach Luzern war ich relativ gelassen im Hinblick auf die politische Lage. Merkwürdigerweise empfand ich nicht die Ängste wie einige Monaten zuvor auf dem Schiffszug nach Oslo, obwohl es in Wien im Sommer 1939 von Nazis nur so wimmelte. Europa schien 1938 am Rande eines Kriegs zu stehen, als Hitler das Sudetenland, einen Teil der Tschechoslowakei, zum deutschen Territorium erklärt hatte. Ich erinnere mich an die Rundfunkübertragung vom Nürnberger Parteitag und an das Geschrei der Massen, als Hitler über den tschechischen Präsidenten Eduard Beneš herzog, weil er dem deutschen Volk sein rechtmäßiges Territorium vorenthalten habe.

Die Lage wurde von den britischen und französischen Ministerpräsidenten, Chamberlain und Daladier, entschärft, als sie mit Hitler und Mussolini in München zusammenkamen und sich mit der Annexion des Sudetenlandes durch die Deutschen einverstanden erklärten. Chamberlains in der Rückschau so schändliche Appeasementpolitik schien sich durchgesetzt zu haben. Es gibt dafür nur eine mögliche Entschuldigung: Vielleicht wollte Chamberlain Zeit gewinnen, um England aufzurüsten. Welches Recht haben wir, Urteile zu fällen, wenn wir doch erst in jüngster Zeit anläßlich der Bosnienkrise bewiesen haben, daß wir noch immer viele Mängel und Schwächen besitzen, die wir an den Handlungen anderer vor sechzig Jahren kritisieren? Trotz der Drohung der Naziherrschaft glaubten viele Menschen – darunter auch ich –, daß man die Lage im Griff hätte. Im Frühjahr 1939 wandte Hitler seine Aufmerksamkeit Polen und der Stadt Danzig zu. Als sich die Lage im Sommer zuspitzte, war man allgemein der Ansicht, daß es ein weiteres Abkommen à la München geben und daß sich auch nun alles wieder beruhigen würde.

Als ich aus dem Zugfenster auf die österreichische und Schweizer

Landschaft blickte, freute ich mich einfach auf einen kurzen Sommerurlaub. In Luzern fand ich ein kleines Hotel am Ufer der Reuss, unweit vom Bahnhof und nahe der berühmten überdachten hölzernen Kapellbrücke. Die Mahlzeiten im Hotel Adler waren köstlich. Zum ersten Mal aß ich Schweizer Gerichte – ich mochte sie, und ich mag sie noch heute. Die Ordnung und Sauberkeit im Hotel und in der Stadt machten großen Eindruck auf mich. Am ersten Tag sah ich mich in Luzern um, setzte mich an den See und betrachtete die Berge – ganz allein, da ich hier niemanden kannte. Es war aufregend, in der Schweiz zu sein, in dieser wunderschönen Kleinstadt mit ihrer Festspielatmosphäre. Ich fühlte mich rundum wohl.

Ich überlegte, wie ich Kontakt zu Toscanini aufnehmen sollte. Er war in Luzern genau wie in Salzburg von Menschen umgeben, die ihn vor Zudringlichkeiten schützten. Ich wußte nicht so recht, wie ich an ihn herankommen sollte. Ich besuchte eine wunderbare Aufführung von Verdis *Requiem*, das er in der Jesuitenkirche gab. Die meiste Zeit wartete ich nach den Proben außerhalb des Kunsthauses und nahm meinen ganzen Mut zusammen, um ihn anzusprechen. Das Kunsthaus war ein modernes Etablissement mit mittelmäßiger Akustik und einem schmalen Podium. Dort spielten Musiker des Orchestre de la Suisse Romande.

Erst nach vier oder fünf Tagen bot sich mir die Chance, mit dem Maestro zu sprechen, da die Proben streng geschlossen waren. Aber es gelang mir, eine oder zwei Proben für das Beethoven-Konzert zu hören, das Toscanini ein paar Tage später mit seinem Freund, dem Geiger Adolf Busch, als Solisten dirigierte. Toscanini erschien jeden Vormittag mit seinem Fahrer, einem großen Italiener, der gleichzeitig als Chauffeur und Leibwächter fungierte. Nie kam er allein heraus – stets war der Fahrer bei ihm oder jemand von seiner Familie. Mehrmals hatte ich Gelegenheit, an ihn heranzutreten, aber ich war einfach zu schüchtern und ängstlich, um ihn anzusprechen. Endlich faßte ich mir ein Herz und ging auf ihn zu, als er das Kunsthaus verlassen wollte. Er war sehr kurzsichtig, daher fragte ich ihn, ob er mich wiedererkennen würde. »Maestro, mi riconosce? Solti! Salisburgo!«

»Oh sì, sì, sì, sì!« Er war sehr freundlich und sehr nett. Im Grunde war er immer nett zu Musikern.

Ich sagte: »Maestro, ich muß nach Amerika gehen.« Ich schilderte ihm die Lage in Budapest. Er hörte mir ruhig und ernst zu.

»Also schön«, meinte er, als ich geendet hatte. »Ich wohne in New York. Wenn Sie rüberkommen, setzen Sie sich mit mir in Verbindung. Ich werde versuchen, Ihnen zu helfen.«

Ich war so fröhlich wie ein kleiner Vogel, weil ich dachte, das wäre alles, was ich brauchte. Ich wollte sofort nach Budapest zurückfahren, um von dort nach Amerika aufbrechen. Aber am nächsten Tag bekam ich ein Telegramm von meiner Mutter: »KOMM NICHT HEIM.« Das war ein kluger Rat, denn die Weltereignisse eilten auf eine Katastrophe zu. Trotzdem war ich nicht übermäßig beunruhigt. Ich glaubte noch immer, es würde in letzter Minute eine Lösung geben, wie vor einem Jahr in München.

Ich wußte nicht, was ich tun sollte. Mein erster Instinkt befahl mir, trotz der Warnung meiner Mutter heimzufahren, denn ich kannte ja niemanden in der Schweiz. Dann fiel mir aber zufällig Max Hirzel ein, ein Wagner-Tenor aus Zürich, der Mitglied der Dresdner Oper war und ein paarmal in Budapest gesungen hatte, wo ich ihn kennengelernt hatte. Ich erinnerte mich, daß er eine gute Stimme hatte, zwar sehr unmusikalisch, doch ein freundlicher und anständiger Kerl, den ich sicher um Hilfe und Rat bitten konnte. Ich suchte seinen Namen im Telefonbuch, fand ihn und wählte die Nummer. Er meldete sich. Ich erklärte ihm meine Lage. Er lud mich spontan ein, bei ihm zu wohnen, bis mein amerikanisches Visum da war, was ich für eine reine Formsache hielt. Er sagte zu mir: »Solti, Sie sind genau der Mann, den ich brauche. Ich studiere den *Tristan* ein. Sie können herkommen und mir dabei helfen.«

Das waren genau die Worte, die ich hören wollte, denn das Geld, das Alfréd Fellner mir für die Reise gegeben hatte, ging rasch zur Neige. Toscaninis letztes Luzerner Konzert, in dem sein Schwiegersohn Wladimir Horowitz das Zweite Klavierkonzert von Brahms spielte, fand am 29. August statt. Am 1. September, dem Tag, an dem die Deutschen in Polen einmarschierten, bestieg ich den Zug, der mich in einer Stunde nach Zürich bringen würde. Der Zug war voller Schweizer Soldaten – es gab eine Generalmobilmachung. Die Schweiz wollte zwar im Kriegsfall neutral bleiben, besaß aber eine gut ausgebildete Armee, die nötigenfalls ihr Land verteidigen konnte. Als ich die Soldaten sah, wurde mir endlich der Ernst der Lage klar. Zwei Tage später erklärten England und Frankreich Deutschland den Krieg.

Ich begab mich mit meinem kleinen Koffer zu Hirzels Haus in der Mühlebachstraße. Ein paar Tage später suchte ich das US-amerikanische Konsulat auf und beantragte ein Visum. Da teilte mir ein Beamter mit, daß die Quote für ungarische Einwanderer in die USA bereits für die nächsten fünfzig Jahre erfüllt sei. Es gab absolut keine Hoffnung, ein Visum zu bekommen, es sei denn, ich konnte ein Dokument vorweisen, daß ich für ein berufliches Engagement in Amerika offiziell eingeladen worden war.

Ich kannte mehrere ungarische Musiker, die ein oder zwei Jahre zuvor nach Amerika ausgewandert waren. Sogleich schrieb ich an Sándor Salgo,

Professor für Violine an der kalifornischen Stanford University, und bat ihn, mir zu helfen. Er antwortete postwendend, er kenne einen Manager, der mir einen Vertrag als Korrepetitor für die Sommersaison 1940 der Oper in Cincinnati besorgen könne. Ich bekäme den Job sicher, müsse aber zuerst 500 US-Dollar an den Manager schicken, einen Italiener von zweifelhaftem Ruf. Ich war einverstanden und schickte die 500 US-Dollar, meine ganzen Ersparnisse aus dem Engagement im letzten Sommer. Ein paar Wochen später traf der Vertrag ein. Mit diesem Dokument begab ich mich zu Mr. Altaffer am amerikanischen Generalkonsulat in Zürich.

Ich hatte schon viele unangenehme Gespräche hinter mir, aber die fünf Minuten, die ich bei Mr. Altaffer verbrachte, waren eines der qualvollsten Erlebnisse meines Lebens. Er las den kostbaren Vertrag, den ich aus Amerika erhalten hatte, zerriß ihn in kleine Stücke, warf sie in den Papierkorb und erklärte: »Dies ist eine Fälschung. Ich werde Ihnen nicht nur kein Visum geben, sondern Ihren Namen auf eine schwarze Liste setzen. Man wird Sie nie in die USA hereinlassen.« Zum Glück sollte er auf lange Sicht unrecht behalten, aber damals war ich völlig am Boden zerstört. Nun saß ich in der Falle. Ich hatte kein Geld, keine Papiere, keine Familie und kein Zuhause, abgesehen von dem kleinen Zimmer, in dem ich bei den Hirzels wohnte.

Am Ende war es doch gut, daß ich 1939 oder 1940 noch nicht in die USA gegangen bin. Ich bin mir zwar sicher, daß Toscanini mir geholfen hätte, aber da es in Amerika bereits mehr als genug europäische Musiker gab – großenteils ganz hervorragende Musiker –, hätte ich den Rest meines Lebens vielleicht als Korrepetitor an einer Provinzoper verbringen müssen. Rückblickend bin ich froh, daß ich erst als anerkannter Dirigent in die USA kam. In jenem grauenvollen Herbst 1939 freilich war ich verbittert über die Art und Weise, wie mich Mr. Altaffer behandelt hatte. Über dreißig Jahre später kam ein in Zürich ansässiger Fotograf in mein Haus in Italien, um mich zu fotografieren. Eines Abends gerieten wir nach dem Essen ins Plaudern. Ich machte ihm Komplimente wegen seines guten Englisch – er sprach ein amerikanisches Englisch ohne jeden Schweizer Akzent. Er erzählte mir, er sei Amerikaner, und sein Vater, Mr. Altaffer, sei der amerikanische Generalkonsul in Zürich gewesen. Der junge Altaffer war ein sehr guter Fotograf. Glücklicherweise hatte ich trotz der Bemühungen seines Vaters vor dreißig Jahren überlebt, um nun seinen Sohn für meine Publicityfotos engagieren zu können.

Als ich damals Hirzel berichtete, was passiert war, lud er mich großzügig ein, weiter bei ihm zu bleiben. Was nur als kurze Stippvisite in der Mühlebachstraße gedacht war, wurde am Ende ein Aufenthalt von eineinhalb Jahren. Für Hirzel war dies kein Problem, aber seiner Frau gefiel es weniger. Bis zu meiner Ankunft betreute Frau Hirzel ihren Mann als Korrepetitorin. Seither arbeitete Hirzel nicht mehr mit seiner Frau. Sie fühlte sich von ihrem Mann vernachlässigt und wurde eifersüchtig auf mich.

Max Hirzel entstammte einer prominenten Zürcher Familie – im Stadtzentrum von Zürich befindet sich ein Denkmal von einem seiner Ahnen, einem berühmten Bürgermeister. Hirzel war ein ausgesprochenes Original: glatzköpfig und ziemlich dick. Seine Frau war der Meinung, daß Tenöre jung und hübsch aussehen sollten. Also war sie ständig bemüht, sein Aussehen zu verschönern. Sie ließ ihn ein Toupet tragen, aber wenn er schwitzte, nahm er es ab, sogar auf Gesellschaften. »Max! Max!« rief Frau Hirzel dann verzweifelt, bis er es wieder aufsetzte. Sie versuchte ihm eine strenge Diät zu verordnen und bereitete ihm nur Salate und kalorienarme Mahlzeiten – sie begriff nie, warum er trotzdem nicht abnahm. Dabei gab es dafür einen ganz einfachen Grund: Jeden Tag, nachdem wir ein paar Stunden gearbeitet hatten, sagte Hirzel gegen Mittag: »Kommen Sie, Solti, lassen Sie uns doch spazierengehen.« Der Spaziergang war immer sehr schnell vorbei – an der nächsten Kneipe, etwa zweihundert Meter von seinem Haus entfernt. Er nahm Platz und bestellte ein großes Stück Greyerzer Käse mit viel Brot und ein großes Bier. Dann ging er wieder heim und aß vergnügt die Salatblätter, die seine Frau ihm als Lunch auftischte.

Zu den vielen guten Dingen, die Hirzel für mich tat, gehörte vor allem, daß er mich mit seinem Freund Düby bekannt machte, einem Musikliebhaber und Amateurbariton – sowie Leiter der Fremdenpolizei in Bern. Ihm verdankte ich es, daß ich nie in einem der Arbeitslager interniert wurde, wo viele Flüchtlinge, auch Musiker, schwere körperliche Arbeit verrichten mußten, die meine Hände fürs Klavier hätte ruinieren können.

Anfangs mußte ich meine Aufenthaltserlaubnis jede Woche erneuern, später nur einmal im Monat und schließlich nur alle sechs Wochen. Da ich keine Arbeitserlaubnis bekam, waren meine Musikjobs rar, schlecht bezahlt und illegal. Ganz am Anfang allerdings – Ende 1939 – hatte ich ein kurzes, aber denkwürdiges Engagement am Palace Hotel in St. Moritz, wo ich den Tenor Richard Tauber bei einem Konzert begleitete. Tauber kannte Hirzel aus Dresden, wo sie viele Jahre zuvor zusammen gesungen hatten. Tauber wandte sich an seinen ehemaligen Kollegen, als er einen Pianisten für St. Moritz brauchte. Hirzel erklärte ihm: »Ich habe den allerbesten Begleiter und werde ihn dir leihen – für kurze Zeit.«

Ich fand diesen ganzen Ausflug ungeheuer aufregend. Es fing schon damit an, daß mit mir im Zug nach St. Moritz die schöne junge österreichische Sopranistin Hilde Güden saß. Sie war in die Schweiz geflohen und sang an der Züricher Oper. Dann war es ein Erlebnis, im Palace Hotel abzusteigen – auf Taubers Kosten natürlich. Ich hatte noch nie auch nur annähernd einen derartigen Luxus erlebt. Aber meine Hochstimmung erhielt einen Dämpfer, als ich im Hotel einem Korrespondenten einer bedeutenden US-amerikanischen Zeitung begegnete. Als ich ihn fragte, was die Amerikaner denn vom Krieg hielten, erwiderte er: »Da gibt's nichts dran zu rütteln – diesmal werden die USA *niemals* in den Krieg eintreten.« Das war vox populi. Was für ein Genie war Roosevelt doch, daß er die öffentliche Meinung in nur zwei Jahren so dramatisch umdrehte.

Tauber, ein österreichischer Jude, der eine Engländerin geheiratet hatte und britischer Staatsbürger geworden war, war nicht nur im Opern- und Operettenrepertoire, sondern auch im Film eine internationale Berühmtheit. Er trug ein Monokel und war stets gut gekleidet, auch wenn er inzwischen kahlköpfig geworden war und nicht mehr ganz so wie ein Filmstar aussah wie in früheren Jahren. Wenn ich mich nicht irre, bestand unser Programm in St. Moritz größtenteils aus beliebten Schubert- und Schumann-Liedern. Wir probten einen Tag lang – vormittags und nachmittags – und traten am darauffolgenden Abend auf. Ich kann mich nicht mehr so klar daran erinnern, wie er bei dieser Gelegenheit sang, aber er war ein guter Sänger. Nach meiner Erinnerung war Tauber so musikalisch wie Dietrich Fischer-Dieskau. Er war sehr nett zu mir und gab mir sogar etwas Geld. Ich habe ihn nie wiedergesehen: Er fuhr über Frankreich, das noch nicht von den Deutschen erobert war, nach England zurück und starb Anfang 1948 in London, erst sechsundfünfzig Jahre alt.

Damals war es in der Schweiz möglich, Flüchtlinge und prominente deutsche Künstler zu hören. Ich nützte jede Gelegenheit, um die besten deutschen Künstler zu erleben. Einige meiner Freunde meinten: »Was, du willst dir diese Nazis anhören?« Aber meine musikalische Neugier war stärker als meine privaten Gefühle und meine politischen Überzeugungen. So erinnere ich mich beispielsweise an einen herrlichen Klavierabend mit Walter Gieseking: Noch heute höre ich das Cantabile der rechten Hand, als er die große B-Dur-Sonate, opus posth., von Schubert spielte – das ist nun schon fast sechzig Jahre her. Ich erinnere mich auch an einige von Furtwängler dirigierte Konzerte sowie an eine herrliche Aufführung der *Walküre*, mit der die Bayerische Staatsoper unter Clemens Krauss gastierte, mit Hans Hotter als Wotan, Helena Braun als Brünnhilde und Franz Völker als Siegmund. Als der junge Hotter im dritten Akt auftrat und »Wo ist Brünnhilde?« sang, fuhr das Publikum vor Schreck fast zusammen, so gewaltig war die Wut und körperliche Wucht seines Vortrags. Niemand hat je einen besseren Wotan gesungen als Hotter.

Trotz gelegentlicher musikalischer Ereignisse fühlte ich mich in den ersten Monaten in der Schweiz furchtbar elend und einsam. Im Juni 1940 beschloß ich, über Italien und Jugoslawien nach Ungarn zurückzukehren – doch genau zu diesem Zeitpunkt marschierte Italien in Frankreich ein und wurde damit zur kriegführenden Nation. Ich hatte keine andere Wahl, als in der Schweiz zu bleiben. Dieser Umstand hat mit Sicherheit mein Leben gerettet. Aber ich empfinde nicht nur Dankbarkeit gegenüber dem Land, das mir Zuflucht gewährte – weil diese Zuflucht nur höchst widerwillig gewährt wurde.

Ich besitze noch immer eine Abschrift des Fragebogens, den ich im Dezember 1940 für die Fremdenpolizei ausfüllen mußte, als ich bereits über ein Jahr im Lande war. Der Fragebogen fordert den Antragsteller auf, seine Religionszugehörigkeit anzugeben, so daß die Polizei wußte, wer Jude war und daher besonders daran interessiert war, im Lande zu bleiben. Ich log, als ich in dieses Dokument eintrug, mir sei eine Lehrtätigkeit in Palästina angeboten worden. Mein Freund Lorand Fenyves, ein in Ungarn geborener und ausgebildeter Geiger, der einer der Konzertmeister des Palestine Symphony Orchestra – des heutigen Israel Philharmonic Orchestra – geworden war, hatte mir tatsächlich ein Visum für Palästina geschickt, aber ich hatte mir die Geschichte mit der Lehrtätigkeit ausgedacht, damit die Polizei glaubte, daß ich die Schweiz verlassen würde, sobald ich dies in Sicherheit tun könnte.

Ich log auch, als ich schrieb, ich besäße dreitausend Schweizer Franken in bar, und meine Eltern in Ungarn und Freunde in den USA schickten mir hin und wieder ein paar hundert Franken. Aber andererseits war ich wütend über die Impertinenz der Fremdenpolizei, die wissen wollte, wieviel ich für Unterkunft und Verpflegung zahlen würde und welche anderen Ausgaben ich hätte. Warum mußte man dies wissen? Ich räumte im Fragebogen ein, daß ich wegen Visaproblemen einen Job bei der Cincinnati Opera nicht annehmen konnte, log aber, als ich schrieb, daß mir der US-amerikanische Konsul erklärt hätte, er würde mir ein Visum geben, falls ich mir eine Lehrtätigkeit in Amerika beschaffen würde. Ich machte diese Lüge noch schlimmer, als ich angab, daß Otto Herz, ein mit mir befreundeter Klavierbegleiter, der nach New York übersiedelt war, mir geschrieben hätte, ein Vertrag für eine Lehrtätigkeit sei gerade unterwegs an mich. Von einem derartigen Vertrag war nie die Rede gewesen. Unerhört war schließlich die Frage, wie bald ich in der Lage sei, die Schweiz zu verlassen. Die Schweizer Behörden wußten doch ganz genau, daß es für einen Juden fast den sicheren Tod bedeuten würde, die Grenze nach Deutschland, Österreich, Italien oder zum besetzten Frankreich zu überschreiten, aber sie waren nur daran interessiert, irgendeine Formalität zu finden, mit der sie mich zwingen konnten zu gehen. Diese Frage beantwortete ich nicht. Also harrte ich weiterhin geduldig bei Hirzel aus, der ein guter Freund war und mich beschützte, so gut er konnte. Ohne die Hilfe seines Freundes Düby hätte meine Existenz in der Schweiz jeden Tag zu Ende sein können.

Hirzel hat es nie geschafft, den *Tristan* vollständig zu beherrschen – er konnte sich einfach nicht soviel Text merken. Doch schließlich sang er die Rolle in Bern, unter der Stabführung von Otto Ackermann, einem sehr begabten rumänischen Juden, der in der Schweiz schon lange vor dem Krieg gearbeitet hatte. Auf Hirzels ausdrücklichen Wunsch saß ich im Souffleurkasten. Teile der Oper liefen gut, aber oft verlor Hirzel den Faden und geriet verzweifelt ins Schwimmen, ganz gleich, wie viele musikalische und verbale Hinweise ich ihm lieferte. Zum Glück gelang es ihm immer, sein Gleichgewicht wiederzufinden. Irgendwie schaffte er es bis zum Schluß. Tristan starb sicher – was für ein Wunder! Für mich war diese Aufführung viel nervenaufreibender als für Hirzel.

Anfang 1941 zog ich bei Hirzel aus – auf Frau Hirzels Betreiben – und siedelte in eine winzige Souterrainwohnung um, die ich in einer nicht weit entfernten Seitenstraße gemietet hatte. Ich war zwar noch einsamer als zuvor, aber froh, allein zu leben. Ich hatte ein Klavier. Als ich vom Genfer Klavierwettbewerb erfuhr und wußte, daß ich daran teilnehmen durfte, übte ich drei bis fünf Stunden pro Tag. Eines Tages kam morgens um halb neun die Polizei. »Sie müssen mit dem Spielen aufhören«, erklärte einer der Beamten. »Sie stören Schweizer Bürger.« Er ließ durchblicken, falls ich nicht aufhörte, würde man mich ausweisen. Ich verstehe, daß es anstrengend ist, ja einen verrückt machen kann, einen Pianisten oder Geiger zum Nachbarn zu haben. Aber statt zu mir zu kommen und mit mir darüber zu reden, hatten sich meine Nachbarn an die Polizei gewandt. Ihr Verhalten kam mir fast nazihaft vor. Trotzdem entschuldigte ich mich und erklärte mich dazu bereit, nicht vor zehn Uhr morgens oder nach acht Uhr abends zu spielen – und auch nur ganz leise. Am liebsten wäre ich sofort ausgezogen.

Wirklich sicher habe ich mich in der Schweiz erst im Juni 1944 gefühlt, als die Alliierten Rom einnahmen und in der Normandie landeten. Die

Nazitruppen hätten jederzeit in die Schweiz einmarschieren können. Uns war nur allzu klar, was dies für Folgen hätte. Wir Flüchtlinge und auch viele Schweizer hörten BBC – wir wußten Bescheid über die Konzentrationslager. Ich war mir stets bewußt, welch furchtbares Schicksal mir drohte. Churchills Rundfunkreden hielten mich aufrecht und gaben mir Mut. Noch während der Ardennenoffensive Ende 1944, als die Deutschen vorübergehend den Vormarsch der Alliierten aufhielten, hatten die Menschen Angst, daß die Schweiz besetzt werden könnte. Zum Glück war die Schweizer Armee so gut ausgebildet, daß eine Invasion die Deutschen wahrscheinlich mehr gekostet hätte, als sie riskieren wollten. Aber selbst eine nur dreimonatige Besetzung hätte gefährliche Folgen haben können. Es bedurfte allerdings kaum einer derartigen Invasion, da die Behörden es zuließen, daß sich deutsche Truppen- und Munitionstransporte bei Nacht durchs Land und über den Gotthardpaß bewegten.

Wäre ich zu Beginn des Krieges nach Ungarn zurückgekehrt, als eine Repatriierung noch möglich war, dann wäre ich wahrscheinlich wie die meisten ungarischen Juden noch vor Kriegsende gestorben. Meine Familie hatte relativ Glück: Meine Mutter blieb in Budapest und zahlte dem Portier des Mietshauses, in dem sie wohnte, Geld, daß er sie in einem Keller versteckte. Meine Schwester überlebte, indem sie vorgab, eine Bäuerin zu sein und auf den Feldern bei Novi Sad, im heutigen Serbien, zu arbeiten. Hin und wieder bekam ich eine nicht unterschriebene Postkarte, auf der in Lillys Handschrift die Nachricht stand: »Deine Freunde leben noch, es geht ihnen gut« oder »Deiner Mutter geht es gut«. Mein Vater starb 1943, aber nicht weil Krieg war. Er war den größten Teil seines Lebens schwer zuckerkrank gewesen und starb in einem Budapester Krankenhaus, bevor der Krieg Ungarn am schlimmsten heimsuchte. Seine tiefe religiöse Gläubigkeit half ihm, in Frieden hinzuscheiden. Meiner Mutter sagte er, er habe keine Angst vor dem Sterben. Ich war furchtbar erschüttert über seinen Tod – und dies um so mehr, weil ich so weit weg war und nicht zu seiner Beerdigung gehen konnte. Ich versuchte, meiner Mutter und Lilly von der Schweiz aus zu helfen, so gut ich konnte. Es gelang mir sogar, ihnen die Staatsbürgerschaft von Salvador zu vermitteln, ein vergeblicher Versuch, sie vor der Verfolgung in Ungarn zu schützen.

In den letzten vierzehn Kriegsmonaten war jeder Kontakt zu meiner Familie abgerissen. Die ungarischen Nazis kamen unter Ferenc Szálasi an die Macht und begingen die furchtbarsten Greueltaten. Der Mann meiner Schwester wurde in eine ungarische Hilfseinheit eingezogen, die den Deutschen an der russischen Front beistehen sollte. Wenn es hart auf hart ging, nahmen die Deutschen den Hilfstruppen die Uniformen weg und ließen sie in der Winterkälte erfrieren. Dies bezeichnete die deutsche Propagandamaschinerie dann als »siegreichen Rückzug«.

Mit Schaudern denke ich an die Bedingungen, unter denen meine Mutter im letzten Kriegsjahr lebte, ganz auf sich allein gestellt, in einem Kellerloch versteckt, der Mann tot, die Tochter ihrerseits irgendwo versteckt, der Sohn im Exil. Nach dem Krieg habe ich sie nur noch einmal gesehen, als ich 1947 nach Budapest zurückkehrte. Sie war innerlich gebrochen und hatte ein schweres Herzleiden. Damals war ich bereits verheiratet. Als ich meine Frau mitbrachte, habe ich meiner Mutter sehr weh getan. Sie wollte ihren geliebten Sohn nicht mit seiner Frau teilen – sie wollte ihn ganz für sich allein. Es war kein schöner Besuch. Ich konnte die Anzeichen des nahen Todes auf ihrem Gesicht sehen – und leider hatte ich recht: Sie starb nur ein paar Monate später. Meine Eltern und Lilly sind zusammen unter einem Rosenstrauch auf dem Budapester Friedhof begraben, den ich jedes Mal aufsuche, wenn ich in der Stadt bin.

1955 sagte ich in einer deutschen Fernsehsendung, daß die Ungarn begabter als die Deutschen seien, sogar beim Töten, und fügte hinzu, die Ungarn seien so begabt, daß es ihnen gelungen sei, etwa zwei Millionen Juden in etwas mehr als einem Jahr umzubringen. Nach der Sendung bekam ich einen Brief von einem unverbesserlichen ungarischen Faschisten, der in Österreich lebte und mich dafür kritisierte, daß ich mein Vaterland an den Pranger gestellt hätte, indem ich die Zahl der toten Juden weit übertrieben hätte. Ich recherchierte und entdeckte, daß ich mich tatsächlich geirrt hatte: Die offizielle Zahl der im letzten Kriegsjahr ermordeten ungarischen Juden betrug sechshunderttausend. Ich schrieb dem Mann und entschuldigte mich für die falsche Zahl, erklärte aber, da ein Mord schon ein furchtbares Verbrechen sei, müßten sechshunderttausend Morde ein Verbrechen von unglaublicher Größenordnung darstellen. Ich habe nie wieder etwas von ihm gehört.

Wenn junge Musiker mich fragen, wie man Erfahrung im Dirigieren erlangen könne, sage ich ihnen: »Es gibt nur eine Möglichkeit: Geht den Leuten so lange auf die Nerven, bis jemand euch eine Chance gibt. Doch wenn ihr eure Sache nicht gut macht, wird es keine zweite Chance mehr geben, und ihr solltet euch augenblicklich nach einem anderen Beruf umsehen.« Ich bin vielen Leuten in der Schweiz auf die Nerven gegangen. Im Februar 1942 durfte ich zwei Vorstellungen von Massenets *Werther* am

Genfer Grand Théâtre dirigieren. Es spielte das beste Orchester der Schweiz, das von Ernest Ansermet gegründete Orchestre de la Suisse Romande. Die Charlotte sang die junge belgische Sopranistin Suzanne Danco, die vor kurzem erst an diesem Haus debütiert hatte. Ich hatte *Werther* noch nie gehört und nicht viel Zeit, die Partitur zu studieren. Es gab nur ein paar Proben, ich hatte Schwierigkeiten, mich mit dem Orchester zu verständigen, weil ich kein Französisch sprach, und ich befürchte, daß die Aufführungen sehr schlecht waren. Am ersten Abend, am Ende des Zwischenspiels, mußte jemand bei der Bühnenmannschaft eingeschlafen sein, denn der Vorhang ging nicht auf. Das Orchester spielte weiter, die unsichtbaren Sänger begannen zu singen, aber der Vorhang blieb geschlossen. Schließlich brachen wir ab und kehrten zum Anfang des Zwischenspiels zurück – diesmal öffnete sich der Vorhang im richtigen Augenblick. Ich habe *Werther* nie wieder anrühren wollen. Viele Jahre lang gelang es mir, völlig zu vergessen, daß ich die Oper je dirigiert hatte.

Das Genfer Erlebnis deprimierte mich. Meine Stimmung hob sich erst, als ich etwa einen Monat später ein Konzert mit dem Winterthurer Stadtorchester im kleinen Saal der Züricher Tonhalle dirigierte. Dieses Engagement war von der Familie Bär vermittelt worden, die bis zum heutigen Tag engste Freunde geblieben sind, vor allem Hans und Ilse Bär, Hans' Schwester Marianne Olsen und ihr Mann Jørgen. Ich glaube nicht, daß die Aufführung sehr gut war, da ich so wenig Dirigiererfahrung hatte. Aber Willi Schuh, der berühmte Musikkritiker und Freund von Richard Strauss, der damals bei der *Neuen Zürcher Zeitung* war, schrieb: »Diesen jungen Mann muß man im Auge behalten – aus dem wird noch einmal etwas werden.«

Ich bemühte mich um eine Stelle als Korrepetitor an der Zürcher Oper, aber als Flüchtling ohne Arbeitserlaubnis kam ich dafür nicht in Frage. Einmal bekam ich dort eine zeitlich begrenzte Arbeit, für etwa einen Monat, als Urlaubsvertretung. Ich erinnere mich noch, daß der Bühnenbildner Theo Otto – ein Deutscher, der später sehr bekannt wurde – bei den Proben gern rief: »Schaut euch diesen Mann an! Er ist der einzige am Theater, der weiß, wie man eine Oper einstudiert.« Meiner Meinung nach hat sich die Praxis, ausländischen Musikern keine Jobs zu geben, nachteilig auf die Entwicklung des Schweizer Orchesterlebens ausgewirkt. Daß man sich in neuerer Zeit entschlossen hat, mehrere amerikanische und andere ausländische Musiker ins Tonhalle-Orchester aufzunehmen, hat den Standard des Ensemblespiels völlig verändert.

Einen wichtigen Durchbruch erlebte ich Anfang Oktober 1942 in Genf – drei Jahre nach meiner Ankunft in der Schweiz –, als ich den ersten

Preis in der Sparte Klavier des Schweizer Musikwettbewerbs gewann. Dieser Wettbewerb war 1939 geschaffen worden. In jenem Jahr ging der erste Klavierpreis an den gefeierten Arturo Benedetti Michelangeli. Die Jury setzte sich damals aus dem deutschen Pianisten Wilhelm Backhaus, der in Lugano lebte, dem Schweizer Komponisten Frank Martin und dem Schweizer Pianisten Emil Frey zusammen.

Während des Wettbewerbs war ich im wunderschönen Haus des Genfer Bankiers Hentsch untergebracht, der mit einer russischen Pianistin verheiratet war. Sie erlaubte mir, an ihrem Flügel zu üben. Für all dies hatte mein Schutzengel in Zürich gesorgt, Irma Schaichet, eine ungarische Klavierlehrerin, die mit dem Geigenlehrer Alexander Schaichet verheiratet war. Irma nahm mich unter ihre Fittiche und machte mich mit vielen Leuten bekannt, die mir helfen konnten – dazu gehörten auch die Bärs und die Hentschs.

Der Wettbewerb fand am Konservatorium statt. Das Repertoire war obligatorisch: Bachs Partita in c-Moll, eine der letzten drei Beethoven-Sonaten (ich wählte die As-Dur-Sonate, op. 110), eine gut geschriebene Toccata des Schweizer Komponisten Othmar Schoeck, ein bedeutendes Werk von Schumann (ich spielte die *Kreisleriana*) und ein Stück von Debussy (ich entschied mich für *L'Isle joyeuse*). Nach einem allgemeinen Vorspielen wurden sechzehn Semifinalteilnehmer ausgewählt. Eine zweite Runde verkürzte die Teilnehmerzahl auf vier Finalisten, zwei Männer und zwei Frauen. Bei einem öffentlichen Konzert wurde die Reihenfolge der Finalteilnehmer ermittelt.

Ich überstand die ersten beiden Ausscheidungen und arbeitete fieberhaft für das letzte Konzert. Wir sollten in alphabetischer Reihenfolge spielen. Da ich der letzte im Programm war, kam ich erst ins Konservatorium, als der dritte Pianist bereits auf der Bühne war. Ich setzte mich an ein Klavier im Künstlerzimmer und begann mich aufzuwärmen, indem ich mit der Fuge im letzten Satz der Beethoven-Sonate loslegte. Plötzlich, nach dem dritten Einsatz des Themas, wußte ich nicht mehr weiter. Selbstbewußt, wie ich war, hatte ich darauf verzichtet, die Noten mitzubringen. Da war er, der klassische Alptraum jedes Pianisten! Ich begann von vorn, noch schneller, aber wieder wußte ich nicht weiter. Das Problem bestand darin, daß ich das Stück eigentlich nicht im Kopf auswendig gelernt hatte, sondern nur in meinen Fingern – im rein körperlichen »Muskelgedächtnis«, der schlimmsten Methode. Mein ganzes Leben lang hatte ich auf diese Weise auswendig gelernt. Als ein Schüler von Liszt einmal vor dem Meister damit prahlte, er kenne ein bestimmtes Stück auswendig, befahl Liszt: »Dann setz dich hin, und schreib es für mich nieder.« Das ist das echte Kriterium. Wenn man ein Stück korrekt aus dem Gedächtnis hinschreiben kann, dann kennt man wirklich jedes Detail davon.

Ich geriet in absolute Panik. Ich ging nach oben zum Wettbewerbsbüro, um zu erklären, daß ich nicht spielen könnte, weil ich mich nicht wohl fühlte. Aber das Büro war leer – alles saß im Saal und hörte sich das Konzert an. Unten traf ich einen Funktionär an, der mich suchte. »Sie sind jetzt an der Reihe«, erklärte er mir. Bevor ich irgend etwas sagen konnte, wurde ich auf die Bühne geschoben. Ich begann zu spielen, kam sicher über die schreckliche Stelle in der Fuge hinweg und gewann den ersten Preis. Eigentlich hätte dies ein überwältigender Glücksmoment für mich sein sollen, aber ich war traurig, daß niemand aus meiner Familie sich mit mir über meinen Erfolg freuen konnte. Zum Feiern blieb zwar nicht viel Zeit, da ich mich für das Konzert am nächsten Tag vorbereiten mußte. Madame Hentsch führte mich aus und lud mich zu einem Fondue ein. Ich hatte noch nie Käsefondue gegessen. In meinem nervösen Zustand aß ich zuviel und konnte vor Bauchschmerzen in dieser Nacht kaum schlafen.

Mein Gedächtnisausfall war nicht der einzige Vorfall, der den Genfer Wettbewerb überschattete: Wegen einer Handverletzung hätte ich beinahe überhaupt nicht daran teilnehmen können. Mein Leben lang, bis heute, neige ich dazu, schlagartig sehr hungrig zu werden. Wenn der Hunger einsetzt, muß ich sofort etwas essen. Eines Tages war ich nach dem Üben am Klavier schrecklich hungrig, also ging ich gleich zum Haus der Freundin, bei der ich normalerweise aß. Da niemand da war, begab ich mich sofort in die Küche, nahm ein Messer und schnitt mir eine Scheibe Brot ab – und dazu gleich noch ein Stück von meinem Finger. Zum Glück kam meine Gastgeberin gleich wieder und verband meinen Finger. Ich übte mit dem Verband weiter. Seither habe ich nie wieder ein Küchenmesser angerührt, ja wenn es irgend geht, mache ich um eine Küche immer einen großen Bogen.

In jenen Jahren erweiterte sich mein Freundeskreis ganz enorm. Viele waren Flüchtlinge, die damals in Zürich lebten. Von ihnen lernte ich Bridge spielen. Der Geldfluß aus Ungarn war versiegt, daher war für viele ungarische Flüchtlinge das Kartenspiel die einzig mögliche Geldquelle. Meine Karten spielenden Freunde nahmen mich bald in ihre Gruppe auf. Die erfahrenen Spieler waren sehr schnell und schienen stets zu gewinnen. Ich kann mich noch gut erinnern, wie ich immer angeschrien wurde, wenn ich bei einer Karte zögerte: »Spiel einfach was aus, du Idiot, aber beeil dich!« Es war eine harte, aber gute Schule. Ich habe nie die Liebe zum Bridge verloren und spiele, wann immer ich kann.

Einer meiner Freunde bekam Tuberkulose und wurde ins Sanatorium in Leysin geschickt. Er war so nett, für mich ein Konzert zu organisieren, mit dem ich die anderen Patienten unterhalten sollte. Damals war die Penizillinbehandlung noch nicht eingeführt. Das einzige Mittel gegen Tuberkulose war Gebirgsluft, die nach Meinung der Ärzte das Virus abtöten würde. Ich schlief dort oben und fand es hoffnungslos grau und deprimierend. Alles schlief unter dicken Decken auf dem Balkon.

Mein anderer Ausflug in die Berge führte mich mit meinen ungarischen Bridge-Freunden nach Arosa. Wir wollten Ski fahren. Ich hatte zwar noch nie auf Skiern gestanden, aber es sah ganz leicht aus. Ich probierte es auf den Anfängerhängen, die im Deutschen so treffend »Idiotenhügel« heißen. Ein paarmal fiel ich hin und rappelte mich wieder auf, aber am Ende verlor ich die Kontrolle, konnte nicht mehr anhalten und schoß über eine Hauptstraße und direkt durch die offene Tür in eine Skiwerkstatt hinein. Ungebeugt von dieser Erfahrung, fuhr ich ein andermal mit einem Skilift nach oben. Plötzlich blieb der Lift stehen: Über eine Stunde lang hing ich in der Gebirgssonne – und hatte am Ende einen Sonnenstich.

An einem anderen Wochenende in Zürich beschloß diese Gruppe zu rudern. Wir befanden uns gerade in der Mitte des Zürichsees, als das Boot kenterte. Bis Hilfe nahte, mußten wir uns über eine Dreiviertelstunde im eisigen Wasser an den Bootsrumpf klammern. Mir war so kalt, daß ich dachte, ich müßte sterben. Daheim ging ich zu Bett, deckte mich mit dicken Decken zu und erwachte am nächsten Morgen ohne jede Nachwirkung – ich hatte nicht einmal eine Erkältung. Wenn ich so zurückschaue, wird mir klar, daß diese »kleineren« Unfälle für meine Karriere und meine Existenz zwar genauso bedrohlich waren wie die äußere politische Lage, aber mein Freundeskreis half mir über das Gefühl der Einsamkeit hinweg.

Der Genfer Preis und das Konzert stellten einen Wendepunkt in meinem Leben in der Schweiz dar. Vom Preisgeld konnte ich ein Jahr lang leben. Außerdem wurde ich sofort für Konzerte an kleineren Orten engagiert. Diese trugen mir zwar nicht viel ein, aber jedes hielt mich für einen weiteren Monat über Wasser. Im November 1942 spielte ich Mozarts Klavierkonzert in Es-Dur, KV 271, mit dem Zürcher Kammerorchester unter Alexander Schaichet. Später in dieser Saison gab ich mit demselben Orchester das C-Dur-Konzert von Mozart, KV 467, sowie Bartóks Sonate für zwei Klaviere und Schlagzeug, mit Irma Schaichet als Partnerin.

Der wertvollste Aktivposten dank des Preises war ein gewisses Maß an Anerkennung von seiten der Schweiz: Ich erhielt eine beschränkte Arbeitserlaubnis, die mir gestattete, bis zu fünf Schüler zu unterrichten. Diese Erlaubnis besitze ich noch immer. Sie ist für mich ein historisches Dokument, aber auch ein Beispiel für Schäbigkeit und Engstirnigkeit.

Sobald ich in der Lage war, als Korrepetitor zu arbeiten, wurde mein Leben in der Schweiz viel leichter. Eine der Sängerinnen, die ich betreute, war die Tochter eines reichen Industriellen. Sie hatte eine Stimme wie ein kastrierter Frosch, aber sie war ein reizendes Mädchen und ich war ihr dankbar für die achtzig Franken, die sie mir jede Woche für ihre zwei Unterrichtsstunden bezahlte. Dann war da noch die Sekretärin eines bedeutenden Schweizer Bankiers – eine passionierte Sopranistin, die leider nur wenig Talent hatte, aber sehr musikalisch war und auch leidlich Klavier spielte. Max Lichtegg, ein weiterer Schützling von mir, war ein guter lyrischer Tenor, den ich bei Liederabenden begleitete und der mich ein paar Jahre später – und das war außerordentlich wichtig für mich – Morris Rosengarten empfahl, dem Direktor der noch jungen Schallplattenfirma Decca. Ich beriet auch einige aufstrebende Pianisten und machte ihnen Vorschläge zu Technik und Interpretation, aber ich gab nie richtig Klavierunterricht.

Während der zweiten Hälfte meines siebenjährigen Aufenthalts in Zürich trat ich dort und in mehreren kleineren Städten als Pianist wie als Dirigent auf. Als Pianist gab ich Konzerte im Kleinen Saal der Tonhalle im Januar 1944, im Dezember 1945 und im Januar 1946. Im Herbst 1945 spielte ich bei einem Bartók-Gedenkkonzert mit, ein paar Wochen nach dem Tod des Komponisten.

Vor kurzem bin ich auf ein Dankesschreiben der Kulturgesellschaft der Emigranten in Winterthur gestoßen, das man mir anläßlich der Teilnahme an einem Konzert zum Gedenken an Stefan Zweig geschrieben hatte, den österreichischen Schriftsteller, der 1940 nach Brasilien geflohen war. Zweig und seine Frau waren überzeugt, Deutschland würde den Krieg gewinnen, beide begingen Anfang 1942 Selbstmord. Acht Monate danach kam der Wendepunkt im Krieg, in Stalingrad.

Als Dirigent gab ich ein paar Konzerte im Kleinen Saal der Tonhalle mit dem Winterthurer Stadtorchester und später mit Mitgliedern des Tonhalle-Orchesters. In einem dieser Konzerte war mein Freund und Landsmann Géza Anda der Solist in Mozarts Klavierkonzert in G-Dur, KV 453. Ich hatte ein ungeheures Verlangen zu dirigieren. Ich glaube, die Musiker müssen mich gehaßt haben, weil ich zwar sehr ehrgeizig war, aber weder Probenerfahrung hatte noch über irgendeine der Techniken verfügte, die man sich in der Praxis erwirbt. Ich muß sehr primitiv gearbeitet haben. Ich wollte zuviel zu früh und habe wahrscheinlich das Orchester bei den Proben alle zehn Sekunden unterbrochen. Ein junger Dirigent weiß eben nicht, wie Proben zu organisieren sind – ich jedenfalls nicht.

Eine indirekte Folge des Genfer Wettbewerbs bestand darin, daß der Pianist Nikita Magaloff, der beim Wettbewerb 1941 Juror gewesen war und mit der Tochter des großen ungarischen Geigers Josef Szigeti verheiratet war, mich in sein Haus in Clarens am Genfer See einlud, um seinen Schwiegervater kennenzulernen. Szigeti und ich spielten Beethovens »Kreutzersonate«, eine oder zwei Brahms-Sonaten und ein oder zwei andere Stücke. Er mochte mein Spiel sehr. Da er einen Begleiter brauchte, bat er mich, mit ihm nach Amerika zu gehen. Ich freute mich sehr darüber, aber eine kluge junge Freundin riet mir, dieses Angebot nicht anzunehmen, da es mich von einer Karriere als Dirigent ablenken könnte.

Als ich seinerzeit zum ersten Mal in die Schweiz kam, war ich fürchterlich einsam und niedergeschlagen. Ich war das warmherzige, gefühlvolle Leben von Budapest gewohnt. Der Wechsel zum bürgerlich zurückhaltenden Zürich während des Kriegs war hart. Ich hatte keine Familie, keine Karriere, kein Geld – nur Herrn und Frau Hirzel, für die ich nicht viel mehr als ein Parasit war. Außerdem hatte ich das schreckliche Gefühl, daß mir meine Jugend davonglitt und daß ich nie eine Chance hätte, meine Karriere zu starten. Das änderte sich, als ich mich 1940 in eine junge Schweizer Pianistin verliebte, die von mir betreut werden wollte und mir hilfreiche kritische Hinweise zu meinem eigenen Spiel gab. Sie war etwa in meinem Alter, und die enge Bindung zu einem anderen jungen Menschen war ungeheuer wichtig für mich. Sie machte mir von Anfang an klar, daß unsere Beziehung keine Zukunft hätte, da sie bereits verlobt sei und heiraten wolle, aber unsere Liebe hielt mich geistig und seelisch am Leben. Ich war am Boden zerstört, als sie heiratete, aber wir blieben Freunde und sehen uns hin und wieder noch immer.

Etwa um die Zeit, da diese Affäre zu Ende ging, machte mich Irma Schaichet mit einer wohlsituierten Zürcher Dame bekannt, deren moderne Wohnung ganz in der Nähe meiner winzigen Souterrainwohnung lag. Die Dame besaß einen Flügel. Irma Schaichet wußte, daß ich ein gutes Instrument zum Üben brauchte sowie ein Heim und eine gewisse Fürsorge. Sie arrangierte es, daß ich eine Art von zahlender Gast bei der Familie wurde, meine Mahlzeiten mit ihnen einnahm, ihren Flügel benutzte und sogar an Wochenenden in ihrer Wohnung blieb. Aber was als eine sehr nette Freundschaft begann, wurde bald unangenehm kompliziert: Ich fürchte, ich habe die Situation schamlos ausgenützt, weil sie mir gestattete, zu studieren und regelmäßig zu essen.

Meine »kluge junge Freundin«, die mir abgeraten hatte, Szigetis Begleiter zu werden, war Hedwig (Hedi) Oechsli. Ich lernte sie 1943 kennen. Schon nach zwei Tagen beendete sie mein kompliziertes häusliches Arrangement. Später wurde sie meine Frau. Auch mit Hedi war ich von Frau Schaichet bekannt gemacht worden, die ganz bewußt die Rolle der Kupplerin spielte: Sie wußte, daß Hedi in ihrer Ehe unglücklich war und wie fürchterlich mir in meiner Beziehung zu der anderen Dame zumute war. Der Anfang unseres Zusammenlebens war äußerst schwierig. Hedi war mit Professor Gitermann verheiratet, einem Historiker und Abgeordneten. Sie hatte einen kleinen Sohn. Als wir uns kennenlernten, war sie wieder im zweiten oder dritten Monat schwanger. Aber sie war entschlossen, ihren Mann zu verlassen und sogar ihre Kinder, so leid ihr dies auch tat.

Hedi, deren Vater an der Eidgenössischen Technischen Hochschule in Zürich Chemie lehrte, war bestens vertraut mit der Zürcher Intelligenzia. Hedi war sehr intelligent und kultiviert, ich verdanke ihr sehr viel. Ich war zwei Jahre älter als sie, aber sie schien doch in vielem wesentlich älter als ich zu sein. Ich war ein Spätentwickler, ja ziemlich zurückgeblieben und in mancher Beziehung weder intelligent noch gebildet. Ich glaube sagen zu können, daß ich mit einunddreißig Jahren noch das Niveau eines Zwölfjährigen hatte. Wegen der Musik hatte ich nie eine richtige Gymnasialbildung genossen. Die Musik war wirklich alles, was ich kannte. Meine einzigen anderen Interessen waren Sport und Politik. Seit ich in der Schweiz war, las ich von Anfang an täglich die *Neue Zürcher Zeitung*, weil ich wissen wollte, was in der Welt passierte. Ich war ein großer Bewunderer von Churchill und Roosevelt – und bin es noch heute. Hedi vermittelte mir gewisse Umgangsformen – obwohl ihr das nie völlig gelungen ist. Sie war gut zu mir und für mich – sie ermutigte mich zur Selbsterziehung durch Lesen. Dies hält bis zum heutigen Tag an.

Als der Krieg zu Ende war, wurde mein Verlangen zu dirigieren stärker denn je. Ich war nun fast dreiunddreißig. Meine Erfahrung im Dirigieren von Opern beschränkte sich auf die eine Aufführung von *Figaros Hochzeit* am 11. März 1938 in Budapest sowie auf die beiden *Werther*-Vorstellungen in Genf. Ohne Beziehungen wußte ich einfach nicht, wie ich weiterkam.

Irgendwie erfuhr ich Anfang 1946, daß Edward Kilényi, ein Pianist, der ein Klassenkamerad von mir bei Dohnányi gewesen war, sich für die US-Army darum kümmerte, das Münchner Musikleben wieder auf die Beine zu stellen. Kilényi war inzwischen amerikanischer Staatsbürger geworden. Die deutsche Post existierte damals praktisch nicht, aber ein mit Hedi befreundeter Politiker, Dr. Obrecht, ein Schweizer Parlamentsabgeordneter, würde nach München gehen, um die Alliierte Militärregierung beim Umschreiben und Neuverlegen deutscher Schulbücher zu beraten, die während des Krieges voller Nazipropaganda gewesen waren. Ich schrieb einen Brief an Kilényi. Hedi übergab ihn Dr. Obrecht, der sich bereit erklärte, ihn zu übergeben. In diesem Brief erkundigte ich mich, ob ich irgendwo in Deutschland als Dirigent gebraucht werden könnte. Zu meiner großen Überraschung überbrachte mir Dr. Obrecht bei seiner Rückkehr eine Antwort von Kilényi: »Sei am 20. März um acht Uhr abends am deutschen Grenzübergang bei Kreuzlingen. Ein amerikanischer Jeep wird Dich nach München bringen. Am nächsten Morgen gehe ich mit Dir zur Bayerischen Staatsoper. Sie brauchen dringend einen Dirigenten.«

Am vereinbarten Tag fuhr ich mit der Bahn nach Kreuzlingen und wartete. Es wurde acht, halb neun, neun Uhr – nichts geschah. Kein Jeep. Der letzte Zug nach Zürich ging um halb zehn. Ich beschloß, falls der Jeep bis dahin nicht aufgetaucht war, nach Zürich zurückzufahren. Der Jeep war das einzige Verkehrsmittel nach Deutschland. Es gab keine Züge für Zivilisten. In gewisser Hinsicht war ich erleichtert, daß der Jeep nicht kam, denn ich hatte schreckliche Geschichten über ewiggestrige Nazi-Scharfschützen gehört, die wahllos zwischen den Ruinen herumschossen. Diese Gerüchte beruhten zwar nicht auf Wahrheit, aber das wußte ich nicht. Kurz vor halb zehn tauchte ein offener Jeep mit drei Soldaten darin auf. Einer fragte mich, ob ich Mr. Solti sei. Ich bejahte, setzte mich nach hinten, und wir fuhren los.

Ich kann mich nicht erinnern, daß mir jemals so kalt war wie in dieser Nacht, als wir im offenen Jeep durch die Dunkelheit fuhren. Die Soldaten hatten dicke fellgefütterte Jacken an – ich trug nur einen dünnen Mantel. Noch schlimmer als die Kälte war für mich der erste Anblick einer zerbombten Stadt, als wir in der Dämmerung in München ankamen. Je mehr wir uns dem Zentrum näherten, desto mehr wurde mir das Ausmaß der Zerstörung bewußt. Da gab es riesige Trümmerberge, schwankende Fassaden mit herausgerissenen Fenstern, offene Bombenkrater, keine Straßenlampen. Da ich in der sicheren Schweiz nicht ein einziges zerbombtes Haus gesehen hatte, war dies für mich ein erschütterndes Erlebnis. Am liebsten hätte ich sofort wieder kehrtgemacht.

Ich wurde in den ehemaligen Bavaria-Filmstudios untergebracht, wo die Amerikaner ihr Hauptquartier eingerichtet hatten. Es gab nur ein Sofa zum Schlafen, aber das Zimmer war wunderbar beheizt, wofür ich überaus dankbar war. Am nächsten Vormittag holte mich Kilényi ab. Zusammen suchten wir Dr. Bauckner auf, den Intendanten der Bayerischen Staatsoper – er war der einzige Angehörige der alten Verwaltung, der kein Parteimitglied gewesen war.

Das Operngebäude war völlig zerstört, nur noch ein mit Wasser gefüllter Bombenkrater. Daher trat das Ensemble im Prinzregententheater auf. Kilényi stellte mich dem großen Dr. Bauckner vor, der von seinem Schreibtisch aufsah und zu Kilényi sagte: »Warum haben Sie den hierhergebracht? Wir brauchen ihn nicht.«

»Sie haben mir doch gesagt, ich solle jemanden suchen, der politisch nicht vorbelastet ist«, erwiderte Kilényi.

»Aber nein, wir brauchen ihn nicht.«

»Aber er ist die ganze Nacht in einem Armeejeep gefahren, um hierherzukommen.« Kilényi war wütend. Er rief einen Kollegen in Stuttgart an und erklärte ihm die Lage. Ehe ich mich's versah, saß ich schon wieder in der Märzkälte in einem fensterlosen Truppentransportzug nach Stuttgart.

Der Kulturoffizier in Stuttgart, ein netter Mann, holte mich am Bahnhof ab und brachte mich zum Theater, damit ich Herrn Wetzelsberger, den Generaldirektor, kennenlernte. Er war zwar kein guter Dirigent, kannte sich aber gut in der Oper aus.

Er fragte mich, ob ich *Fidelio* kenne. Als ich dies bejahte, sagte er: »Wir haben für nächste Woche eine *Fidelio*-Aufführung angesetzt. Wollen Sie sie dirigieren?«

Ich nickte. Ich kannte allerdings nur den Klavierauszug dieser Oper. Zwar hatte ich schon viele Proben des Werks begleitet, aber noch nie einen Blick in die Orchesterpartitur geworfen.

Etwa fünf Tage lang studierte ich wie ein Besessener – nicht nur die Oper, sondern auch ein Konzertprogramm, das ich ein paar Tage vor der Oper dirigieren sollte: die Ouvertüre zu Mendelssohns *Sommernachtstraum*, Mozarts Haffner-Symphonie und die Vierte Symphonie von Brahms. Für *Fidelio* gab es nur zwei Proben. Bei der ersten Probe unterlief mir ein klassischer Schnitzer. Nach dem großen Rezitativ – »Abscheulicher! Wo eilst du hin?« –, das Leonores Arie im ersten Akt vorausgeht, spielen die Hörner eine wunderschöne Introduktion vor der Arie »Komm, Hoffnung«. Ich bemerkte, daß nur drei Hörner spielten, und dachte: Das ist ja furchtbar! Ich klopfte abrupt ab und fragte: »Wo ist das vierte Horn?«

Einer der Hornisten erwiderte: »Maestro, wir spielen es nie mit vier, sondern immer nur mit drei Hörnern.«

Ich sah mir die Partitur genau an und bemerkte, daß die Passage tatsächlich für drei Hörner geschrieben ist. Alle anderen Hornpassagen in der Oper sind für zwei oder vier, aber dieser Part ist für drei Hörner geschrieben. Es war eine knifflige Situation: Die Spieler dachten, ich wollte an ihnen herummäkeln. Nachdem nun zweifelsfrei feststand, daß ich das Stück nicht kannte, hatte ich mich total blamiert.

Gleichwohl war die Aufführung am 21. April ein großer Erfolg. Ich kann mich zwar nicht mehr an die Namen aller Sänger erinnern, aber der Florestan war der junge Tenor Wolfgang Windgassen, der schon bald sehr berühmt wurde. Anschließend erklärte mir der Generaldirektor, daß man mich als Musikalischen Leiter engagieren wolle. »Können Sie morgen vormittag ins Kultusministerium kommen, damit wir einen Vertrag aufsetzen?«

Da die Deutsche Mark damals nichts wert war, betraf der wichtigste Teil des Vertrags eine anständige Unterbringung. Ich arbeitete die Details mit Minister Theodor Heuss aus und fuhr dann in die Schweiz zurück, um Hedi zu sagen, daß unser neues Leben nun beginnen würde.

Mein Erfolg in Stuttgart sprach sich bis zu Dr. Bauckner herum, der Kilényi bat, mich wieder nach München einzuladen, wo ich eine Aufführung von *Fidelio* dirigieren sollte. Unmittelbar nach dem Krieg wurde *Fidelio* sehr oft in Deutschland gegeben, nicht nur wegen des Themas – Befreiung von Diktatur und Unterdrückung –, sondern auch aus dem praktischen Grund, daß diese Oper keine aufwendigen Bühnenbilder und Kostüme benötigte, die meist den Bomben zum Opfer gefallen waren. Also fuhr ich wieder nach München und hoffte, die gleiche Position dort zu bekommen, die viel bedeutender war als die in Stuttgart. Zu der beachtlichen Besetzung meines zweiten *Fidelio* gehörten auch drei Sänger, die ich ein paar Jahre zuvor in *Die Walküre* mit der Bayerischen Staatsoper in Zürich gehört hatte: Helena Braun (Leonore), Franz Völker (Florestan) und Hans Hotter (Pizarro).

Während der Arbeit an diesen Memoiren hat mir Professor David Monod, ein kanadischer Historiker, freundlicherweise Kopien von Dokumenten geschickt, die er bei seinen Forschungen zur Rolle US-amerikanischer Musikoffiziere im besetzten Deutschland und Österreich aufgetan hatte. Einige von den Informationen, die er fand, hatte ich entweder vergessen oder nie gekannt. In einem offiziellen Bericht vom 29. Juni 1946 hatte John Evarts, der US-Musikoffizier in München – Kilényis Nachfolger und Freund von mir –, geschrieben, daß Bauckner nach meiner *Fidelio*-

Aufführung zu ihm gesagt habe: »Das ist unser Mann.« Evarts selbst erklärte: »Die Verbesserung im Spiel des Orchesters war beinahe so etwas wie ein Wunder. Mr. Solti selbst sagte, mit nur zwei Proben hätte er praktisch improvisieren müssen, womit er andeutete, daß er seine Sache noch viel besser hätte machen können.« Ich bin froh, ein halbes Jahrhundert später dieses Dokument gelesen zu haben, denn es erklärt auch, warum Dr. Bauckner mir, einem unerfahrenen, völlig unbekannten Dirigenten, den Posten des Musikalischen Leiters der Bayerischen Staatsoper angeboten hat. Ich unterschrieb den Vertrag und schickte einen Entschuldigungsbrief nach Stuttgart.

Zu dieser Geschichte gibt es noch ein kleines Nachspiel: Ein paar Jahre später dirigierte ich in Köln ein Konzert, bei dem auch der indonesische Staatspräsident Sukarno anwesend war. Wilhelm Backhaus, einer der Juroren beim Genfer Klavierwettbewerb von 1942, war mein Solist in Beethovens Kaiserkonzert. Bei dem Empfang im Anschluß an das Konzert lernte ich Bundeskanzler Adenauer kennen, der mir sehr kurz angebunden vorkam, im Gegensatz zu Theodor Heuss, dem ersten Bundespräsidenten, der mich herzlich begrüßte.

Zu meiner großen Überraschung sagte Heuss zu mir: »Nun, ich nehme an, Sie bedauern es nicht, die Stelle in Stuttgart nicht angetreten zu haben?«

»Sie erinnern sich noch an diese Episode, Herr Bundespräsident?«

»Aber natürlich. Ich hatte mich sehr über Sie geärgert. Eigentlich habe ich Ihnen das nie verziehen!«

DRITTES KAPITEL

MÜNCHEN

MAN HAT MICH OFT gefragt, wie ich es als Jude rechtfertigen könnte, nach den abscheulichen Verbrechen des Nazi-Regimes wieder in Deutschland zu arbeiten. Mehr als acht Jahre lang hatte sich mein Musizieren – von den wenigen erwähnten Ausnahmen abgesehen – auf das Klavier beschränkt. Die Blüte meines Lebens, die Zeit also, in der ein junger Dirigent unter normalen Umständen seine Karriere gestaltet, war vergeudet worden. Mein Verlangen zu dirigieren war unwiderstehlich – und somit stärker als alles andere. Manchmal glaube ich, daß ich wie Faust bereit gewesen wäre, einen Pakt mit dem Teufel einzugehen und mit ihm zur Hölle zu fahren, um zu dirigieren. Damit will ich nicht sagen, daß mich die Greueltaten des Holocaust kaltgelassen hätten – all das, was meinen jüdischen Leidensgefährten und Familienangehörigen angetan worden war. Aber im Hinblick auf meine Karriere befand ich mich praktisch in einer hoffnungslosen Lage. Ich konnte nicht unbegrenzt in der Schweiz bleiben – aber wo sollte ich hingehen? Die USA wurden überschwemmt von europäischen Dirigenten, und darum hatte es wenig Sinn, daß ein so unerfahrener und unbekannter Mensch wie ich dort zu arbeiten versuchte. Abgesehen davon gab es ja auch noch Probleme mit dem Visum. Andere Länder waren mir entweder verschlossen oder erschienen mir nicht lohnenswert. Meine Heimat Ungarn befand sich politisch wie wirtschaftlich in einem desolaten Zustand. Budapest war von den feindlichen russischen und deutschen Truppen in den letzten Kriegsmonaten buchstäblich in Stücke zerschossen worden. Ich hatte an den Intendanten der Budapester Oper geschrieben und angefragt, ob ich meinen alten Job wieder haben könnte. Verständlicherweise erwiderte er kurz und bündig: »Wir brauchen Sie nicht. Bleiben Sie, wo Sie sind.«

Ich war sehr beeindruckt von den Worten Winston Churchills, der in seiner berühmten Rede am Rathausplatz von Zürich erklärte, Deutschland und Frankreich sollten die Vergangenheit begraben und als Partner an der Errichtung eines neuen Europa arbeiten. Ich glaubte fest an die Idee eines neuen Europa. Trotz aller Schreckenstaten ließ sich mit rückwärts gerichtetem Denken nichts verändern – wir mußten nach vorne schauen. Ich glaube auch heute noch, fünfzig Jahre später, daß wir nur durch ein vereintes Europa weiterkommen.

Ich hatte unglaublich Glück, daß ich zum damaligen Zeitpunkt nach München kam. Wegen der Entnazifizierung war es den großen Dirigenten Wilhelm Furtwängler, Herbert von Karajan, Hans Knappertsbusch und Clemens Krauss verboten, in Deutschland aufzutreten. Ein oder zwei Jahre später, als die Lage sich entspannt hatte und sie wieder arbeiten durften, hätte ein Mensch mit so wenig Erfahrung wie ich niemals musikalischer Leiter der Bayerischen Staatsoper werden können. Dies war einer der bedeutendsten Dirigentenposten in Europa. Mein Glück war auch, daß es damals – aus der Sicht der Alliierten Militärregierung – keine politisch akzeptablen deutschen Dirigenten gab, mit denen sich dieser Posten besetzen ließ.

Rückblickend glaube ich, daß die folgenden Ereignisse bewiesen haben, daß ich richtig gehandelt habe. Ich hatte ja immer das Gefühl, daß es in meinem Leben eine leitende Kraft gab, die ich für meinen Schutzengel hielt. Von Natur aus war ich ein ängstlicher Bursche. Trotzdem besaß ich den Mut, nur aufgrund eines knappen Schreibens nachts in einem offenen Jeep nach Deutschland zu fahren. Wenn ich heute daran denke, kommt es mir wie ein verrückter Traum vor.

Das gesamte Repertoire der Staatsoper mußte von Grund auf überarbeitet werden. Den Bomben und Bränden, die das Opernhaus zerstört hatten, waren – genau wie anderswo – auch alle Bühnenbilder und Kostüme zum Opfer gefallen. Jede Inszenierung mußte neu geschaffen werden. Das hieß, daß es jedes Jahr nur drei bis sechs Neuinszenierungen geben konnte. Ich war so jung, so stark, so ehrgeizig und begabt genug, um eine Partitur erlernen zu können, während ich mit den Proben einer anderen Oper beschäftigt war und Aufführungen einer weiteren dirigierte. Wenn ich mich aber mit einem vollen Repertoire – zehn oder fünfzehn Opern in einer Saison – hätte befassen müssen, wäre ich gescheitert. Meine Karriere wäre praktisch zu Ende gewesen, bevor sie begonnen hätte.

Nach dem Münchner *Fidelio* brachte mich der Jeep wieder in die Schweiz zurück, wo ich bis Oktober blieb. Dann traf der neue US-Musikoffizier John Evarts in einem offenen Militärlastwagen ein, um Hedi und mich mit all unserem Hab und Gut nach München zu bringen. Wir hatten vierzehn große Koffer voller Kleider, Lebensmittel und vor allem Zigaretten. Letztere waren damals die einzige echte Währung; für Zivilisten gab es nur sehr wenig zu essen, kein Heizmaterial und keine ausreichend großen Wohnungen. Die meisten Menschen hausten in den Kellern ausgebombter Gebäude, ohne Heizung und fließendes Wasser. Evarts hatte uns eine Unterkunft verschafft: ein kleines Zimmer im Erdgeschoß eines teilweise ausgebombten Hauses in der Maximilianstraße, in dem noch ein oder zwei andere Menschen und ein Hutladen untergebracht waren, der Frau Dathe gehörte. Die Stadt war kalt, grau und bedrückend. Ich glaubte, fünfzig Jahre würden vergehen, bis sie aus den Ruinen wiederauferstehen würde. Wie ich mich täuschte! Als ich aber München sechs Jahre später verließ, hatte es sich zu einer beeindruckenden Großstadt entwickelt. Heute, rund fünfzig Jahre nachdem es nur noch ein riesiger Trümmerhaufen war, ist es eine der feudalsten Metropolen in Europa.

Für Hedi und mich waren die Münchner Jahre die glücklichste Zeit unseres Lebens. Ihre Energie und Intelligenz waren für mich ungeheuer hilfreich. Sie beriet mich in künstlerischen Dingen und kümmerte sich um unseren Lebensalltag, indem sie Zigaretten und Theaterkarten gegen frisches Gemüse und andere Lebensmittel eintauschte. Im ersten Winter war es unglaublich kalt. Während einer Probe zur Neuinszenierung von *Carmen* im eiskalten Foyer des Prinzregententheaters bemerkte einer der Musiker, daß bei intensiver Arbeit die Schweißperlen auf meiner Stirn sofort gefroren und zu kleinen Eiszapfen erstarrten.

Das Publikum sehnte sich nach Musik, und jede Vorstellung wurde mit Begeisterung aufgenommen. Eines Abends, als wir in unserem kleinen Zimmer in der Maximilianstraße saßen, klopfte es an die Tür. Als wir aufmachten, stand ein Mann vor uns und sagte: »Ich dachte, Sie könnten das brauchen.« Er stellte einen Sack Kohle ab, der für uns so kostbar war wie ein Sack Gold. Unser Wohltäter war ein Herr Faltermeyer, ein Kohlenhändler aus einer Münchner Vorstadt. Seine Angehörige waren große Opernfans und mit einer der führenden Sopranistinnen befreundet. Wir bekamen nicht nur hin und wieder Lebensmittel und Heizungsmaterial, sondern man stellte mir auch einen Dienstwagen zur Verfügung, den die Polizei einem Schwarzmarkthändler abgenommen hatte. Es war ein grüner Opel, dessen Bremsen kaum funktionsfähig waren. Das Prinzregententheater liegt jenseits der Maximilianstraße auf dem Hochufer der Isar. Dort hinaufzufahren war kein Problem, die Heimfahrt jedoch jedesmal ein aufregendes Erlebnis. Allerdings währte dieser Zustand nicht lange, da der frühere Halter des Wagens, der Schwarzmarkthändler, das Auto wieder stahl.

Es war eine heroische Zeit – für Deutschland wie für mich. Schon ein oder zwei Tage nach meiner Ankunft im Jahr 1946 hatte ich mit einer Reihe von Besprechungen zur bevorstehenden Saison begonnen. Zwischen mir und dem Dirigenten Ferdinand Leitner – der mittlerweile eine ganz wesentliche Rolle bei den Planungen übernommen hatte – gab es ernsthafte Meinungsverschiedenheiten. Diese Auseinandersetzungen hielten die ganze Saison über an. Sehr viel später, in den siebziger Jahren, trafen wir uns in Chicago wieder, als er an der Lyric Opera und ich das Chicago Symphony Orchestra dirigierte. All die früheren Streitigkeiten waren vergessen, und wir verbrachten viele angenehme Abende miteinander, an denen wir uns über die alten Zeiten unterhielten.

Mein Debüt als Generalmusikdirektor der Bayerischen Staatsoper fand mit einer Aufführung von Verdis *Requiem* am 1. November 1946 statt. Daran schlossen sich drei weitere Aufführungen des *Requiems* an. Weitere Veranstaltungen waren zwei Liederabende, an denen ich die Sopranistin Helena Braun und den Baßbariton Ferdinand Frantz bei Werken von Wolf, Brahms und Richard Strauss begleitete, sowie zwei Symphoniekonzerte, bei denen ich Stücke von Haydn, Mozart und Beethoven dirigierte. Beim Mozartwerk, dem Klavierkonzert in Es-Dur, KV 271, war ich Solist und Dirigent zugleich.

Die eigentliche Opernsaison wurde mit einer Aufführung von *Carmen* eröffnet, die beinahe nicht stattgefunden hätte, wie aus Mr. Evarts' Bericht vom 22. Dezember 1946 hervorgeht: »Die Premiere von Bizets ›Carmen‹, dirigiert von Georg Solti, ist gegenwärtig für den 3. Januar vorgesehen, aber aufgrund des Mangels an Heizmaterial muß die Staatsoper vielleicht im Monat Januar geschlossen werden. Maßnahmen für entsprechende Änderungen im Notfall sind eingeleitet, aber im Augenblick läßt sich nichts Definitives sagen.« Nach Beschaffung des Heizmaterials konnte die Premiere zwei Tage früher als ursprünglich geplant, am Neujahrstag 1947, stattfinden. Helena Braun war die *Carmen* – eine Rolle, die sie wunderbar interpretierte. Mir machte es große Freude, sie in dieser Partie dirigieren zu dürfen. Ich mußte unwillkürlich an die Zeit zurückdenken, als ich sie in Zürich in der *Walküre* gesehen hatte. Damals dachte ich nicht im Traum daran, daß ich fünf Jahre später Generalmusikdirektor des Opernhauses sein könnte, an dem sie nun auftrat.

Neben *Carmen* und *Fidelio* war *Die Walküre* die einzige Oper, die ich in der Saison 1946/47 dirigierte. Darüber hinaus gab ich weitere Aufführungen von Verdis *Requiem* sowie drei Konzerte – eines davon anläßlich des fünfzigsten Todestages von Brahms. Das vollständige Opernrepertoire meiner Karriere als musikalischer Leiter in München und anderswo ist im Anhang zu diesem Buch aufgeführt. Ich möchte hier darum nur die Inszenierungen erwähnen, die in meiner Erinnerung am bedeutendsten waren.

In meiner zweiten Münchner Saison gaben wir die deutsche Erstaufführung von Hindemiths Oper *Mathis der Maler*, die von den Nazis verboten worden war. Hindemith besuchte die Proben und die erste Aufführung. Er war ziemlich untersetzt und sah bieder aus, wirkte eher wie ein Schweizer Bankier und nicht wie ein Komponist. Ich weiß noch, wie wir in meiner Zeit als Korrepetitor in Budapest seinen Operneinakter *Hin und zurück* aufführten, in der am Anfang ein Kanarienvogel singt und auf dem Höhepunkt jemand stirbt. Dann steht der Tote wieder auf, die Oper verläuft von da ab rückwärts und endet mit dem singenden Kanarienvogel. Das galt damals als unerhört revolutionär. Gewiß hatte Hindemith in seiner Jugend revolutionäre Ansichten. Als ich ihn kennenlernte, war er jedoch ruhiger geworden. In meiner Erinnerung ist er ein lieber, sanftmütiger Mensch. Zusammen mit Arnold Schönberg, Alban Berg und Kurt Weill war er im Bereich der Musik eine der Hauptpersonen der Nazi-Angriffe gegen die sogenannte »entartete Kunst«. Nach seiner Auswanderung in die USA wurde er Professor an der Yale University und verlor seinen revolutionären Geist. Als er nach dem Krieg wieder nach Europa kam, unternahm er eine Vortragsreise in mehrere Großstädte, wo er viel über das Ethos der Musik sprach. Diese Vorträge waren, gelinde gesagt, ziemlich trocken und akademisch. Man erzählte mir, daß er sich nach seinem Vortrag in Zürich an das Publikum wandte, um es zu Fragen zu animieren. Da erhob sich der Dirigent Otto Klemperer, eine große, beeindruckende Gestalt, und fragte: »Herr Hindemith, wo sind hier die Toiletten?«, womit er traurigerweise seine Meinung über Hindemiths Vortrag zum Ausdruck brachte. Aber dessen Musik war sehr interessant. *Mathis der Maler* ist im Grunde eine gute und intensive Oper. In meiner Münchner Zeit habe ich auch sein wunderbares Konzert *Der Schwanendreher* für Bratsche und Kammerorchester dirigiert.

Die Konzerte, die ich in München gab, verhalfen mir zu einem symphonischen Repertoire. Die Konzertreihe des Opernorchesters ist eine der ältesten der Welt – sie heißt Musikalische Akademie. In diesem Zusammenhang hatte ich die Gelegenheit, mit einigen bekannten Solisten zu arbeiten, darunter auch mit Adolf Busch, der das Beethoven-Violinkonzert spielte. Er war ein feiner, warmherziger Mensch, aber sein Spiel war damals nicht mehr so gut. Er war nur noch der Schatten des großen Geigers, der er einst gewesen war. Betrüblicherweise verschlechtert sich bei vielen Geigern im Laufe der Jahre ihre Muskelkontrolle und Flexibilität. Dann können sie nicht mehr die technische Brillanz liefern, für die sie berühmt sind. Mit Dirigenten geht das Alter freundlicher um. Ein großartiges Beispiel dafür ist Strauss: Er konnte sich zwar nur noch mühsam bewegen und sah und hörte nicht mehr gut. Aber mit seinen kleinen Gesten und der genialen Dirigiertechnik vermittelte er dem Orchester alles, was er wollte.

Mit Joseph Szigeti hatte ich die gleiche Erfahrung gemacht wie mit Busch: Er spielte ebenfalls das Beethoven-Konzert mit mir, konnte das Stück aber nicht mehr bewältigen. In seinem Fall war dies besonders traurig, weil ich ihn zehn Jahre zuvor gehört hatte. Da hatte er sich auf dem Höhepunkt seiner Kräfte befunden. Der wunderbare Alfred Cortot, der ebenfalls in einem der Akademiekonzerte auftrat, spielte im Schumann-Klavierkonzert immer wieder getrennt vom Orchester. Mit dem herausragenden Können eines großen Musikers fand er jedoch immer wieder zurück, bevor es jemand merkte.

Bei dieser Konzertreihe gab ich auch zum erstenmal Bachs *Matthäus-Passion*. Fast fünfzig Jahre später gestand mir der Botschafter auf einer Party in der deutschen Botschaft in London, daß er bei diesen Aufführungen, die im Kongreßsaal des Deutschen Museums stattgefunden hatten, im Kinderchor gesungen habe. Bei einer dieser Aufführungen, bei denen die Musiker und die Zuhörer in den Saal durch dieselben Haupteingänge gelangten, hielt mich ein Platzanweiser zurück, weil ich keine Eintrittskarte besaß. (Damals herrschte eine große Nachfrage nach Konzertkarten, da sie zu den wenigen Dingen gehörten, die man in dieser entbehrungsreichen Nachkriegszeit kaufen konnte.)

Ich sagte zu dem Zerberus: »Ich bin doch der Dirigent!«

»Das kann jeder sagen«, erwiderte er.

Während wir noch herumdebattierten, tauchte mein Faktotum auf, der hochaufgeschossene Orchesterwart Klinger. Er begrüßte mich mit den Worten: »Da sind Sie ja, Herr General.« Damit rettete er mich aus den Fängen des Platzanweisers, der mich für einen militärischen General in Zivil hielt und mich mit vielen Verbeugungen einließ.

Mit zunehmender wirtschaftlicher Entwicklung in Deutschland wurden auch die Aufführungen an der Oper besser. Wir gingen sogar auf Tournee und gaben Purcells *Dido und Aeneas* sowie ein Konzert bei den Fränkischen Festwochen im alten Markgräflichen Opernhaus von Bayreuth.

Dank meiner Tätigkeit an der Budapester Oper war ich schon vor meiner Zeit in München mit der Organisation eines großen Opernhauses gründlich vertraut. Ich wußte, wie man Probenpläne aufstellt, welche Vorbereitungen für Bühnenproben erforderlich sind, wieviel Zeit der Dirigent für die Arbeit mit allen möglichen Arten von Vokalensembles benötigt und wie vieler Orchesterproben es für bestimmte Werke bedarf. Dieses Wissen war mir eine große Hilfe.

Die Orchestermusiker merkten nicht, daß ihr neuer Dirigent ein Anfänger war, und akzeptierten mich huldvoll und großmütig. Damals war das Orchester der Bayerischen Staatsoper im großen ganzen nicht so gut wie die Münchner Philharmoniker, aber es gab darin einige außerordentlich gute Musiker. Herausragend waren der Erste Cellist, Mr. Uhl, der Erste Hornist und die Trompeter. Schwach waren die Holzbläser, hervorragend nur die Erste Flöte. Der Chor war gut, sogar im Hinblick auf die Intonation. Wir mußten uns eine ganze Menge einfallen lassen, wenn wir sie einzukleiden hatten, da Kostüme so knapp waren. So wurden beispielsweise aus den Mönchskostümen für den zweiten Akt von *Die Macht des Schicksals* Chorroben für Aufführungen von Verdis *Requiem*.

Mit mir arbeiteten drei weitere Dirigenten zusammen, darunter einer, der eigentlich überhaupt nicht gut war. Der zweite hieß Ratjen; er war ein sehr netter Mann aus einer Bankiersfamilie. Ich sehe diesen großen, schlanken Brillenträger noch vor mir; er kannte die Partitur gut, verriet aber beim Dirigieren keinerlei Emotion. Der dritte war Kurt Eichhorn, der eigentlich nie etwas richtig einstudiert hatte.

Ich hatte das Glück, nicht nur die Stelle in München zu bekommen, sondern auch das damals beste Vokalensemble in Deutschland zur Verfügung zu haben. Im wesentlichen war dieses Ensemble während des Kriegs von Clemens Krauss zusammengestellt worden, einem politischen Zögling von Goebbels. Für die Nazis war Krauss ein Gott. Sein Opernhaus besaß jeden erdenklichen Luxus – sogar die Türgriffe in seiner *Rosenkavalier*-Inszenierung sollen vergoldet gewesen sein. Leider kann ich dieses Gerücht nicht bestätigen, da diese Bühnenbilder wie die meisten anderen im Krieg vernichtet worden waren. Ich habe Krauss nie kennengelernt. Als er einmal zu Besuch in München war, lud ihn ein Freund zu einer *Tristan*-Aufführung ein, die ich dirigieren sollte. Er lehnte diese Einladung jedoch ab. Ein wenig später erzählte mir ein Flötist im Orchester, daß Krauss auf die Nachricht, daß ich den *Tristan* zum erstenmal dirigierte, zu ihm sagte: »Niemand, der seinen ersten *Tristan* dirigiert, kann ihn gut dirigieren« – und wahrscheinlich hatte er recht! Einige erstaunliche Talente widerlegen dennoch diese Regel. Furtwängler hingegen schaute sich tatsächlich eine meiner *Tristan*-Aufführungen an. Anschließend meinte er zu seinem Sekretär, ich würde wirklich zu den besten Hoffnungen berechtigen.

Aber meine Einstellung gegenüber dem Musiker Furtwängler ist kompliziert. Als ich in Salzburg für Toscanini arbeitete, ging ich automatisch davon aus, daß Furtwängler sich in jedem interpretatorischen Detail irrte. Später erfuhr ich, daß es vielerlei Arten des Musizierens gibt, und interessierte mich mehr für Furtwänglers Vorstellungen vom Dirigieren. Im Krieg hatte ich ihn bei der Probe einer Bruckner-Symphonie mit dem Winterthurer Orchester erlebt. Dabei hatte mich erstaunt, daß er dieses nicht sehr gute Ensemble jeden Satz durchspielen ließ, bevor er an den Details zu arbeiten begann. Ich wußte nicht, daß dies die einzig vernünftige Methode war, die man gerade bei einem zweitklassigen Ensemble anwenden mußte: Wenn man den Musikern keine vorläufige Orientierung erlaubt, verschwendet man ungeheuer viel Zeit. Später habe ich Furtwängler in München und in Salzburg erlebt. Nach einem seiner Salzburger Konzerte strahlte er vor Freude über das ganze Gesicht, als ich ihm sagte, die Wiener Philharmoniker hätten an diesem Abend für ihn viel besser gespielt als am Abend zuvor für Karajan. Da meine Meinung sehr wenig zählte, merkte ich an seiner freudigen Reaktion, daß er Karajan offenbar ganz und gar nicht mochte.

Seither habe ich meine Meinung über Furtwängler erneut geändert. Als ich vor kurzem wieder einmal die Neunte von Beethoven einstudierte, hörte ich mir den ersten Satz in seiner Aufnahme an und fand ihn unglaublich langsam. Da ist zwar eine enorme Überzeugung und große Kraft zu spüren. Inzwischen bin ich aber der Meinung, daß das Konzept falsch ist und daß das Werk viel dramatischer aufgeführt werden sollte. Offensichtlich ist dies alles eine Frage des Geschmacks, und meine Kritik an seiner Interpretation mindert keineswegs meinen Respekt vor diesem großen und wunderbaren Dirigenten. Ich teile Klemperers Ansicht, daß Furtwäng-ler nicht von Natur aus ein Operndirigent war. Er war ein großartiger Musiker und konnte sich tiefgründig über Musik äußern. Aber eigentlich »atmete« er nicht mit den Sängern. Wenn er im Orchestergraben war, hatte ich stets das merkwürdige Gefühl, daß er nicht so recht dorthin gehörte. Aber ich habe eine ganze Menge von ihm hinsichtlich der freien Phrasierung mitbekommen, was ich von Toscanini noch nicht gelernt hatte. Ich war immer bestrebt, Toscaninis Kraft mit Furtwänglers Freiheit zu verbinden.

Furtwängler mochte Amerika nicht. Als ich ihm einmal erzählte, ich würde Gastdirigent bei der Lyric Opera in Chicago werden, sagte er: »Warum? Sie sollten in Europa bleiben. Gehen Sie nicht hin!« Ich glaube, sein Antiamerikanismus rührte daher, daß er nach dem Krieg vom Verwaltungsrat des Chicago Symphony Orchestra abgelehnt worden war. Die Mitglieder des Organs meinten, er hätte mit den Nazis sympathisiert.

Als ich nach München kam, gab es dort viele junge deutsche Sänger zwischen fünfundzwanzig und fünfunddreißig Jahren, für die das Hauptproblem war, daß sie nicht ohne Erlaubnis der Alliierten Militärregierung ins Ausland reisen konnten. Es waren praktisch auch keine öffentlichen Verkehrsmittel vorhanden – keine Busse, keine Züge. Und bis diese Sänger reisen konnten, hatten viele ihren stimmlichen Höhepunkt schon hinter sich. Dies bedeutete, daß es in den deutschen Opernhäusern, besonders in München, stabile Ensembles gab, deren Mitglieder miteinander arbeiteten und sich miteinander entwickelten. Heute sind in den sogenannten »Repertoiretheatern« die Aufführungen irgendeines Werks über eine Saison verteilt, und die einzelnen Sänger kommen und gehen. Oft kennen sie die Inszenierung nicht, sie kennen den Dirigenten nicht. Sie singen und gehen wieder; zwei Tage später nehmen andere Sänger ihre Plätze ein. Wenn ein bekannter Sänger bereit ist, einen ganzen Monat lang an einem großen Haus zu bleiben, freut sich jeder darüber – mehr kann man sich nicht erhoffen. Aber damals hatten wir eine feste Truppe wunderbarer Sänger. Wenn ich eine Inszenierung besetzte, konnte ich mir die allerbesten aussuchen.

Hans Hotter verdient hier besondere Erwähnung. Selbst heute, mit fast neunzig Jahren, ist Hotter erstaunlich. Er kann noch immer singen, wie er im Alter von dreiundachtzig Jahren auf der Party zu meinem achtzigsten Geburtstag bewies. Darüber hinaus ist er auch ein großartiger Lehrer. Aber der junge Hotter, mit seiner vollen Stimmkraft und seiner eindrucksvollen Erscheinung, war phänomenal. Ich lerne schnell, und wenn ein Sänger eine interpretatorische Entscheidung getroffen hat, die mir mehr einleuchtet als meine eigene, übernehme ich sie auf der Stelle. In dieser Hinsicht habe ich von Hotter eine ganze Menge gelernt, besonders wenn er mein Wotan in der *Walküre* war. Jahre später, als wir die Oper zusammen in Wien aufnahmen, bat ich ihn, eine bestimmte Phrase *legato* zu singen.

»So kann ich das nicht«, sagte er.

»Aber Hans, so habe ich das doch von dir gelernt«, rief ich erstaunt.

Doch seine Stimme war reifer geworden. Als der große Künstler, der er war, hatte er seine Phrasierung und seine Technik den Veränderungen angepaßt, die sich ganz natürlich in seiner Stimme vollzogen hatten. Hotter ist einer der musikalischsten Sänger, die ich kenne. Er sah unglaublich gut aus und strahlte ein Charisma und eine Faszination aus, die unwiderstehlich waren. Er hatte viele Fans, und besonders die Damen lagen ihm zu Füßen.

In meiner ersten Inszenierung von *Carmen* – einem meiner erfreulichsten musikalischen Erlebnisse, die ich als Generalmusikdirektor in München hatte – war Helena Braun gerade Anfang Vierzig. Sie gehörte der Staatsoper seit 1940 an und blieb dem Ensemble bis zu ihrem Ausscheiden im Jahre 1959 treu; ihr Mann Ferdinand Frantz war nach Hotter einer der bekanntesten Wotans und auch lange im Ensemble. In jener *Carmen*-Inszenierung gab der junge Benno Kusche als Escamillo sein Debüt an der Bayerischen Staatsoper. Dort sang er noch weitere dreißig Jahre, auch wenn er ebenfalls in anderen großen Häusern auftrat. Die Micaëla wurde von Elisabeth Lindermeier gesungen, einer äußerst begabten jungen Hotter-Schülerin, die den Dirigenten Rudolf Kempe heiratete. Nachdem sie ihre Karriere als Sängerin beendet hatte, wurde sie Musikkritikerin in München. Der Don José war Lorenz Fehenberger, ein bayrischer Bauern-sohn und eines der außergewöhnlichsten Tenortalente, mit denen ich je gearbeitet habe. Er hatte den musikalischen Instinkt eines Domingo und eine italienisierte Stimme ähnlich der Giglis. (Wir gaben damals die *Carmen* auf deutsch. Erst in den fünfziger Jahren begannen die wichtigen deutschen Häuser französische Opern auf französisch und italienische Opern auf italienisch aufzuführen.) Fehenberger war tief gläubig und eine bezaubernde Person. Er war auch einer der ersten Menschen in München, bei dem ich begriff, daß viele Deutsche nicht mit den Nazis sympathi-siert hatten. Zutiefst bewegend sang er den Evangelisten, als ich zum er-stenmal die *Matthäus-Passion* dirigierte – doch er besaß auch die Fähig-keit, die wilde Eifersucht von Don José im letzten Akt von *Carmen* zu spielen.

Besonders gern erinnere ich mich auch an die Inszenierung von *Salome*, die im September 1948 ihre Premiere erlebte. Annelies Kupper, eine er-staunlich gute Sopranistin, die sich gerade erst einige der schwereren Partien aneignete, sang die Titelrolle. Der Jochanaan war Hans Reimar, ein sehr guter Bariton. Später sang in unserer *Elektra*-Inszenierung die junge Schweizer Sopranistin Inge Borkh die Titelrolle. Sie war eine teutonische Callas – hysterisch, ein wildes Tier in jeder Hinsicht, aber eine brillante Sängerin. Annelies Kupper und Maud Cunitz, eine weitere hochbegabte Sopranistin, kamen etwa um dieselbe Zeit wie ich an die Staatsoper, traten in vielen Rollen bei mir auf und blieben noch lange nach meinem Weggang im Ensemble. Alles in allem vermochte ich in München nicht nur meinen Beruf zu erlernen, sondern dies auch mit den bestmöglichen Sängern zu tun. Glücklicherweise bekam ich rasch einen Instinkt dafür, gutes Singen von schlechtem unterscheiden zu können.

Stark profitierte ich auch von der Zusammenarbeit mit Georg Hart-mann, der Bauckners Nachfolger als Intendant der Münchner Oper war. Er entstammte einer Familie von Theaterleitern. Unsere erste gemeinsame Inszenierung war *Mathis der Maler*. Es war eine naturalistische Inszenierung, und unsere Werkstätten hatten genügend Materialien zur Verfügung, um gut aussehende Bühnenbilder und Kostüme im Stile des 16. Jahrhunderts herstellen zu können. Wir beide arbeiteten sehr gut miteinander – er war ein echter Profi, sehr musikalisch. Unsere Zusammenarbeit erstreckte sich auch auf Inszenierungen von *Die Macht des Schicksals*, *Der Rosenkavalier*, *Don Giovanni*, *Boris Godunow* und *Tannhäuser*. Als ich nach Frankfurt ging, lud ich ihn ein, dort mit *Cardillac* eine andere Hindemith-Oper zu inszenieren. Er brachte mir bei, daß man eine Oper inszenieren kann, ohne sie zu entstellen oder sich über den Komponisten hinwegzusetzen.

Münchens Lieblingssohn war Richard Strauss. Ich bin ihm nur dreimal begegnet, aber er beeinflußte von allen Menschen mein Leben am meisten. Strauss hatte die unmittelbare Nachkriegszeit in der Schweiz verbracht, wo er seine *Vier letzten Lieder* komponierte. Aber kurz vor seinem fünfundachtzigsten Geburtstag am 11. Juni 1949 kehrte er in sein Haus in Garmisch-Partenkirchen zurück. Anläßlich seines Geburtstags und seiner Heimkehr veranstaltete die Bayerische Staatsoper eine Neuinszenierung von *Der Rosenkavalier*. Strauss, dem es gesundheitlich nicht gutging, lehnte es ab, eine der öffentlichen Aufführungen zu besuchen. Er ließ uns aber wissen, daß er zur Generalprobe käme.

Wenn man zum erstenmal in diese gewaltige Partitur eintaucht, fühlt man sich in dieser Klang- und Handlungsfülle absolut verloren. Man weiß nicht, wie man mit den Problemen der Balance fertig werden soll – der Balance innerhalb des Orchesters und der Balance zwischen Orchester und Bühne. Wenn ich heute meinen ersten *Rosenkavalier* machen müßte – noch dazu, wenn der Komponist im Zuschauerraum sitzt –, würde ich vor Angst sterben. Während der Pause zwischen dem zweiten und dem dritten Akt wurde ein kurzer Dokumentarfilm für die Wochenschau gedreht, in dem Strauss ein paar Minuten lang dirigierte. Ich besitze eine Kopie des Films, in dem ich auch vorkomme. Es erstaunt mich immer, wenn ich mich als jungen Mann hinter dem alten Komponisten stehen sehe, der vor über hundertdreißig Jahren geboren wurde.

Als ich ihn in den Orchestergraben führte, sagte er zum Orchester: »Guten Morgen, meine Herren.« Dann nahm er Platz, und ich stand rechts hinter ihm. Er wollte wissen: »Wo sitzen die Hörner?«

»Die Hörner sitzen links, die Trompeten rechts, Dr. Strauss.«

»Ich kann nicht mehr sehr gut sehen und hören«, sagte er.

Und dann geschah etwas Erstaunliches: Sobald er zu dirigieren begann, schwand die Schwäche des hohen Alters, und an ihre Stelle traten Kraft und Beherrschung. Er fing mit dem Walzer am Ende des zweiten Akts an. Unmittelbar vor Ochs' musikalischem Einsatz sah Strauss automatisch zur Bühne hoch und gab ein Zeichen mit dem Instinkt eines Operndirigenten und der absoluten Sicherheit eines gewieften Kapellmeisters.

Kurz danach fuhr ich nach Garmisch, um einen Geiger in einer Aufführung von Strauss' Sonate für Violine und Klavier in einem kleinen Konzert zu begleiten, das zu Ehren von Strauss' fünfundachtzigstem Geburtstag gegeben wurde. Als wir fertig waren, sagte Strauss zu mir: »Ich habe nicht gewußt, daß Sie so gut Klavier spielen. Besuchen Sie mich doch einmal. Ich würde mich gern mit Ihnen unterhalten.« Meine Freude über diese Einladung war nur mit der Freude über das »Bene« zu vergleichen, das Toscanini fast zwölf Jahre zuvor in Salzburg zu mir gesagt hatte.

Zwei oder drei Wochen später besuchte ich ihn zu Hause und brachte drei Partituren mit: *Der Rosenkavalier*, *Elektra* und *Salome*. Als ich klingelte, wurde die Tür nicht von einem Dienstboten geöffnet, sondern von Strauss selbst. Ich bin zweimal in meinem Leben vor Schweigen erstarrt – dies war das erste Mal. Er nahm mich in sein Arbeitszimmer mit, das auf den gepflegten Garten seiner Villa und auf die zum Greifen nahen Berge hinausging. Sein Arbeitstisch stand vor dem Fenster, und es war nur sehr schwer vorstellbar, daß dieses friedliche, ordentliche, bürgerliche Milieu die Geburtsstätte von zwei seiner gewalttätigsten Opern, *Salome* und *Elektra*, war. Ich stand da, konnte keinen Ton herausbringen und hielt meine Partituren umklammert. Er spürte meine Nervosität, und um mir meine Befangenheit zu nehmen, forderte er mich auf, mich doch zu setzen und ihm den neuesten Klatsch aus der Oper zu erzählen. Seine Taktik funktionierte, denn sobald wir miteinander plauderten, verlor ich meine Angst vor ihm. Er behandelte mich wie einen Kollegen, und rasch überwand ich meine Schüchternheit.

Ich fragte Strauss, wie bestimmte Tempi im *Rosenkavalier* behandelt werden sollten. Er gab mir eine allgemeingültige Antwort. »Es ist ganz einfach«, sagte er. »Ich habe Hofmannsthals Text in dem Tempo vertont, in dem ich ihn sprechen würde, mit einer natürlichen Geschwindigkeit und in einem natürlichen Rhythmus. Sagen Sie einfach den Text laut auf, und dann kennen Sie die richtigen Tempi.« Ich habe mich seither an seine Empfehlung gehalten und es stets als richtig empfunden, daß die natürliche Rezitationsgeschwindigkeit der Worte im *Rosenkavalier* immer das richtige Tempo ist. Wenn man hier ein wenig zu langsam oder da ein bißchen zu schnell ist, stimmt nichts mehr. Strauss besaß ein einzigartiges Talent, Worte zu vertonen.

Er riet mir, den Walzer in einem Schlag zum Takt, nicht in drei Schlägen zu dirigieren. »Machen Sie nicht das, was Clemens Krauss so oft macht«, sagte er. »Er schlägt den Walzer mit drei. Versuchen Sie bei einem zu bleiben. Damit wird die Phrasierung natürlicher.« Das ist natürlich viel schwieriger, aber ich habe immer versucht, mich an seinen Rat zu halten.

Abgesehen von diesen Kommentaren zu den Tempi im *Rosenkavalier* wollte er nicht über seine eigene Musik sprechen.

»Kennen Sie den *Tristan?*« wollte er wissen.

»Ja, ich habe ihn dirigiert«, erwiderte ich.

»Dann sagen Sie mir doch, warum im letzten Akkord der Oper alle Instrumente außer dem Englischhorn spielen.«

Das stimmt – sogar die Harfe spielt den letzten Akkord, aber das Englischhorn fällt bei den letzten drei Takten in B-Dur weg. Doch warum dies so war, konnte ich ihm nicht sagen.

»Das Englischhorn stellt den Liebestrank dar«, erklärte er, »und mit dem letzten Akkord, wenn Tristan und Isolde tot sind, hört die Wirkung des Tranks auf.«

Später habe ich diese Geschichte meinem lieben Freund Willi Schuh erzählt, dem Musikwissenschaftler und Kritiker, der mich ein paar Jahre zuvor in Zürich »entdeckt« hatte und der ein Freund und Biograph von Strauss war.

»Ach, nehmen Sie es nicht so schwer«, erklärte mir Schuh. »Er führt jeden gern aufs Glatteis, indem er ihm diese Frage stellt.«

Strauss war überrascht, als ich ihm erzählte, daß ich Verdis *Falstaff* liebe, denn ihm lagen hauptsächlich Mozart und Wagner. Soviel ich weiß, sagte er früher, *Falstaff* sei ein großartiges Meisterwerk. In späteren Jahren muß er wohl anders darüber gedacht haben. Auf einer praktischeren Ebene hat Strauss etwas zu mir gesagt, was ich seither als sehr nützlich empfunden habe. »Haben Sie bei den Proben zum *Rosenkavalier* jemals den Orchestergraben verlassen, damit Sie sich das Ganze einmal im Zuschauerraum anhören konnten?«

Ich mußte dies verneinen.

»Das hätten Sie wirklich tun sollen«, sagte er, »denn was Sie an Ihrem Platz im Orchestergraben hören, ist völlig anders als das, was das Publikum hört.«

Von diesem Tag an habe ich dies immer befolgt – sogar in Bayreuth. Gewöhnlich bitte ich dann jemand anderen, das Orchester zu dirigieren, während ich in den Zuschauerraum gehe, um zuzuhören und die Balance zu beurteilen. Das lohnt sich wirklich, nicht nur für die Oper, sondern auch für Chor- und symphonische Musik, und ich lege diesen Rat meinen jüngeren Kollegen sehr ans Herz.

Strauss' zweiter Ratschlag lautete, man solle sich nicht allzusehr auf die Musik einlassen, sondern irgendwo außerhalb von ihr stehen. Das heißt, man solle es nicht an Leidenschaft fehlen lassen, sondern in der Ausführung leidenschaftslos sein. Das ist ein guter Rat, auch wenn es mir nicht immer leichtfällt, »außerhalb« der Musik zu bleiben.

Insgesamt hielt ich mich etwa zweieinhalb Stunden bei Strauss auf, einschließlich des Mittagessens, das wir mit seiner Frau einnahmen. In ihrer Jugend war Pauline de Ahna, die Tochter eines Generals, eine berühmte Sopranistin. Strauss hatte ihr sowohl vor als auch nach der Hochzeit viele seiner Lieder gewidmet. Sie war bekannt dafür, streng und schwierig zu sein. Am Ende des Lebens ihres Mannes soll sie gesagt haben: »Ich bin eine Mesalliance eingegangen. Ich hätte einen Offizier heiraten sollen, keinen Komponisten.«

Bei Tische fragte mich Strauss: »Warum fuchteln Sie so, wenn Sie dirigieren? Sie schlagen zuviel, und Ihre Gesten sind zu groß.«

Sofort fiel Frau Strauss ein: »Aber Richard, du weißt doch ganz genau, daß du auch fürchterlich herumgefuchtelt hast, als du jung warst. Der Arzt hat sogar gesagt, das könnte deinem Herzen schaden.«

»Ja, das ist wirklich wahr«, gab er lachend zu. Jeder weiß, daß der reife Strauss in seinen Dirigiergesten ein Muster an Ökonomie war. Als junger Mann aber muß er ziemlich wild gewesen sein.

Gleich nach dem Essen sagte Frau Strauss barsch: »Junger Mann, Sie müssen jetzt gehen. Richard muß seinen Mittagsschlaf halten.«

Mutig protestierte er dagegen. »Ach, schick ihn noch nicht weg. Nur ein bißchen noch«, sagte er. »Ich möchte ihm noch ein paar kleine Tropfen Weisheit einflößen.« Ich erinnere mich noch ganz genau an diese Worte.

Aber sie gab nicht nach, und darum verabschiedete ich mich.

»Kommen Sie doch im September wieder«, meinte Strauss. »Dann können wir noch ein wenig miteinander reden.« Insbesondere wollte er über Mozart reden. Ich hätte so gerne gehört, was er über seine Lieblingsoper, den *Figaro*, und über *Così fan tutte*, die er genial dirigiert haben soll, zu sagen hatte. Aber ein paar Wochen später bekam er einen Herzinfarkt und starb am 8. September.

Ich dirigierte bei seiner Beerdigung das Trio aus dem Finale des *Rosenkavalier*, wie er es in seinem Letzten Willen verfügt hatte. Marianne Schech sang die Partie der Marschallin, Maud Cunitz war Oktavian und Gerda Sommerschuh die Sophie. Die Sängerinnen fingen nacheinander zu weinen an und fielen aus dem Ensemble heraus. Dann begannen sie wieder zu singen, und wir konnten das Stück gemeinsam beenden. Ich dirigierte auch den Trauermarsch aus Beethovens »Eroica«. Er kann nicht sehr gut gewesen sein, da ich ihn nie zuvor aufgeführt hatte. Anschließend kam Frau Strauss zu mir, um sich zu bedanken. Sie war dicht verschleiert, und aus der stolzen Generalstochter war eine völlig gebrochene, weinende alte Frau geworden. Nur kurze Zeit später starb sie – ohne ihren geliebten Richard konnte sie wohl nicht leben.

Bevor ich vor ein paar Jahren bei den Salzburger Festspielen seine Oper *Die Frau ohne Schatten* dirigierte, unterhielt ich mich im Garten eines Freundes mit seinem Enkel. Er erzählte mir, daß sein Großvater nach dem Krieg keine Zukunft mehr für die deutschen Opernhäuser gesehen habe, die zumeist in Trümmern lagen. Auch in künstlerischer und organisatorischer Hinsicht herrschte ein einziges Chaos. Strauss habe geglaubt, dies wäre das Ende. In gewisser Hinsicht war es dies ja auch, weil die alte deutsche Operntradition im Laufe des folgenden Jahrzehnts ausstarb. Aber nach meinem Besuch in Garmisch soll Strauss zu seiner Familie gesagt haben: »Dieser junge Mann gibt mir ein wenig Hoffnung.« Damals hatte ich dies nicht gewußt, aber ich freute mich natürlich ungeheuer, als ich es fünfundvierzig Jahre später erfuhr. Ich glaube, Strauss hat meine Begeisterung verspürt und meine Entschlossenheit, soviel zu tun, wie ich konnte und so gut ich dies konnte. Um so mehr bedaure ich es daher, daß ich ihn nur so kurze Zeit gekannt habe, denn seine Ratschläge haben mich während meiner ganzen Karriere begleitet.

In dem halben Jahrhundert, das seit meinen Begegnungen mit Strauss vergangen ist, habe ich viele von seinen Orchesterwerken und Opern dirigiert. Ich habe zwar nie seine frühe sinfonische Fantasie *Aus Italien* aufgeführt, dafür aber mit der sinfonischen Dichtung *Macbeth* einmal ein anderes frühes Orchesterstück, das mir damals sehr gut gefiel. Nur mit *Don Juan*, einem mozartschen Geniestreich von orchestraler Verve, den Strauss mit Anfang zwanzig geschrieben hat, bewies er, daß er eine der großen Begabungen seiner Zeit war. Ebenso genial sind *Tod und Verklärung* sowie *Till Eulenspiegels lustige Streiche*, denen dann umfangreichere Tondichtungen folgten: *Also sprach Zarathustra*, *Ein Heldenleben* und *Don Quixote*. Das letztgenannte Werk habe ich schon eine ganz Zeitlang nicht dirigiert und sollte es mir noch einmal ansehen. *Zarathustra* und *Heldenleben* habe ich aber nur zu oft dirigiert. Ich bewundere sie noch immer, muß aber gestehen, daß ich sie manchmal leid bin, vielleicht weil ich sie eben so oft dirigiert habe. Die *Sinfonia domestica* ist zwar großartig, aber ein wenig veraltet und zu lang. *Eine Alpensinfonie* ist überraschend uneinheitlich, wenn man bedenkt, daß Strauss sich auf dem Höhepunkt seiner Reife befand, als er sie schrieb, aber ich habe sie gerne eingespielt. Mit großem Vergnügen habe ich seine beiden Hornkonzerte, das Oboenkonzert und *Vier letzte Lieder* dirigiert, die ich für wunderbar halte. Die *Metamorphosen*, eine Studie für 23 Solostreicher, habe ich nie aufgeführt. Vielleicht habe ich sie falsch beurteilt, als ich sie vor vielen Jahren zum erstenmal hörte und sie mir in die Länge gezogen und langweilig vorkamen.

Meiner Meinung nach war Strauss am größten als Opernkomponist. Meine Lieblingsoper von ihm ist *Salome*, deren Originalität und Einfallsreichtum mich immer wieder faszinieren. Für mich ist sie eine exotische, perverse *Così fan tutte*, und ich dirigiere sie immer wieder gern. Auch *Elektra* ist ein Meisterwerk, aber sie versetzt mich in ein Wechselbad der Gefühle: Eine Zeitlang liebe ich sie, und dann wieder finde ich sie in musikalischer wie dramatischer Hinsicht zu schwer. Wenn ich gerade Wagner dirigiert habe, schätze ich *Elektra* ebenso wie *Salome*. Mit dem *Rosenkavalier* geht es mir so wie mit *Elektra*: Manchmal liebe ich ihn, und dann wieder kommt er mir zu süß vor. Ich möchte gern noch einmal *Ariadne auf Naxos* machen. Ich habe sie schon sehr lange nicht mehr dirigiert und glaube, daß sie eine von Strauss' besten Opern ist. *Die Frau ohne Schatten* ist eines seiner gewichtigsten Werke: Einiges darin ist unglaublich schön und vermittelt ein tiefes Gefühl des inneren Friedens, aber andere Teile sind zu schwerfällig orchestriert. Bei der Uraufführung im Jahre 1919 in Wien standen Strauss einige der großen Stimmen dieses Jahrhunderts zur Verfügung. Dazu gehörten die Sopranistinnen Maria Jeritza und Lotte Lehmann und der Bariton Richard Mayr. Heute jedoch ist die Oper schwer zu besetzen, da solche großen Stimmen schwer zu finden sind. Übrigens ist es inzwischen auch ein Problem, selbst für die Titelrolle von *Salome* einen richtigen Sopran zu finden. Vor Jahren führte ich sie mit Birgit Nilsson einige Male in Chicago konzertant auf. Als wir nach der ersten Aufführung, die triumphal gefeiert wurde, von der Bühne gingen, begann Birgit eine der Koloraturpassagen der Königin der Nacht aus der *Zauberflöte* zu singen. Ich mußte lachen und fragte sie, wie sie ein derartiges Kunststück schaffen könne, nachdem sie doch gerade eine so ungeheuer anspruchsvolle Partie wie die *Salome* gesungen habe. Darauf erwiderte sie: »Ach, ich teste nur meine

Stimmbänder.« Nach all dem strapaziösen Gesang, den sie gerade hinter sich hatte, waren ihre Stimmbänder noch locker.

Die fünf Strauss-Opern *Salome, Elektra, Rosenkavalier, Ariadne* und *Die Frau ohne Schatten* und wahrscheinlich *Arabella* werden meiner Meinung nach immer wieder aufgeführt werden. Ich habe nie *Daphne, Die Liebe der Danae, Die ägyptische Helena, Die schweigsame Frau, Intermezzo* und *Capriccio* dirigiert. Ganz ehrlich gesagt habe ich sie eigentlich nie geschätzt. Die beiden frühesten Opern von Strauss, *Feuersnot* und *Guntram,* kenne ich überhaupt nicht.

Ein weiterer Komponist, den ich in München kennenlernte, war Werner Egk, ein geschickter, eleganter Mann, dessen Werk sehr widersprüchlich anmutet. Sein Ballett *Abraxas* enthielt Orgienszenen mit simulierten Kopulationen auf der Bühne. Dies waren unerhörte Handlungen in den späten vierziger Jahren! Das verschaffte dem Werk in weiten Teilen Deutschlands einen ungeheuren Skandalerfolg, trug Egk aber auch den Haß des erzkonservativen bayerischen Bürgertums ein. Seine Werke sind großenteils aus dem Repertoire verschwunden. Nachdem ich München verlassen hatte, verlor ich den Kontakt zu ihm.

Ich kannte auch den Münchner Carl Orff, von dem man heute fast nur noch seine *Carmina Burana* aufführt. Orff war ein charmanter Bayer; er war nett zu mir, weil er spürte, daß ich Talent hatte, und hoffte, ich würde der große Orff-Dirigent werden. Leider mochte ich seine Musik nicht, auch wenn einige seiner Werke unter einem rein theatralischen Gesichtspunkt genial sind. Anfang 1951 dirigierte ich die ersten Münchner Aufführungen seiner Oper *Antigonae*. Von einer dieser Aufführungen gibt es eine Aufnahme, die erst vor kurzem wieder vom Bayerischen Rundfunk gesendet wurde. Das Werk ist in einem schrecklich repetitiven Stil geschrieben – alles wird fünfzehnmal wiederholt, so daß es schließlich auch der dümmste Zuhörer kapiert. Bei einer Probe bat mich Orff, ein bestimmtes Detail anders zu bringen. Da er die fragliche Passage aus Strawinskys *Oedipus Rex* gestohlen hatte, sagte ich verzweifelt und mit unendlicher Chuzpe: »Ach ja, ich kenne das Stückchen, aber im *Oedipus* ist es viel schneller.«

Er lachte und rief: »Bravo, bravo, sehr komisch«, aber natürlich war er zutiefst beleidigt und hat mir das nie verziehen. Mir ist noch heute nicht wohl dabei, daß ich zu solch einem erstklassigen Komponisten so grob war.

Karl Amadeus Hartmann, ein anderer deutscher Komponist, war der Gründer der Musica Viva, einer Konzertreihe des Rundfunk-Symphonie-

Orchesters und des Rundfunkchores. Er machte Programme mit Musik, die in Deutschland seit 1933 nicht mehr aufgeführt worden war. Sie umfaßte Werke von Schönberg, Berg, Anton von Webern und Bartók – mit anderen Worten Komponisten der »entarteten Kunst«. Hartmann war Schönberg-Schüler und schrieb symphonische Zwölf-Ton-Stücke, die in Deutschland oft aufgeführt wurden. Er besaß zwar nicht viel Selbstdisziplin, war aber jovial und liebte die Musik ebenso wie gutes Essen. Sein Bruder Adolf war ein erfolgreicher Maler. Beiden war es gelungen, die Nazizeit zu überleben. Leider starb Karl Amadeus Hartmann im Jahre 1963 ziemlich jung. Er war ein prima Bursche, der das Leben liebte.

Ich habe immer Schwierigkeiten gehabt, experimentelle und jede andere Musik aufzuführen, die aus dem Rahmen meiner erlernten Fähigkeiten fällt. Aus diesem Grund habe ich nie elektronische Musik aufgeführt und es mir zur Regel gemacht, nur Musik zu geben, für die ich über das nötige technische Können und Wissen verfüge. Ich glaube nicht, daß es mir an Phantasie oder Initiative mangelt – schließlich waren meine Kollegen und ich in meiner Jugend die Protagonisten der damals neuen Musik: der von Bartók und Strawinsky. Heutzutage, da ich der älteren Musikergeneration angehöre, überlasse ich die Avantgarde lieber meinen jüngeren Kollegen.

Als ich jung war, galten Bartók und seine Zeitgenossen immerhin als Revolutionäre. Im Publikum herrschte die übliche Ratlosigkeit gegenüber dem Neuen. Mozart verblüffte das Publikum mit *Figaro*. Bei dessen Uraufführung machte sein Gönner, der Kaiser, die berühmte Bemerkung: »Zu viele Noten, lieber Mozart.« Die Uraufführung von *Le Sacre du Printemps* 1913 am Théâtre des Champs-Elysées in Paris muß ein außergewöhnliches Ereignis gewesen sein. Sybil, die Marchioness of Cholmondeley, hatte ich in London kennengelernt, als sie bereits über achtzig Jahre alt war. Sie erzählte mir, daß sie diese Uraufführung miterlebt hätte, die beinahe in einer Revolution eskaliert wäre. Im Theater gab es einen derartigen Tumult, daß man über dem Geschrei des Publikums unmöglich die Musik hören konnte. Sybil sagte zu mir: »Es war ein Riesenspaß! Viele von uns sprangen auf die Bühne und griffen die Tänzer mit unseren Regenschirmen an.« Selbst in den vierziger und fünfziger Jahren, als ich Bartók und Strawinsky zum erstenmal in München und Frankfurt dirigierte, hatten die Leute keine Ahnung von der harmonischen und rhythmischen Brillanz. Für sie war das immer noch revolutionäre Musik, und so reagierten sie überaus feindselig: Es gab nur ganz wenig Applaus und viele Buhrufe. Ich glaube nicht, daß irgendein heutiger Komponist die gleiche revolutionäre Wirkung erzielt wie Strawinsky mit seinem *Sacre du Printemps*.

In meinen frühen Münchner Jahren machte ich viele Aufnahmen, wenn auch nicht in München. Die Geschichte meiner Karriere als aufnehmender Künstler beginnt um 1945, als mich der Sänger Max Lichtegg mit seinem Freund Moritz Rosengarten, dem Leiter von Decca in der Schweiz, bekannt machte. In Rosengartens bescheidenem Büro in der Badenerstraße fand eine kurze Besprechung statt, bei der ich erklärte, daß ich daran interessiert sei, einige Aufnahmen zu machen. Zunächst passierte jedoch gar nichts. Am 29. Januar 1947, mitten in meiner ersten Münchner Saison, unterschrieb ich dann während eines Besuchs in Zürich einen Vertrag mit Decca. In diesem verpflichtete ich mich dazu, Beethovens *Leonoren*-Ouvertüre Nr. 3, und – als Pianist – drei Sonaten von Brahms, die Sonate B-Dur von Mozart und Beethovens Kreutzer-Sonate aufzunehmen, zusammen mit dem deutschen Geiger Georg Kulenkampff, der gegen Kriegsende in die Schweiz geflohen war. Ich sollte für jede der drei Sitzungen 30 Pfund Sterling oder 500 Schweizer Franken erhalten. Der Vertrag lief bis Ende 1948.

Die Kreutzer-Sonate, meine erste Aufnahme, wurde im Züricher Studio von Radio Beromünster gemacht. Produzent war der Musikchef von Radio Beromünster, Rolf Liebermann, der spätere Leiter der Hamburger Staatsoper und der Pariser Opéra. Damals spielte ich noch immer gut Klavier und gab mich bei der Aufnahme ganz natürlich. Ich war nicht nervös, und die Aufnahmen waren gelungen. Mit dem Züricher Tonhalle-Orchester nahm ich statt Beethovens *Leonoren*-Ouvertüre die *Egmont*-Ouvertüre auf. Meiner Erinnerung nach war sie schlecht. 1949 fuhr ich nach London, um Haydns Symphonie mit dem Paukenschlag und einige Ouvertüren von Franz von Suppé mit dem London Philharmonic Orchestra aufzunehmen. Meine Karriere als aufnehmender Künstler nahm nun ihren Lauf.

Ein weiteres wichtiges Ereignis in meiner Karriere während meiner Münchner Jahre war mein Debüt bei den Wiener Philharmonikern, als ich bei den Salzburger Festspielen 1951 dirigierte. Dieses Engagement verdankte ich Bernhard Paumgartner, dem Musikwissenschaftler und Direktor des Salzburger Mozarteums. Er kam nach München und bat mich, Mozarts damals selten aufgeführten *Idomeneo* zu dirigieren – in einer Fassung, die er erarbeitet hatte. Wir hatten eine gute Besetzung – insbesondere erinnere ich mich an die Ilia von Hilde Güden, die ich ja schon 1939 auf dem Weg zu Taubers Konzert in St. Moritz kennengelernt hatte. Der Regisseur Joseph Gielen, Vater des Dirigenten Michael Gielen, lieferte eine hübsche, solide Inszenierung. Er kam zwar von der Sprechbühne, war aber sehr musikalisch.

Leider geriet ich gleich in diesem Sommer zum erstenmal mit den Wiener Philharmonikern aneinander. Bei der Generalprobe erschien ein gutaussehender Kontrabassist, den ich noch nie zuvor gesehen hatte. Ich protestierte und sagte, er könne nicht bei den Aufführungen spielen, da er die Proben nicht mitgemacht habe. Als die Generalprobe vorbei war, sagte er zu mir: »Ich bin der Solobassist der Wiener Philharmoniker – da können Sie sich auf den Kopf stellen. Außerdem bin ich viel besser als Sie.« Das war ein Vorgeschmack auf das, was noch kommen sollte.

Ich mochte *Idomeneo* sehr, habe aber seither keine Gelegenheit gehabt, ihn zu dirigieren. In jenem Sommer dirigierte Furtwängler *Die Zauberflöte* und *Otello* in Salzburg und hörte mich *Idomeneo* dirigieren. Dank seiner Empfehlung wurde ich ein paar Jahre später wieder nach Salzburg eingeladen.

Wie jeder andere Mensch litt auch ich unter den Entbehrungen der frühen Nachkriegszeit in München. Auch ich war ein wenig unterernährt. Ich weiß noch, wie mich einmal nach einer erschöpfenden Aufführung des *Tristan* Herr Klinger, der hünenhafte Orchesterwart, die Stufen zu meiner Wohnung hochschieben mußte. Aber wie die gesamte wirtschaftliche Lage sollte sich auch meine Situation bald ändern.

1948 trat die Währungsreform in Kraft, und jeder deutsche Staatsbürger bekam genau fünfzig Mark in der neuen Währung. Plötzlich lagen Konsumartikel in Läden, die bis dahin leer gewesen waren. Auf einmal gab es Lebensmittel, Kleidung und Möbel, und München begann aus seinen Ruinen aufzuerstehen. Hedi und ich zogen aus unserem Einzelzimmer in der Maximilianstraße in eine sehr angenehme Wohnung gegenüber dem Prinzregententheater. Nun konnte ich jeden Morgen zu Fuß zur Arbeit gehen. Inzwischen hatten wir einen großen Freundeskreis, der entweder bei uns oder in einer großen Wohnung zusammenkam, die über der Isar lag und von amerikanischen Offizieren gemietet war. Dort trafen sich die meisten Opernleute, weil es immer genug zu essen und zu trinken gab. Ich hatte eine sehr positive Einstellung zum Leben, da ich glaubte, mir beim Wiederaufbau des Musik- und Opernlebens in München einen Namen machen zu können. Mein Optimismus sollte allerdings nicht lange anhalten.

Zunächst wurde ich warmherzig und mit ungeheurer Begeisterung aufgenommen. Ich war der Liebling des Publikums und der Presse. Doch trotz all meines Glücks waren diese Jahre außerordentlich schwierig. Dies lag in erster Linie daran, daß ich viel arbeiten mußte. Ich war den ganzen Vormit-

tag im Büro und probte am Nachmittag und am Abend. Ich wollte die ver-
lorenen Jahre in meiner Karriere mit einem Schlag nachholen, was mit einem fürchterlichen Kraftaufwand verbunden war. Manchmal hatte ich das
Gefühl unterzugehen, und nur ein großer Wille zur Arbeit hielt mich aufrecht.

Von Anfang an schlug mir von deutschen Musikern und Musiklieb-
habern ein ungeheurer Widerstand entgegen. Sie waren einfach gegen die
Anwesenheit der Kulturorganisation der US-Army und gegen einen Nicht-
deutschen am Ruder der Bayerischen Staatsoper. Die Dokumente der amerikanischen Regierung spiegeln diese Atmosphäre eindeutig wider. So hieß
es etwa in John Evarts' Wochenbericht an die Information Control Division
der Militärregierung von Bayern vom 10. April 1947:

»Am Ostersonntag, am Ostermontag und am Dienstag dirigierte Hans
Knappertsbusch die Münchner Philharmoniker. Zu diesen Konzerten ... kamen Musikliebhaber und Knappertsbusch-Verehrer in Scharen. Das war ein
Ereignis, da es der erste öffentliche Auftritt des Dirigenten in München war,
seit er freigesprochen wurde [von einer angeblich pronazistischen Einstel-
lung]. Die Musikliebhaber waren zwar mehr als nur ein wenig enttäuscht
über die unerhörten Freiheiten, die sich der Dirigent bei den Symphonien
[Nr. 2 und 3 von Brahms] nahm ..., aber die Knappertsbusch-Verehrer gerieten völlig aus dem Häuschen über das, was Auge und Ohr da geboten wurde. Eine offenbar gutorganisierte Clique rief am Ende mit vereinter Stimme: ›Wir wollen Knappertsbusch wieder in der Oper haben.‹ Ein paar Amerikaner, die keine Ahnung hatten, wie sehr K. seinen Landsleuten ans Herz
gewachsen war, wollten wissen, was dieses ganze Geschrei bedeutete. ›Was,
dieser Kerl soll wirklich gut sein?‹ fragten sie.

Bei internen Vorgängen in der Organisation der Bayerischen Staatsoper
hat sich in den letzten Wochen eine Wende abgezeichnet. Die Position des
[für die Oper und die Schauspielbühnen zuständigen] Generalintendanten
gibt es seit dem 1. April nicht mehr, und Dr. Bauckner hat sich ganz von der
Bildfläche zurückgezogen – vorerst wenigstens. Angekündigt wurde, daß
Operndirektor Leitner ›die Intendanz [der Oper] übernehmen‹ würde. Unter ›normalen‹ Umständen hätte dieser Wechsel anscheinend für einen
Idealzustand gesorgt. Aber die Umstände waren ganz und gar nicht normal
oder friedlich. Das Ministerium hatte Herrn Solti nicht über die vorge-
schlagenen Veränderungen oder darüber informiert, daß Dr. Bauckner
wahrscheinlich die Intendanz der Oper nicht [wieder] übernehmen würde.
Da er sich auf seine musikalische Arbeit konzentrierte, war Mr. Solti über
die politischen und administratorischen Veränderungen nicht auf dem lau-

fenden. In den letzten Wochen hatte es auch eine zunehmende Abneigung und Mißverständnisse zwischen den Herren Leitner und Solti gegeben. Dazu ist es durch eine Anhäufung kleiner Dinge, Mißverständnisse und Uneinigkeiten gekommen, denen durch die Liebe der meisten Theatermenschen zu Intrige und Klatsch noch Vorschub geleistet wurde. In der neuen Organisation wird Herr Leitner die Befugnis haben, Herrn Soltis musikalische Pläne zu ändern, falls er dies wünscht. Dies bereitet Herrn Solti natürlich viel Sorge. Herr Leitner hat andererseits ein verlockendes Angebot bekommen, die Position des musikalischen Leiters der Stuttgarter Oper zu übernehmen. Gegenwärtig wägt er die Vorteile gegeneinander ab, die er in beiden Positionen hätte. Und dann gibt es noch eine bestimmte einflußreiche Gruppe, die sehr daran interessiert ist, Eugen Jochum in die Position zu bekommen, die Herr Solti derzeit innehat.«

Leitner entschloß sich, nach Stuttgart zu gehen und die Position zu übernehmen, die ich im vergangenen Jahr abgelehnt hatte. Damit war dieses Problem gelöst. Der neue Intendant war Georg Hartmann. Aber ich erinnere mich noch gut an das hysterische Beifallsgeschrei, das Knappertsbusch begrüßte, wann immer er sich dem Podium näherte. Es war furchtbar schwierig für mich, mit ihm auszukommen. Vielleicht hätte ich ja seinen Erfolg nicht als Kritik an meiner Arbeit auffassen sollen. Schließlich war er fast ein Vierteljahrhundert älter als ich und eine etablierte Persönlichkeit, ich dagegen ein junger, unbekannter Neuling. Aber auch ich war fasziniert von ihm. In gewisser Weise war er eine deutsche Version von Sir Thomas Beecham und eine so starke Persönlichkeit, gegen die niemand ankam. Er hatte zwar eine ungeheure Kontrolle über ein Orchester – seine Crescendi beispielsweise waren so mächtig, daß sie das Haus beinahe einstürzen ließen –, aber ich glaube nicht, daß er je die Details einer Partitur gründlich beherrschte. Er war berüchtigt für seine Unlust zu proben. Als er einmal eine Mozart-Symphonie mit den Wiener Philharmonikern probte, hat ihn jemand aus dem Orchester gebeten: »Bittschön, Herr Dr. Knappertsbusch, lassen S' uns das doch noch einmal vor dem Konzert ganz durchspielen.« Darauf erwiderte er: »Sie kennen's, ich kenn's. Wozu denn?« An jenem Abend hat die eine Hälfte des Orchesters die Wiederholung im ersten Satz gemacht, die andere Hälfte nicht – ein Chaos war die Folge. Anschließend lautete sein Kommentar: »Das kommt von eurem ganzen verdammten Geprobe!« Er war eine außergewöhnliche musikalische Persönlichkeit und ein charmanter Grandseigneur.

Schließlich verlor ich den Kampf um meine Position in München. Alois Hundhammer, der neue bayerische Kultusminister, hatte zwar eine gewisse Sympathie für mich, wahrscheinlich weil er in Ungarn Deutsch unterrichtet hatte. Aber er war ein Erzkatholik, der Deutsche von seinem eigenen Glauben vorzog. Eugen Jochum, den Evarts in seinem Bericht erwähnte, war ein deutscher Protestant, der zum Katholizismus konvertiert war. Mit dieser Kombination von Qualifikationen war er Hundhammers großer Favorit. Es gab eine stillschweigende Übereinkunft, daß Jochum mein Nachfolger sein würde. Da ich aber inzwischen eine stattliche Anhängerschar hatte, mußte ich auf subtile Weise eliminiert werden. Orff sagte einmal zu mir: »Solti, Sie müssen hart sein, wenn Sie überleben wollen. Sie müssen das Überleben lernen. Es gibt nichts Wichtigeres. Gehen Sie nicht unter.« Aber ich war nicht hart genug, und am Ende gelang es den Leuten, die mich nicht mochten, mein Selbstvertrauen zu untergraben.

Im Frühjahr 1951 wurde ich in Hundhammers Kanzlei gerufen. Bei ihm erwarteten mich bereits Hartmann, der Opernintendant, und Sattler, der Staatssekretär aus dem Kultusministerium. (Sattler wurde später deutscher Botschafter im Vatikan. In dieser Zeit sah ich ihn ziemlich häufig, da seine Schwester eine Nachbarin von mir war, als ich ein Haus in Italien kaufte.) Die drei boten mir eine Vertragsverlängerung für drei weitere Jahre an, aber mit drastisch reduzierten Befugnissen. Es blieb mir gar nichts anderes übrig, als anzunehmen. Von da an hoffte ich ständig, daß sich mir irgendeine andere Arbeit bot. Dies geschah auch: mitten auf dem Gehsteig der Prinzregentenstraße.

Eines Tages Ende 1951 begab ich mich gerade vom Theater zu meiner Wohnung, als mir Harry Buckwitz, der Intendant der Münchner Kammerspiele, über den Weg lief.

»Ich freue mich ja so, Sie zu sehen«, rief er. »Ich bin zum Beginn der nächsten Saison zum Intendanten der Frankfurter Oper ernannt worden und brauche noch einen neuen Generalmusikdirektor. Können Sie mir jemanden empfehlen?«

»Ja, das kann ich«, erwiderte ich. »Nehmen Sie mich.«

»Meinen Sie das im Ernst?«

»Natürlich.«

Damit war die Sache direkt auf der Straße entschieden. Ich trat als Generalmusikdirektor der Bayerischen Staatsoper zurück, auch wenn ich insgeheim hoffte, dies würde sich vermeiden lassen. Aber ich wußte, daß sich eine neue Situation anbahnte, als mich der neue Kultusminister wegen irgendeiner Angelegenheit aufsuchte und beim Abschied sagte: »Sie haben eine herrliche Wohnung. Ich werde versuchen, Sie für mich selbst zu bekommen, wenn Sie weg sind.«

Bevor ich nach Frankfurt übersiedelte, hatte ich im Spätsommer 1952 beim Philharmonischen Orchester von Buenos Aires mein erstes nichteuropäisches Engagement. Eingeladen hatte mich ein Herr Schramm, ein Bayer, der das Konzertbüro in Buenos Aires leitete. Ich war schrecklich aufgeregt, da ich noch nie geflogen war. Am Frankfurter Flughafen wurde ich von Erich Bleich, dem Vertreter von Pan American Airways, wie ein König empfangen. Er wurde später ein enger Freund. Ich flog allein – Hedi war daheim geblieben, um unseren Umzug nach Frankfurt zu organisieren – und empfand diese Reise wie ein Märchen. Sie war ein großes Abenteuer für mich. Heute wäre ich über diesen Langstreckenflug entsetzt. Aber in jener Zeit konnte diese endlose Reise mit Zwischenaufenthalten in Lissabon, Dakar, Recife und Rio de Janeiro für mich gar nicht lang genug sein. Ich saß in meinem Erste-Klasse-Abteil, genoß zum erstenmal in meinem Leben den Service und den Luxus und erhaschte von oben einen Blick auf andere Länder. Eines der schönsten Dinge, die ich je gesehen hatte, war die Gestalt des Christus oben auf dem Zuckerhut von Rio. Sie schien vom Flugzeug aus zum Greifen nahe.

Die Philharmoniker spielten in einem Kino. Mitten in eine der ersten Proben platzte der Orchesterwart herein und schrie: »Aufhören! Aufhören! Revolution!« Auf den Straßen fand eine antiperonistische Revolte mit Schießerei statt, und man befahl uns, nach Hause zu gehen. Ich war noch nie ein Held, und daher schlich ich auf dem Weg zu meinem Hotel an jedem Gebäude vorsichtig vorbei. Wie immer hatte ich einen Riesenhunger, also rief ich Herrn Schramm an und fragte ihn, wo sich das nächste Restaurant befände. Ich wollte unter diesen Umständen nicht weit gehen.

»Kein Problem«, sagte Schramm. »Wenn Sie aus dem Hotel kommen, gehen Sie nach links, und dann stehen Sie schon fast vor einem Restaurant, einem Kellerlokal. Ich kann Ihnen garantieren, daß Sie dort gut essen, und komme gleich nach.«

Ich habe in der Tat gut gegessen, besonders nach den Nachkriegsentbehrungen in Europa. In Argentinien gab es reichlich zu essen, insbesondere Fleisch: Wenn man ein kleines Steak bestellte, bekam man ein tellergroßes Stück Fleisch. Ich konnte mich allerdings dem Ober nur mit größter Mühe mit meinen paar Brocken Spanisch verständlich machen. Als Schramm kam, sagte er: »Sie hätten mit ihm deutsch sprechen können. Er spricht sehr gut Deutsch. Ja, eigentlich hätten Sie mit ihm sogar ungarisch sprechen können – er stammt aus Budapest.« Meine erste Revolution nahm also ein glückliches Ende.

Die Proben gingen weiter, und das Konzert fand wie geplant statt. Das

Publikum – meist aus europäischen Emigranten bestehend – war kultiviert, und ich fand die Argentinier äußerst freundlich. Eines Abends ging ich mit einer sehr hübschen jungen Frau, einer Sekretärin aus Schramms Agentur, in eine Opernaufführung am Teatro Colón. Es war ein unvergeßliches Erlebnis. Als wir den wunderschönen Zuschauerraum betraten, der mit seinen Rängen und Logen wie eine größere Version der Mailänder Scala aussah, konnte ich die Akustik fast spüren. Leider bin ich nie wieder dort gewesen, denn es ist sicher eines der bedeutendsten Opernhäuser der Welt. Alles in allem war ich mit meinem Aufenthalt in Buenos Aires sehr zufrieden. Ich muß aber gestehen, daß ich die ganze Zeit hoffte, das bayerische Kultusministerium würde mit mir Kontakt aufnehmen und mich darum ersuchen, in München zu bleiben.

Auf dem Rückweg nach Europa kam es fast zu einer Katastrophe, als das Flugzeug in Dakar zwischenlandete. Es war sehr heiß, und ich ging auf die Flughafentoilette, setzte mich dann ins Restaurant und bestellte mir einen Kaffee. Plötzlich merkte ich, daß ich mein Jackett mit meinem Paß auf der Toilette gelassen hatte. Der Paß wies mich zwar als staatenlos aus, war aber das wichtigste Dokument, das ich besaß. Ohne Paß wäre ich wohl nicht in der Lage gewesen, aus Dakar hinauszukommen – von der Rückkehr nach Deutschland ganz zu schweigen. Ich raste zurück und war sehr froh, mein Jackett und meinen kostbaren Paß wiederzufinden. An diesem Tag wurde mir klar, was für ein Privileg es doch darstellt, einen Paß zu haben. Ich werde dem deutschen und dem britischen Staat stets dankbar dafür sein, daß sie mich als Staatsbürger anerkennen. Ich glaube, ein Mensch, der in seinem Heimatland aufgewachsen ist und automatisch auf Verlangen einen Paß ausgestellt bekommt, wird es nie richtig verstehen, wie hoffnungslos es ist, keinen zu haben.

Schweren Herzens flog ich direkt nach Frankfurt zurück, um meine neue Stelle anzutreten. Ich war schrecklich unglücklich darüber, daß ich von München weggezogen war, wo Rudolf Kempe, und nicht Eugen Jochum, mein Nachfolger geworden war. Frankfurt kam mir wie eine Degradierung oder Bestrafung vor. Ich konnte mir damals nicht vorstellen, daß ich am Beginn einer der glücklichsten und produktivsten Phasen meines Lebens stand.

Die Familie Stern in Budapest, 1913. Von links: *Lilly, Teréz, György und Moricz*

Der kleine Solti mit seiner Mutter und Lilly am Plattensee, 1916

Im Soldatenkostüm, 1916

Am Klavier mit Lilly, Budapest

*An der Ernö-Fodor-Musikschule,
1923*

Mit Lilly und seiner Mutter im Jahre 1925. Solti war damals Student an der Liszt-Akademie.

Soltis Eltern im Urlaub in Jugoslawien, 1936

Ernö Dohnányi, 1913 (links), Béla Bartók. »Als ich fünfzehn oder sechzehn war, bekam Professor Székely eine Lungenentzündung. Uns Schülern wurde gesagt, daß wir während seiner Abwesenheit bei Professor Bartók Unterricht hätten.«

Zoltán Kodály (links), Leó Weiner (rechts). »Alles, was ich als Musiker geleistet habe, verdanke ich Leó Weiner.«

Arturo Toscanini, bei dem Solti während
der Salzburger Festspiele von 1937 gearbeitet hatte

Mit Issay Dobrowen (Zweiter von links)
in Norwegen 1938. Dobrowen hatte Solti
für die Einstudierung einer Neuinszenierung von Figaros Hochzeit an der Oper
Oslo engagiert.

»Noch immer lese ich gern Zeitungen«: Eine Postkarte, die Solti im Mai 1941 seinem Vater aus Zürich geschickt hatte

Vor einem Chalet in den Schweizer Alpen

Solti zur Zeit des Genfer Klavierwettbewerbs 1942

Mit Freunden im Sanatorium in Leysin, wo Solti 1943 ein Konzert gab

Als Dirigent des Züricher Tonhalle-Orchesters im Krieg

Mit Hedi vor dem Prinzregententheater in München zur Zeit von Soltis Fidelio im Jahre 1946. Nach diesem Erfolg wurde er Generalmusikdirektor der Bayerischen Staatsoper.

*Bei Proben in München vor dem
eisernen Vorhang, 1947*

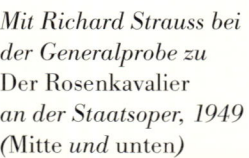

*Mit Richard Strauss bei
der Generalprobe zu
Der Rosenkavalier
an der Staatsoper, 1949*
(Mitte *und* unten)

VIERTES KAPITEL

FRANKFURT

F RANKFURT, DAS HEUTE EHER als eine Metropole der Weltfinanz und Industrie bekannt ist, war früher vorwiegend ein bedeutendes künstlerisches und intellektuelles Zentrum. Nicht zuletzt ist die Stadt der Geburtsort Goethes.

Das Frankfurter Opernhaus war im Zweiten Weltkrieg zerstört worden und wurde erst in den achtziger Jahren als Konzertsaal wiedereröffnet. Nach dem Krieg wurden die ersten Opernaufführungen in der Börse gegeben, bis 1951, also ein Jahr vor meiner Ankunft, ein modernes Opernhaus gebaut wurde. Das neue Haus bot einige akustische Probleme. Der Zuschauerraum war zwar hoch, aber nicht breit genug, um genügend Volumen für einen angemessenen Klang zu bieten. Dem Ensemble, das ich übernahm, fehlte es trotz ein paar guter Sänger an musikalischer und echter stimmlicher Qualität. In München hatte ich gewiß eine ganze Menge gelernt, war aber ein Opfer der Intrigen der Musikpolitik geworden. Im Alter von vierzig Jahren konnte ich nun damit anfangen, ein Ensemble nach meinem eigenen Geschmack ohne jede Einmischung von außen zu gestalten. Die organisatorischen Fähigkeiten, die ich mir in Budapest und in München erworben hatte, sollten mir bald sehr zugute kommen.

Meine glücklichen Jahre verdanke ich dem Generalintendanten Harry Buckwitz, einem klugen, charmanten Mann, der zunächst als Schauspieler angefangen und anschließend Hotels in Afrika und Polen geleitet hatte. Unmittelbar nach dem Krieg war er in seine bayerische Heimat zurückgekehrt, wo er Co-Direktor der besten Sprechbühne in München, der Kammerspiele, geworden war. Dort hatte ich ihn kennengelernt. Während meiner Frankfurter Zeit wurden wir gute Freunde. Er selbst führte im Jahre 1959 Regie bei einer der Inszenierungen, die ich dirigierte, einem neuen *Fidelio*. Er schützte mich vor Intrigen, schlug mir nie etwas ab, worum ich ihn gebeten hatte, und half mir dabei, mich zum Musikdirektor zu entwickeln. Er war ein idealer Partner.

1952 lag Frankfurt noch großenteils in Trümmern. Der Wiederaufbau war zwar bereits voll im Gange, aber das Stadtzentrum befand sich noch immer in schlechtem Zustand. Hedi und ich mieteten eine kleine Wohnung im Zentrum. 1953 zogen wir dann in ein Haus, das mir die Stadt zur Verfügung stellte. Ich zahlte eine ganz geringe Miete für eine Stadtrandvilla mit einem großen Garten am Schwanheimer Wald. Zum erstenmal in meinem Leben wohnte ich in einem Haus. Ich liebte den Garten, die Terrasse und den Wald, in dem es wunderbare Spazierwege gab. Oft liefen wir tief hinein mit unseren beiden Hunden, die wir über alles liebten: einem schwarzen Cockerspaniel namens Mixie und später einem schönen englischen Schäferhund, den wir Ajax nannten. Wir hatten noch einen anderen Hund, einen jungen Boxer, der nur ein kurzes Gastspiel gab: Er war so unglücklich, daß er in der ersten Nacht im Haus herumlief und mit dem Kopf gegen die Wand prallte, so daß wir ihn am nächsten Tag zum Züchter zurückbringen mußten. Im Schwanheimer Haus – Lönsweg 4 – fühlte ich mich zum erstenmal, seit ich Budapest verlassen hatte, wirklich zu Hause. Das Leben wurde uns enorm erleichtert, als Frau Zador zu uns kam.

Emilie Zador war die Witwe eines Offiziers der ungarischen Armee. Er starb nach dem Krieg, nachdem er von der russischen Front heimgekehrt war. Sie hatte eine Arbeit als Buchhalterin in einem Kohlebergwerk gefunden. Unmittelbar nach dem Aufstand von 1956 gelang ihr mit ihren drei kleinen Söhnen die Flucht aus Ungarn. Anfangs lebten sie in einem österreichischen Flüchtlingslager, wo Emilie als Köchin arbeitete. Sie meldete sich auf eine Zeitungsanzeige, die Hedi aufgegeben hatte, als wir uns nach einer Haushälterin umsahen. Zunächst wollte ich sie gar nicht einstellen, weil ich nichts mit Ungarn zu tun haben wollte. Ich wußte, daß ich nie wieder zurückkehren durfte, und mit diesem Wissen konnte ich nur leben, wenn ich es aus meinem Kopf verbannte. Aus Rücksicht auf Hedi sprachen wir nur Deutsch miteinander. Frau Zador, wie wir sie immer nannten, kam mit ihren Söhnen und blieb ein Teil der Familie Solti, bis sie 1997 in Ungarn starb; sie wurde auf einem Dorffriedhof außerhalb von Budapest beerdigt. Frau Zador war ein außergewöhnlicher Mensch und auf ihre Art eine moderne Mutter Courage. In Frankfurt und später in London und Italien war sie eine Schlüsselfigur in meinem täglichen Leben: eine Frau mit einem angeborenen guten Geschmack in allem, was sie tat. Sie war eine sagenhafte Köchin, deren Gulasch, Strudel und hausgemachte Schokoladen unvergeßlich sind. Frau Zador war eine wahre ungarische Patriotin, die bis zum

Ende des kommunistischen Regimes lieber staatenlos blieb, als eine neue Nationalität anzunehmen. Eine andere Staatsbürgerschaft hätte ihr zwar das Leben leichter gemacht; sie hatte aber das Gefühl, sich damit ihrem geliebten Heimatland gegenüber als illoyal zu erweisen. Die Aufnahme, die ich 1997 von Kompositionen meiner ungarischen Lehrer Bartók, Kodály und Weiner gemacht habe, ist ihrem Andenken gewidmet.

Hedi war eine wunderbare Gastgeberin. Sie liebte Menschen und lud sowohl echte Freunde wie Bekannte, die meiner Karriere nützlich sein konnten, zu uns nach Hause ein. Dort bewirtete sie unsere Gäste mit Frau Zadors köstlichem Essen mittags wie abends. Ich war sehr stolz auf unser wunderschönes Haus. Jedes Detail diente meiner Bequemlichkeit während der Arbeit und erfreute mich, wenn ich mich etwa beim Bridge mit meinen Freunden entspannte.

Das einzig Schlimme, was in dieser Villa geschah, war ein Anschlag auf mich. Im Opernensemble gab es eine Sängerin, die mit einem Orchestermitglied zusammenlebte. Sie war sehr ehrgeizig, aber ihre Stimme reichte gerade für Nebenrollen, was weder sie noch ihr Freund akzeptieren konnte. Als ich eines Nachts nach Hause kam, warteten im Dunkeln zwei Männer auf mich. Zum Glück kam gerade ein Mann mit einem Hund aus dem Nachbarhaus heraus, woraufhin die beiden Männer wegliefen. Wir erstatteten Anzeige, so daß ich ein paar Monate lang Polizeischutz bekam. Ich war immer der Ansicht, daß die verhinderten Angreifer Schläger waren, die der Posaunist im Auftrag seiner Dame angeheuert hatte. Später hörte man ihn nämlich damit herumprahlen, er hätte Solti eine gehörige Tracht Prügel verabreicht.

Meine Schwester Lilly, die inzwischen unter schwierigen Verhältnissen allein in Budapest lebte, kam zu uns. Aber das war keine glückliche Lösung. Lilly sprach kaum Deutsch, und daher unterhielt sie sich mit Frau Zador auf ungarisch. Darüber regte sich Hedi auf, weil sie an den Unterhaltungen nicht teilnehmen konnte. Die beiden Damen kamen nie gut miteinander zurecht. Hedi lebte ein anderes Leben – sie war kultiviert und hatte einen brillanten Intellekt. Lilly hatte eine viel schlichtere Einstellung zur Welt. Sie hatte nahezu ihre ganze Familie und bis zu einem gewissen Grade auch mich verloren und lebte in der düsteren und restriktiven Atmosphäre des kommunistischen Ungarn. Ich denke, ich hätte mich einmischen und versuchen sollen, ihr ein Leben bei uns in Frankfurt zu ermöglichen. Ich war aber zu beschäftigt mit mir selbst und meiner Arbeit. Lilly paßte nicht in unser damaliges Leben; sie fühlte sich nicht wohl und beschloß, wieder heimzukehren. Ich habe mir diesen Mangel an Fürsorge nie verziehen.

Mein Frankfurter Debüt fand am 7. März 1952 statt, noch bevor mein Münchner Vertrag richtig ausgelaufen war. Wir führten *Carmen* auf, eine Oper, die ich immer geliebt habe. Für mich gehört sie zu den großen Meisterwerken der Opernbühne. Ich halte Bizet für einen bedeutenden Opernkomponisten, ein wahres Genie mit melodischem, harmonischem und instrumentalem Einfallsreichtum. Er starb im Alter von knapp siebenunddreißig Jahren, nachdem er nur ein echtes Meisterwerk hervorgebracht hatte. Seine Orchestrierung ist so herrlich, daß man sie mozartisch nennen könnte. Er kann eine Szene mit ein paar wenigen, meisterhaften Strichen glänzend ausmalen. Das Vorspiel zum ersten Akt beginnt mit einem gewaltigen Beckenschlag, gefolgt von der aufgeregten Massenszene, dem Toreromotiv. Daran schließen sich die bunte Massenszene und die schicksalhafte Schlußpassage an. Wenn der Akt beginnt, noch bevor der Chor zu singen anfängt, vermittelt das Orchester die Hitze, den Staub und die träge Atmosphäre eines Sommernachmittags in Andalusien. Was für ein gestalterischer Unterschied zwischen der Habanera und der Seguidilla, der nostalgischen Schönheit des Duetts Micaela–José, das mit Hilfe der einfachsten, präzisesten Mittel Leichtigkeit mit einem so tragischen Fatalismus verbindet. Die Aufführung der *Carmen* benötigt weniger Zeit als der erste Akt des *Parsifal*. Heute verstehe ich, warum Nietzsche über die Musik von *Carmen* schrieb: »Sie kommt leicht, biegsam, mit Höflichkeit daher. Sie ist liebenswürdig, sie schwitzt nicht. ›Das Gute ist leicht, alles Göttliche läuft auf zarten Füssen‹: erster Satz meiner Ästhetik. Diese Musik ist böse, raffiniert, fatalistisch: sie bleibt dabei populär ... Sie ist reich. Sie baut, organisiert, wird fertig: damit macht sie den Gegensatz zum Polypen in der Musik, zur unendlichen Melodie ... Ohne Grimasse! Ohne Falschmünzerei! Ohne die Lüge des grossen Stils! ... Il faut méditerraniser la musique ...«

Nach *Carmen* begann ich Anfang September 1952 an Verdis *Otello* zu arbeiten. Es war meine erste Produktion für das Frankfurter Opernhaus. Regisseur war Hans Hartleb, der eine schlichte Inszenierung lieferte, die den Sängern das Singen erleichterte. Ich fand es zwar leicht, den Stil, die dramatische Wucht und die unglaubliche Vielfalt zu erzeugen, mußte aber sehr schwer arbeiten, um die Partitur zu erlernen und bei der Probe die Balance zwischen Bühne und Orchester herbeizuführen. Die Orchestrierung von *Otello* ist in gewissen Teilen so massiv, daß man sich sehr anstrengen muß, mit dem Orchester nicht die Stimmen der Sänger zu überlagern.

Mein Ensemble in Frankfurt war sehr interessant, weil ihm viele junge

Sänger angehörten. Natürlich hatten sie nicht die Erfahrung und das Renommee der Sänger, mit denen ich in München gearbeitet hatte, aber dafür waren sie vital. Eine der Aufgaben eines musikalischen Leiters besteht darin, die Karrieren junger Sänger zu fördern und ihnen zugleich dabei zu helfen, sich in technischer und künstlerischer Hinsicht weiterzuentwickeln.

Aber es gab auch einige Sänger, deren Stimmen ihren Höhepunkt überschritten hatten und die mit großer Diplomatie behandelt werden mußten. Während meiner ersten Saison kam einmal eine überreife Primadonna zu mir und sagte: »Ich würde nächstes Jahr gern die Aida singen.« Ich wußte, daß sie die Partie nicht schaffen würde, aber statt sofort nein zu sagen, erwiderte ich törichterweise, ich würde über diesen Vorschlag nachdenken. Kaum hatte sie mein Arbeitszimmer verlassen, ging sie zu Dr. Hallasch, dem künstlerischen Leiter, der Clemens Krauss' musikalischer Assistent gewesen war und der mit mir während meiner Frankfurter Zeit erfolgreich zusammenarbeitete. »Solti hat mir die Aida versprochen. Geben Sie mir die Termine«, sagte die Sopranistin zu ihm. Dieser Vorfall war für mich eine Lehre: Ein Dirigent darf Sängern immer nur die Wahrheit sagen. Wenn man nein sagen muß, soll man es auf der Stelle tun. Manche Sänger werden einen dafür hassen. Natürlich ist es für sie sehr verletzend, besonders wenn sie mit etwas konfrontiert werden, was sie innerlich bereits wissen, aber nicht wahrhaben wollen. Eine der unglücklichen Tatsachen im Leben eines Sängers besteht darin, daß die Stimme nicht ewig hält. Darum werden kluge Sänger stets im richtigen Augenblick aufhören. Die beiden großen Sängerinnen Renata Tebaldi und Janet Baker taten dies und hinterließen die ungebrochene Erinnerung an ihre voll entfaltete Stimme.

Ernst Kozub, ein herrlicher Wagner-Tenor aus Ostdeutschland, war ein Ensemblemitglied, mit dem ich ähnliche Probleme hatte wie seinerzeit mit dem lieben alten Max Hirzel in Zürich und wie ich sie später mit Reiner Goldberg in Bayreuth haben sollte. Kozub hatte eine erstklassige Stimme, war aber nicht in der Lage, sich gleichzeitig an die Musik und den Text zu erinnern. Er schaffte entweder die Noten oder die Worte, aber nie beides. Wir litten beide, wenn wir an einer Rolle arbeiteten, und doch sang er in vielen meiner Inszenierungen mit großem Erfolg. Seine Stimme war so schön – er war einer der besten Heldentenöre, die ich je gehört hatte. Leider starb er, bevor seine internationale Karriere richtig begonnen hatte. Ich denke gerne an ihn zurück.

Zu Beginn meiner Frankfurter Zeit erkannte ich, daß viele von den besten jungen Sängern aus den USA kamen. Der Grund dafür lag auf der

Hand: Viele der besten Sänger und Gesangslehrer der vorigen Generation waren vor dem Krieg nach Amerika geflohen. Sie leisteten einen entscheidenden Beitrag zur Gesangskunst in ihrer neuen Heimat, in der es so viele gute Konservatorien gab. Außerdem existierte in den USA ein unerschöpflicher Sängernachwuchs. Ich engagierte so viele junge amerikanische Sänger, daß die Leute darüber lästerten. Die Oper in Düsseldorf hieß Deutsche Oper am Rhein, während die Frankfurter Oper wegen der großen Zahl von Amerikanern im Ensemble den Spitznamen die Amerikanische Oper am Maine bekam, ein Wortspiel mit dem US-Bundesstaat. Eine meiner besten amerikanischen Entdeckungen war die Sopranistin Claire Watson. Sie hatte bei der großartigen Elisabeth Schumann studiert, aber dann einen reichen Geschäftsmann geheiratet und vier Kinder bekommen. Sie wollte weitersingen und entschloß sich tapfer dazu, ihre Stimmausbildung wiederaufzunehmen. Claire Watson ging nach Europa, um in Amsterdam zu studieren. Sie sang mir in Salzburg vor, und ich empfahl sie Buckwitz. Als ich sie 1955 nach Frankfurt holte, zog ihre ganze Familie mit ihr dorthin; damals war sie erst achtundzwanzig Jahre alt. Ihr Mann haßte Frankfurt und verließ sie mit den Kindern. Obwohl die Kinder ihre Mutter oft besuchten, war die Familie zerstört. Ich hatte immer Gewissensbisse gehabt, weil ich derjenige war, der Claire ihr erstes großes Engagement verschafft hatte. Später hat sie an den meisten großen europäischen Opernhäusern ebenso wie an der Met gesungen. Daher denke ich mir, daß jemand anderes sie engagiert hätte, wenn ich es nicht getan hätte. Nach der Scheidung von ihrem ersten Mann heiratete sie David Thaw, einen lyrischen Tenor, der auch einer »meiner« Amerikaner war. Sie lernten sich in einer Aufführung von Haydns *Schöpfung* kennen. Leider starb Claire schon mit neunundfünfzig Jahren. Sie ist mir als außergewöhnlich gute Sängerin, als lieber Mensch und gute Freundin in Erinnerung geblieben.

Eine andere junge amerikanische Sängerin war die wunderschöne Sopranistin Sylvia Stahlman aus Florida. Sie hatte eine leichte lyrische Stimme und sang in meiner ersten Aufnahme von Mahlers Vierter Symphonie. Sie war ein bezaubernder Mensch mit einem wunderbaren Sinn für Humor. Wir wurden gute Freunde, und zusammen mit Claire Watson und David Thaw war sie ein regelmäßiger Gast in unserem Schwanheimer Haus.

Eine andere herausragende junge Sopranistin, mit der ich in Frankfurt arbeitete, war Anny Schlemm. Ich hatte sie für *Cardillac* engagiert, als sie erst achtzehn war. Sie war eine wunderbare Pamina in der *Zauberflöte* und eine unvergeßliche Zdenka in der *Arabella*. Dreißig Jahre später sang Anny Schlemm den Part der Hexe in meiner Aufnahme von *Hänsel und Gretel*.

Soviel ich weiß, übt sie den Sängerberuf noch immer aus, fast fünfundvierzig Jahre nachdem ich sie zum erstenmal engagiert hatte.

Ende der fünfziger Jahre kam eine ehrgeizige, achtzehnjährige Sopranistin zum Vorsingen. Ich stellte ihr die übliche Frage: »Was würden Sie gern singen?«

»Ich kann drei Sachen«, erwiderte sie, »den *Liebestod* aus *Tristan* oder eine der Arien der Königin der Nacht oder von Pamina aus der *Zauberflöte*.«

Das sind drei Rollen für drei verschiedene Sopranstimmen: ein dramatischer Sopran (Isolde), der höchste Koloratursopran im Repertoire (die Königin der Nacht) und der schönste lyrische Sopran (Pamina). Ich war so verblüfft, daß ich sagte: »Also schön, lassen Sie mich alle drei hören.«

Sie sang alle drei Partien mit großem Selbstbewußtsein und Differenzierungsvermögen. Sie brachte die Spitzentöne, die tiefen und die mittleren Lagen. Darüber hinaus war sie auch eine glänzende Darstellerin. Es war das erstaunlichste Vorsingen, das ich je erlebt habe, und ich bat Buckwitz, sie vom Fleck weg zu engagieren. Ihr Name war Anja Silja.

Anja blieb nicht lange in Frankfurt, weil sie sich bald in Wieland Wagner verliebte. Der Enkel des Komponisten, ein genialer Regisseur, entwickelte gerade seinen berühmten »Neuen Bayreuther Stil« der Inszenierung von Werken seines Großvaters. Er gab ihr alle großen Wagner-Rollen – Senta, Kundry, Isolde – und arbeitete mit ihr auch an anderen Bühnen. Ihr gelang das beachtliche Kunststück, sowohl die Venus als auch die Elisabeth in ein und derselben Tannhäuser-Vorstellung zu singen. Anja machte eine überaus erfolgreiche internationale Karriere, und wir arbeiteten im Laufe der Jahre mehrmals miteinander. Nach Wieland Wagners Tod heiratete sie Christoph von Dohnányi, den sie in Frankfurt kennengelernt hatte.

In meiner Frankfurter Zeit machte ich viele interessante Bekanntschaften, und besonders gerne erinnere ich mich an die Begegnung mit Thomas Mann. Er war damals schon einer meiner Lieblingsautoren. Eine Zeitlang las ich *Joseph und seine Brüder* in jedem Sommer von neuem. Thomas Mann kam nach Frankfurt und hielt einen Vortrag über Gerhart Hauptmann. Vor und nach seinem Vortrag dirigierte ich zwei kurze Stücke von Mozart. Anschließend gab die Stadt ihm zu Ehren im Frankfurter Hof ein Mittagessen. Dabei saß ich neben ihm. Er war ein großer Musikliebhaber, und ich freute mich, als er zu mir sagte: »Ich habe nicht gewußt, daß in Frankfurt so gut musiziert wird. Ich muß öfter hierherkommen.«

Einmal, als Hedi und ich unseren Urlaub in der Schweiz verbrachten, lernte ich den Schriftsteller Hermann Hesse kennen. Er war ebenfalls im Hotel Waldhaus in Sils-Maria abgestiegen. Die Sowjetunion hatte gerade den ersten Satelliten in den Weltraum gebracht, und der Hoteldirektor lud uns aufs Dach ein, um ihn zu beobachten. Als wir zu dem winzigen, sternähnlichen Fleckchen hochschauten, wie es über den Himmel zog, sagte Hesse: »An diesem Abend hat ein neues Zeitalter begonnen.« Wie recht er doch haben sollte.

Mein faszinierendster Frankfurter Bekannter war wahrscheinlich Theodor W. Adorno. Er ist zwar in erster Linie als Sozialphilosoph bekannt, studierte aber auch Musik bei Alban Berg und dem Pianisten Eduard Steuermann und schrieb einiges über Zwölftonmusik. Als er Mitte Zwanzig war, ging er an das Institut für Sozialforschung seiner Heimatstadt Frankfurt. Als die Nazis an die Macht kamen, mußte er Deutschland verlassen. Nach einem fünfzehnjährigen USA-Aufenthalt kehrte er nach Frankfurt und ans wiedereingerichtete Institut zurück, wo er bis zu seinem Tod blieb. Er war fast zehn Jahre älter als ich, hochgebildet und genial. Ich war gern mit ihm zusammen und genoß es, ihm zuzuhören.

Als Musikschriftsteller ist Adorno vor allem wegen seines Eintretens für die Musik von Schönberg und Berg bekannt, aber seine musikalischen Interessen waren breitgefächert: Er war ein profunder Kenner der Mozart-Opern, und er besuchte die Verdi-, Wagner- und Strauss-Aufführungen der Frankfurter Oper – egal, was gerade auf dem Programm stand. Ich verdanke ihm sehr viel. Eines Tages sagte er zu mir: »Sie müssen Mahler dirigieren. Das ist genau die richtige Musik für Sie.« Damals war ich überhaupt nicht überzeugt, daß Mahler eine bedeutende Persönlichkeit war. Adorno ließ nicht locker und gab mir einen äußerst voreiligen, aber wahrscheinlich ausgezeichneten Rat: »Fangen Sie doch mit der Neunten Symphonie an!« forderte er mich auf. In gewisser Hinsicht war es töricht von mir, mit Mahlers schwierigstem Werk zu beginnen, aber seine Komplexität faszinierte mich auf der Stelle. Anfangs bekam ich die Struktur der Neunten nicht mit, aber rasch fing ich an, sie zu mögen. Nachdem ich eine Mahler-Symphonie gemacht hatte, konnte ich es kaum abwarten, alle anderen zu geben. Als ich Adorno erklärte, daß ich bei den Bruckner-Symphonien immer einschlafen würde, bestand er darauf, daß wir die Siebente auf dem Klavier in einer Bearbeitung zu vier Händen spielten. Er war ein exzellenter Pianist, und ich genoß dieses Erlebnis. Dann begann ich die Siebente ernsthaft zu studieren, und bald gehörten nicht nur die Mahler-, sondern auch die Bruckner-Symphonien zu meinem Repertoire.

Adorno verdanke ich es auch, daß ich verstand, wie großartig Schönbergs *Moses und Aron* war. Ich konnte das Werk zwar nicht auf den Frankfurter Spielplan setzen, dirigierte später jedoch die Londoner Erstaufführung. Dafür gelang es Adorno, mich dazu zu bewegen, Bergs *Lulu* in Frankfurt aufzuführen. Wir bewältigten diese schwierige Aufgabe mit großem Erfolg. Ich bat Adorno, der Berg gut gekannt hatte, vor der Premiere ein paar Worte über die Oper und ihren Komponisten zu sagen. Ich vergaß aber, ihn darum zu bitten, nicht länger als fünf Minuten zu sprechen – schließlich gehen die Leute in die Oper, um Musik zu hören und nicht um Reden zu lauschen. Er sprach in professoraler Manier fünfzehn oder zwanzig Minuten lang. Ich befand mich bereits im Orchestergraben, die Sänger waren auf der Bühne und das Publikum wurde immer unruhiger. Endlich, als die Leute schon »Aufhören!« schrien, brach er seinen Vortrag abrupt ab. Als er später die Bühne verließ, hatte er Tränen in den Augen. Diese Situation war mir furchtbar peinlich.

Im Sommer 1953 war ich zum erstenmal in den USA. Angesichts der Wende, die meine Karriere schließlich nahm, ist es interessant, daß mein nordamerikanisches Debüt ursprünglich im Sommer 1952 beim Ravinia Festival mit dem Chicago Symphony Orchestra stattfinden sollte. Aber mein Antrag auf ein US-Visum wurde abgelehnt. Der amerikanische Konsul erklärte mir, daß mein Antrag nicht genehmigt werden konnte, weil ich auf einer Liste als Mitglied des Sowjetischen Freundschaftsverbands stünde. Ich wußte nichts von der Existenz dieser verbotenen kommunistischen Organisation, da ich nie irgendeiner politischen Gruppierung angehört hatte. Zum Glück kannte ich den Innenminister Dr. Müller, der bei der Münchener Polizei anrief, um sie zu ermächtigen, mir das Dokument zu zeigen. Wie sich herausstellte, war es eine von der Organisation erstellte Liste von prominenten Leuten aus dem Kulturleben, denen man prokommunistisches Propagandamaterial schicken wollte. Mit dieser Information fuhr ich nach Frankfurt zurück und erklärte dem amerikanischen Konsul, daß die Liste, die ihm in die Hände geraten war, keine Mitgliederliste der Kommunistischen Partei sei, sondern eine Versandadressenliste. Damals veranstaltete Joseph McCarthy, der berüchtigte US-Senator, gerade seine antikommunistische Hetzjagd. Der kleinste Hauch eines Interesses am Kommunismus reichte aus, das Leben amerikanischer Bürger zu ruinieren – von Visaanträgen von Menschen die aus Ostblockländern stammten, ganz zu schweigen. Dabei hatten mir Ende der vierziger Jahre Vertreter der Amerikanischen Militärregierung in Bayern zu verstehen gegeben, falls ich meine Position in München behalten wolle, müsse ich meine ungarische Staatsbürgerschaft aufgeben. Damals war Ungarn ein sowjetischer Satellitenstaat geworden. Ich war zwar nicht traurig wegen des Verzichts auf meine ursprüngliche Staatsangehörigkeit, aber mein Status als Staatenloser brachte in den nächsten paar Jahren endlose bürokratische Komplikationen mit sich. Am Ende bot mir die Bundesrepublik freundlicherweise die deutsche Staatsbürgerschaft an, die ich dankbar annahm. Ich blieb fast zwanzig Jahre lang deutscher Staatsbürger.

Schließlich bekam ich dann doch mein Visum für Amerika, aber so spät, daß ich mein Ravinia-Engagement absagen mußte. So fand mein amerikanisches Debüt erst im Sommer 1953 statt, als ich an der San Francisco Opera dirigierte. Damals bestand das Opernorchester aus Musikern des San Francisco Symphony Orchestra. Von 1935 bis 1952 war dieses Orchester von Pierre Monteux dirigiert worden, einem der großartigsten Dirigenten in der ersten Hälfte des 20. Jahrhunderts. Ich lernte ihn später in Frankfurt kennen, als er eines der Museumskonzerte dirigierte.

Ich erzähle immer gern die folgende Anekdote über ihn, die so typisch für einen Berufsmusiker ist. Er dirigierte die Liebesszene aus Berlioz' *Romeo und Julia*. Nach der Aufführung küßte ihn seine Frau Doris und sagte: »Darling, es war so wundervoll. Hast du dabei an mich gedacht?« Darauf er: »Nein, ich dachte an Eleanor Roosevelt.«

In San Francisco war es mir eine große Freude, mit einem Orchester zu arbeiten, das auf einem viel höheren Niveau spielte, als ich es in München oder Frankfurt gewohnt war. Mein Repertoire bestand aus *Elektra*, *Die Walküre* und *Tristan*. Der Bassist, der den König Marke im *Tristan* sang, hatte zwar eine schöne Stimme, war aber ein langweiliger Interpret. Während einer Vorstellung in Los Angeles rief ein Mann, der direkt hinter mir im Publikum saß, mitten in Markes langen, von der Baßklarinette begleiteten Pianissimopassagen: »Das reicht!« Das Orchester und mich hätte es vor Lachen fast zerrissen. Dies war eines der komischsten Erlebnisse in all meinen Jahren als Operndirigent, zumal der Mann, der diese Bemerkung machte, absolut recht hatte: Es reichte! Abgesehen von diesem Vorfall liefen die Aufführungen in San Francisco gut, ebenso die Gastspiele, die ich mit dem Orchester in Los Angeles gab.

Im Januar 1954 kam ich wieder nach Kalifornien, um drei Doppelkonzerte mit dem San Francisco Symphony Orchestra zu dirigieren. Auf einem Empfang nach einem dieser Konzerte trat eine gutaussehende Frau an mich heran und sagte: »Wie ich höre, lief das Konzert gut.«

»Waren Sie denn nicht dabei?« wollte ich wissen.

»O nein«, erwiderte sie, »ich gehe nur zu den Cocktailpartys.« Wenigstens war sie ehrlich.

In San Francisco lernte ich Kurt Herbert Adler kennen, den in Wien geborenen künstlerischen Direktor der Oper. Er unterstützte mich sehr, und in den sechziger und siebziger Jahren war ich mit ihm und seiner jungen Frau Nancy sehr gut befreundet. Andere gute Freunde in San Francisco waren die Schwabachers, eine prominente Familie, sowie ihr Freund John Scott Trotter, in den vierziger, fünfziger und sechziger Jahren ein Protagonist auf dem Gebiet der Unterhaltungsmusik in Amerika und ein enger Mitarbeiter von Bing Crosby. John war so prominent, daß ich in erster Linie als John Scott Trotters Freund und erst in zweiter Linie als Dirigent berühmt war.

1960 dirigierte ich zwei weitere Konzerte mit dem San Francisco Symphony Orchestra. Danach arbeitete ich mit diesem Orchester erst wieder 1995, wobei ich entzückt war von seiner Frische und Vitalität. Herbert Blomstedt, der schwedische Dirigent, der davor mehrere Jahre lang sein Chefdirigent war, muß ein bemerkenswerter Orchestertrainer sein. Inzwischen konnte das San Francisco Symphony Orchestra nämlich mit den sogenannten Großen Fünf in Amerika gleichziehen – den Orchestern in Chicago, Cleveland, Boston, Philadelphia und New York. Ich weiß, daß es unter seinem neuen musikalischen Leiter Michael Tilson Thomas weiterhin so gut sein wird.

Im August 1954, zwei Jahre später als ursprünglich geplant, fand mein Debüt mit dem Chicago Symphony Orchestra in Ravinia statt. In einem der Konzerte spielten der Geiger Ruggiero Ricci und der Cellist Paul Tortelier das Doppelkonzert von Brahms. Wegen der starken Luftfeuchtigkeit im Park rutschte Tortelier während der Einleitungskadenz der Bogen des Cellos ab. Er hörte auf, schüttelte den Kopf und sagte so lange immer wieder: »Nicht gut, nicht gut«, bis wir von vorn anfingen.

Diese Auftritte mit dem Chicago Symphony Orchestra in Ravinia bereiteten mir große Freude. Noch heute erinnere ich mich an die Aufführung von Beethovens »Eroica« bei unserem ersten Konzert. Es war das bis dahin wunderbarste Erlebnis in meinem Musikerleben. Der musikalische Leiter des Orchesters war Fritz Reiner neben George Szell in Cleveland, Antal Dorati in Dallas und Eugene Ormandy in Philadelphia, einer der ungarischen Dirigenten, die zur hervorragenden Qualität heutiger amerikanischer Orchester beigetragen haben. Noch mehr als der vielgefürchtete Szell war Reiner unter Orchestermusikern wegen seines diktatorischen Verhaltens berüchtigt. Aber er hat viel für das Chicago Symphony Orchestra geleistet. Trotz der damaligen unvollkommenen akustischen Verhältnisse in Ravinia hatte ich keinen Zweifel daran, daß dies das beste Ensemble war, das ich je dirigiert hatte. Die schlechte Akustik wurde noch dadurch verschlimmert, daß der Park in der Nähe des Bahnhofs lag. Der Zug traf unweigerlich zur vollen Stunde ein und pfiff beim zartesten Pianissimo – mir passierte dies während des langsamen Satzes der »Eroica« an einer Stelle, die wir fleißig bis zur Perfektion geübt hatten. Der Zug kam, ließ fröhlich seine Pfeife ertönen und fuhr wieder ab, wobei er mein Pianissimo mitnahm. (Sir Thomas Beecham bezeichnete Ravinia gern als die einzige Bahnstation auf der Welt mit einem eigenen Symphonieorchester.) Und doch begann hier meine Liebe zum Chicago Symphony Orchestra. Ich bat meinen amerikanischen Agenten Siegfried Hearst, alles in seinen Kräften Stehende zu tun, damit ich in Chicago wieder engagiert wurde. So kam ich im Sommer 1956, 1957 und 1958 erneut nach Ravinia. Bei einer dieser Konzertreihen erschien eine junge Frau, die den Chor für Haydns *Jahreszeiten* einstudierte. Sie hieß Margaret Hillis, und ihr war es bestimmt, eine der weltbesten Chormeisterinnen zu werden. Mit ihr sollte ich in meiner Zeit beim Chicago Symphony Orchestra sehr eng und erfolgreich zusammenarbeiten.

Dank meines ersten Auftritts in Ravinia wurde ich eingeladen, die Lyric Opera von Chicago in den Spielzeiten 1956 und 1957 zu dirigieren. Die Aufführungen fanden in der Civic Opera am Wacker Drive statt. Die Akustik war schlecht – statt von der Bühne schien der Klang aus dem Zuschauerraum hinter mir zu kommen. Inzwischen wurde die Civic Opera renoviert, wodurch sich die Akustik deutlich verbesserte, und sie gilt als ein schönes Beispiel der Architektur der dreißiger Jahre in Chicago. Am besten blieb mir von diesen Engagements in den fünfziger Jahren die Liste der Sänger in Erinnerung, die in jenen Spielzeiten auftraten: Inge Borkh und Ramón Vinay in *Salome*; Renata Tebaldi, Giulietta Simionato, Richard Tucker und Ettore Bastianini in *La forza del destino*; Tito Gobbi, Walter Berry, Anna Moffo, Eleanor Steber und Simionato in *Figaros Hochzeit*; Jussi Björling in *Ein Maskenball*; und Gobbi mit seinem Schwager Boris Christoff in *Don Carlos*. Auch die junge Birgit Nilsson gab damals ihr Debüt in der *Walküre*.

Eine junge Chorsängerin sollte einmal ein Star werden, allerdings nicht auf der Bühne. Ardis Krainik wurde Generaldirektorin der Lyric Opera, die eine der führenden Bühnen in der internationalen Opernwelt wurde. Sie engagierte erstklassige Künstler, war bei all ihren Kollegen und Mitarbeitern beliebt und geachtet und verbesserte die fürchterliche Akustik.

In den fünfziger Jahren war Carol Fox Generaldirektorin der Lyric Opera. Sie wollte mich als Generalmusikdirektor des Hauses gewinnen, und ich dachte über diesen Vorschlag ernsthaft nach. Aber nach meiner ersten

Figaro-Aufführung 1957 schrieb Claudia Cassidy, die Chefmusikkritikerin der *Chicago Tribune*, ich hätte das Finale des zweiten Akts mit einem Lächeln auf dem Gesicht dirigiert, während ich mir doch lieber die Kehle hätte durchschneiden sollen. Hätte sie mein Dirigieren insgesamt wohlmeinend gewürdigt, wäre kein dauerhafter Schaden entstanden. Aber ihre Gehässigkeit ruinierte meine Chancen bei der Lyric Opera, weil Carol Fox Cassidys Unterstützung brauchte. Cassidy war nach meiner Erfahrung eines der schlimmsten Beispiele einer Musikkritikerin. Sie hielt sich nicht auf ihrer Position, weil sie etwas von Musik verstand, sondern weil sie Kontroversen auslöste, wodurch sich nun einmal Zeitungen verkaufen lassen. Sie war in Chicago eine unantastbare Institution. Ungeduldig warteten die Leute auf ihre Kolumnen, um zu erfahren, wer ihr nächstes Opfer war. Musiker waren für sie Kanonenfutter.

Nachdem Rafael Kubelik, ein begnadeter Dirigent und ernsthafter Musiker, 1950 das Chicago Symphony Orchestra übernommen hatte, wurde er eines ihrer Opfer. Daraufhin sah er sich gezwungen, nach nur drei Spielzeiten wieder zu gehen. Was Kubelik widerfuhr, war nur eines von vielen Beispielen für ihren abartigen Einfluß auf das Musikleben Chicagos. Er war jung, noch nicht geschätzt und außerstande, mit ihrem negativen Einfluß auf die blinde öffentliche Meinung fertig zu werden. Sie hätte 1969 durchaus meine Chancen bei dem Orchester zunichte machen können, wäre sie damals nicht schon von der Bildfläche verschwunden gewesen.

Im März 1957 gab ich mein New Yorker Debüt mit dem New York Philharmonic Orchestra und dirigierte sieben Konzerte in der Carnegie Hall, wobei ich mit drei begabten Solisten arbeitete: den Pianisten Clifford Curzon und Rudolf Serkin sowie der Geigerin Erica Morini. Curzon war ein wunderbarer Musiker, aber ein nervöser Mensch; ich beging bei ihm einen furchtbaren psychologischen Fehler, als er mich fragte, warum ich meine Karriere als Pianist nicht weiterverfolgt hätte. Ich erzählte ihm von meinem Gedächtnisproblem beim Genfer Wettbewerb. Diese Geschichte beeindruckte ihn so sehr, daß er zu Beginn des Konzerts an jenem Abend mit den Nerven völlig herunter war, aber dennoch wunderbar spielte. Dies war eine frühe Lehre für mich, daß man mit Künstlern äußerst diplomatisch umgehen muß, deren nervliche Verfassung sich stark auf ihren Auftritt ausübt.

Mein Verhältnis zum New York Philharmonic Orchestra ließ doch viel zu wünschen übrig. Ich habe eine besondere Gabe: Ich kann erreichen, daß jedes Orchester bis an die Grenze seines Leistungsvermögens spielt – aber nur, wenn die Musiker willig sind, sich anzustrengen. Damals waren die Philharmoniker ziemlich unwillig, und ich war unglücklich, daß ich mit ihnen arbeiten mußte. Erst fünf Jahre später kam ich wieder nach New York. Mein erstes Konzert fand am 4. Januar 1962 statt, und darum begann ich die erste Probe mit den Worten: »Es ist ein gutes Omen für mich, das neue Jahr mit Ihnen zu beginnen!«

Da stand der erste Geiger auf und sagte: »Das sagen Sie doch zu jedem Orchester.«

Zu dem Manager der Philharmoniker, Carlos Moseley, hatte ich immer ein gutes Verhältnis. Mitte der siebziger Jahre umwarb er mich, die musikalische Leitung zu übernehmen. Ein paar Wochen lang gefiel mir der Gedanke, aber ich konnte Chicago nicht verlassen. New York genoß damals zwar ein höheres internationales Ansehen, doch ich wußte, das Chicago Symphony Orchestra war mein Orchester. Ich glaubte, mit etwas Geduld würde es die internationale Anerkennung erlangen, die es als führender Mitspieler in der Weltliga der Symphonieorchester verdiente. Viele Jahre lang dirigierte ich die New Yorker Philharmoniker nicht mehr, aber in den letzten Jahren waren meine Auftritte mit ihnen höchst angenehme Erfahrungen, die ich zu wiederholen hoffe.

Wie auch immer – in Symphonieorchestern kann es nicht wie in einer Demokratie zugehen. In dieser Hinsicht hat Leonard Bernstein, ein genialer Musiker und charismatischer Mensch, meiner Meinung nach als musikalischer Leiter einige Fehler begangen. Als Gastdirigent war er großartig und herausragend, aber als Orchesterchef kam er mit seinem Führungsstil nicht immer zurecht. Er forderte die Musiker des New York Philharmonic Orchestra auf, ihn Lennie zu nennen. Dirigenten können und sollten Freunde im Orchester haben, aber bei der Arbeit muß es eine Distanz zwischen dem Orchester und dem Dirigenten geben, denn sonst funktionieren die Proben und Aufführungen einfach nicht. Es ist wirklich die gleiche Situation, wie sie an Bord eines Schiffes herrscht: Einer muß der Kapitän sein und eindeutig die Verantwortung tragen.

1957, im Jahr meines Debüts mit den New Yorker Philharmonikern, begann sich meine später so lange und fruchtbare Beziehung zu den Wiener Philharmonikern zu intensivieren. Nach meinem Debüt im Jahre 1951 mit *Idomeneo* bei den Salzburger Festspielen hatte ich mit den Philharmonikern 1955 und 1956 *Die Zauberflöte* in Salzburg dirigiert. Aber meine ersten großen Arbeiten mit diesem Orchester waren die Aufnahmen der *Todesverkündung*, des dritten Akts der *Walküre* (mit Kirsten Flagstad, Set Svanholm und Otto Edelmann) und von Strauss' *Arabella* (mit Lisa della Casa, Hilde Güden, Anton Dermota und George London). Leider kamen das Orchester und ich nicht miteinander zurecht.

Ich gebe ganz offen zu, daß meine Schwierigkeiten in Wien zum Teil meine Schuld waren. Ich war zwar bereits fünfundvierzig Jahre alt, hatte aber erst seit elf Jahren ernsthaft als Dirigent gearbeitet, und dies hauptsächlich mit zweitklassigen Orchestern. Dirigenten, die es nicht gewohnt sind, mit erstklassigen Orchestern zu arbeiten, sind oft sehr darauf bedacht, sich selbst zu beweisen. So hören sie gar nicht die guten Dinge, die ein Orchester bringen kann, ohne dazu aufgefordert zu werden. Ich hatte eben noch nicht gelernt, daß die erste Aufgabe eines Dirigenten nicht darin besteht, um jeden Preis allen die eigene Persönlichkeit aufzuprägen, sondern zuzuhören. Wenn mir heute ein Orchester etwas gibt, was besser ist als das, was mir vorgeschwebt hat, erkenne ich es an und übernehme es dankbar. Vor vierzig Jahren wußte ich solche Dinge jedoch nicht. Ein anderes Problem war der Zeitplan: Viele Mitglieder der Philharmoniker hatten vormittags Proben und am Abend eine Vorstellung an der Staatsoper – für unsere Aufnahmesitzungen blieb also nur Zeit von 14 bis 17 oder von 15 bis 18 Uhr. Die meisten Wiener speisen ausgiebig und schwer zu Mittag. Darum waren die Musiker alles andere als lebhaft und ehrgeizig, während ich bereit war, die Welt zu erobern.

Beim berühmten »Walkürenritt« zu Beginn des dritten Akts der Wagner-Oper gab es Schwierigkeiten. Die Blechbläser schlampten beim Hauptmotiv, indem sie die punktierte Achtelnote zu kurz und die Sechzehntelnote zu lang spielten. Ich bestand darauf, daß sie den Rhythmus korrekt spielten, wofür sie mich haßten! Sie haßten mich, weil ich wußte, was ich wollte, weil ich von ihnen bestimmte Dinge verlangte und weil sie, wann immer wir in einer Interpretationsfrage unterschiedlicher Meinung waren, automatisch annahmen, daß ich mich irrte. Unter anderem wünschte ich, daß Eröffnungsakkorde präzise miteinander gespielt werden sollten, während sie der Ansicht waren, daß ein Akkord, der nicht präzise beieinander ist, »wärmer« klänge. Für mich ist das einfach Schlamperei.

Jahrelang verhielten sich die Wiener Philharmoniker mir gegenüber besserwisserisch. Seinen Tiefpunkt erreichte unser Verhältnis bei den Proben zur Aufnahme der *Zauberflöte* im Jahre 1972. Einer der ersten Geiger stand mitten in einer bestimmten Passage auf, sagte: »Ich kann das nicht mehr aushalten!« und stolzierte hinaus. Ich fuhr mit der Probe fort, als sei nichts geschehen, aber innerlich war ich am Boden zerstört. Ich weiß, daß manche Dirigenten ihre Macht mißbrauchen oder sich ungerechtfertigt arrogant verhalten, aber Orchestermusiker können genauso verletzend sein. Jahrelang pflegte ich zu sagen, meine Lieblingsstraße in Wien sei die Straße zum Flughafen. Ich war immer froh, wenn ich wieder abflog!

Trotz aller Unterschiede zwischen unseren Temperamenten und Denkweisen machten die Wiener Philharmoniker und ich wunderbare Aufnahmen miteinander, insbesondere in den Jahren, bevor ich nach Chicago ging. Die erste vollständige Studioaufnahme von Wagners *Ring* wird oft als Meilenstein in der Geschichte der Plattenindustrie bezeichnet. Die Geschichte dieser Aufnahme wurde gut nacherzählt von John Culshaw, der die Platten produzierte, in seinem Buch *Ring Resounding* sowie von Humphrey Burton in seinem Fernsehdokumentarfilm »The Golden Ring« von 1965. Merkwürdigerweise beruhte das ganze Unternehmen eher auf einem Zufall als auf sorgfältiger Planung.

John Culshaw hatte mich als Dirigenten der *Walküre* bei einem Besuch in München im Jahre 1950 erlebt und damals beschlossen, den ganzen *Ring* mit mir aufzunehmen. Angesichts der Tatsache, daß wir beide erst am Beginn unserer Karriere standen, war sein Entschluß schon bemerkenswert. Nichts passierte, bis ich 1957 die *Todesverkündung* aus dem zweiten Akt und den dritten Akt der *Walküre* in Wien aufnahm. Die Platte kam heraus und wurde beifällig aufgenommen. Ich fuhr nach Zürich, um künftige Pläne mit Moritz Rosengarten, dem Schweizer Decca-Direktor, zu besprechen. »Wir freuen uns so sehr über die *Walküre*-Ergebnisse«, sagte er, »daß wir beschlossen haben, die ganze Oper aufzunehmen – mit Knappertsbusch.« Ich war niedergeschmettert, als ich das vernahm. Knappertsbusch war ein Star, ich nicht – und Stars brauchte man, um Platten zu verkaufen. Allerdings kam man mit der Aufnahme nicht sehr weit. Nach der ersten Sitzung bat Culshaw Knappertsbusch in den Kontrollraum, damit er sich anhörte, was da aufgenommen worden war.

»Wieso soll ich mir das anhören? Ich hab's doch gerade gehört!« Nach dieser Bemerkung war sofort klar, daß seine und Culshaws Arbeitsmethoden nicht miteinander zu vereinbaren waren. Die Sitzungen waren nach der Aufnahme des ersten Akts auch schon zu Ende. Knappertsbusch zog sich zurück. Culshaw überredete Rosengarten schnell, statt dessen *Das Rheingold* aufzunehmen, und zwar mit mir als Dirigenten. Culshaw und ich engagierten eine erstklassige Besetzung, unter anderem Kirsten Flagstad.

Die Aufnahme wurde 1958 in Wien gemacht. Am Abend vor der ersten Sitzung verabredeten Culshaw und ich uns in der Bar des Hotel Imperial, um über die Arbeit am nächsten Tag zu sprechen. Während wir uns unterhielten, kam Walter Legge herein. Damals war Legge ein Zar der europäischen Musikszene: Er war der Chef des Aufnahmeimperiums der EMI, Verwaltungsdirektor des London Philharmonia Orchestra, dem damals besten englischen symphonischen Ensemble, sowie ein mächtiger Mann an der Royal Opera und in anderen wichtigen musikalischen Organisationen. Er war ein genialer Talentscout: Karajan, Géza Anda und Elisabeth Schwarzkopf (Legges Frau) zählten zu den vielen Künstlern, deren internationalen Karrieren er zum Start verholfen hatte. Einmal war er nach Frankfurt gekommen, um mich von Decca für EMI abzuwerben, indem er mir verschiedene künstlerische und finanzielle Vorteile versprach. Ich biß nicht an, weil ich Legge nicht traute, der dafür bekannt war, daß er Dirigenten, Musiker und Sänger gegeneinander ausspielte. Aus rein wirtschaftlichen Gründen hielt Legge nicht viel von Wagner-Aufnahmen – so hatte er beispielsweise mit Furtwängler nur *Tristan* und *Die Walküre* aufgenommen.

Merkwürdigerweise waren Legge und Culshaw einander bis dahin nie begegnet; ich machte sie miteinander bekannt, und dann wandte sich Legge an mich. »Was machen Sie denn hier, Solti?« erkundigte er sich.

»Ich nehme *Rheingold* auf. Morgen ist die erste Sitzung.«

»*Rheingold*?« Er sah Culshaw an. »Ein schönes Werk, aber Sie werden keine fünfzig Exemplare verkaufen.«

Wie sehr er sich doch irren sollte! Wir arbeiteten lange und intensiv, in musikalischer wie in technischer Hinsicht. Als die fertigen Platten herauskamen, war das wie ein Kugelblitz – eine wahre Sensation! Seit ihrem Erscheinen steht die Aufnahme noch immer im Katalog.

Ich hatte gehofft, man würde mich auffordern, die *Walküre*-Aufnahme zu vollenden, was aber nicht der Fall war. Moritz Rosengarten war der europäische Vertriebschef von RCA. In dieser Tätigkeit verdiente er fast genauso viel wie an seinen gesamten Investitionen für Decca. George Marek, ein Vizepräsident von RCA, teilte Rosengarten mit, daß RCA eine neue *Walküre*-Aufnahme unter Leinsdorfs Leitung herausbringen wolle. Er machte ihm klar, daß Rosengarten mit sich selbst konkurrieren würde, falls er eine Decca-Aufnahme derselben Oper finanzieren würde. Als Culshaw dagegen einwandte, man habe mich ja bereits aufgefordert, die *Walküre* aufzunehmen, ersuchte Rosengarten ihn, statt dessen mit mir den *Siegfried* aufzunehmen. Erst als Rosengarten einige Jahre später die anhaltend hohen Verkaufszahlen unserer *Rheingold*-Kassette sah – und vielleicht auch als viele Musikliebhaber und Kritiker Decca zu drängen begannen, den Zyklus abzuschließen –, war er endlich bereit, Decca eine eigene *Walküre* machen zu lassen und dann den *Ring* mit der *Götterdämmerung* zu vollenden, die wir 1965 aufnahmen. Somit kam das große *Ring*-Projekt auf ziemlich planlose Weise zustande. Aber die Ergebnisse waren alle Mühen und Leiden durchaus wert. Während ich an diesem Buch arbeite, wird – fast zweiunddreißig Jahre nachdem die letzten Noten unseres *Rings* auf Band überspielt wurden – diese Gesamtaufnahme mit Hilfe der modernsten Techniken neu aufgelegt.

John Culshaw war ein Musikfan und ein Mann von künstlerischen Visionen und Geschmacksvorstellungen, aber kein Techniker. Das technische Hirn hinter den Aufnahmen war Gordon Parry, ein hochbegabter Toningenieur. Ich hatte das Glück, meine eigentliche Schallplattenkarriere mit diesen beiden bemerkenswerten Männern beginnen zu dürfen, die um sich ein herausragendes Team versammelten. Es war unvermeidlich, daß es zwischen uns Meinungsverschiedenheiten gab; wir stellten aber einen künstlerischen Verbund dar, der überaus erfolgreiche und interessante Platten produzierte.

Culshaws Nachfolger bei Decca war dann schließlich Ray Minshull, dessen erste Aufnahme mit mir (und den Wiener Philharmonikern) Schumanns Zweite Symphonie war. Als wir uns zusammensetzten, um uns die ersten Takte anzuhören – und das ist ein Augenblick, in dem ein Künstler für das kleinste Fünkchen Ermutigung dankbar ist –, bemerkte Ray nur: »Das ist ja furchtbar!« Aber solange er bei Decca war, kamen wir gut miteinander aus. Er ließ mich praktisch alles aufnehmen, was ich wollte. Langfristig gesehen hatte ich wohl recht, Decca treu zu bleiben, statt den Versuchungen nachzugeben, zu EMI oder anderen Firmen überzuwechseln. Decca machte zwar viele Fehler, die aber alle mit dem schwachen Marketing zusammenhingen. Ich war immer der Meinung, daß Engländer keine guten Verkäufer sind. Ich habe nie auch nur im entferntesten die Promotion bekommen, die EMI für Karajan aufwandte oder die die Deutsche Grammophon später für Karajan, Bernstein oder Karl Böhm investierte. Aber Decca macht die besten Aufnahmen, und für wahre Musikliebhaber ist dies die höchste Form von Promotion. Meine Aufnahmen waren stets das Ergebnis von Teamarbeit, und ich werde meinen Mitarbeitern bei Decca immer dankbar sein. Ich wurde nie aufgefordert, schneller zu arbeiten, als ich wollte, oder auf irgendeine andere Weise Qualitätskompromisse einzugehen. Ich habe für Decca über zweihundertfünfzig Aufnahmen gemacht, und die internationalen Kataloge enthalten noch immer eine überraschend große Zahl von ihnen. Darum bin ich sehr stolz darauf, auf nunmehr fünfzig Jahre einer internationalen Aufnahmetätigkeit bei Decca zurückblicken zu können. Auf einer Party in der Londoner Royal Academy zur Feier dieses Anlasses wurde mir ein Exemplar meines ersten Vertrags überreicht.

Bevor das *Ring*-Projekt Wagner zu einer der zentralen Gestalten in meinem musikalischen Leben machte, hatte ich erst fünf seiner zehn häufig aufgeführten Opern dirigiert. In meiner Zeit als Korrepetitor in Budapest hatte ich mir die frühen Opern sowie *Tristan* und die *Walküre* erarbeitet, aber nicht die anderen *Ring*-Opern, *Die Meistersinger* oder *Parsifal*. Ich glaube, ich hatte damals zu Wagner eine indifferente Einstellung. Nach und nach dirigierte ich dann all seine Meisterwerke. Am Anfang stand dabei 1947 meine erste *Walküre* in München.

Ich habe nie die drei frühesten Wagner-Opern aufgeführt. Sogar der Komponist hat *Die Feen* und *Das Liebesverbot* für zu primitiv gehalten, und *Rienzi* ist meiner Meinung nach ziemlich lang und pompös. Während des einen Jahres, das zwischen der Uraufführung von *Rienzi* und der von *Der fliegende Holländer* lag, machte Wagner einen erstaunlichen Qualitätssprung. *Der fliegende Holländer* ist unleugbar ein geniales Werk. Ich hoffe, eingefleischte Wagnerianer nicht zu schockieren, wenn ich gestehe, daß ich es seinen beiden Nachfolgern, *Tannhäuser* und *Lohengrin*, vorziehe. Obwohl *Der fliegende Holländer* insgesamt nicht so großartig wie die anderen beiden Opern ist, hat er doch Momente reiner Genialität, wie bei dem Monolog des Holländers und bei Sentas Ballade. Nach meinem Gefühl haben die beiden anderen Werke nicht die gleichen Qualitäten. Der *Holländer* hat die gleichen Besetzungsprobleme wie Wagners spätere Opern: Er wurde für große Stimmen konzipiert, die über ein großes Orchester hinweg tragen. Und der Holländer selbst sowie Senta sind die schwierigsten Rollen und somit am schwersten zu besetzen. Birgit Nilsson sagte einmal zu mir: »Die Senta ist zu schwer für mich. Ich will sie nicht singen.« Es sagt alles über eine Rolle aus, wenn ein derartiger Kommentar von einer Sängerin stammt, die über eine der erstaunlichsten Stimmtechniken verfügt.

Gesanglich ist *Tannhäuser* besser komponiert als *Der fliegende Holländer* und – abgesehen von der Rolle des Tannhäuser – leichter zu singen. Elisabeth und Wolfram sind beides eminent singbare Partien. Aus der Sicht des Dirigenten treten die Hauptschwierigkeiten im zweiten Akt auf: Wagner behandelt keineswegs den ganzen Sängerwettstreit geschickt. Die Gefahr liegt darin, daß der Wettstreit in kleine Stücke zerfallen kann. Wer immer auf dem Podium steht, hat alle Mühe zu verhindern, daß das musikalische Gewebe zerfällt. Aber der dritte Akt ist ein wirklich großartiges Stück Musik. Wagners Chorsatz machte gewaltige Fortschritte zwischen dem *Holländer* und *Tannhäuser* und sollte sich noch mehr in *Lohengrin* und *Die Meistersinger* steigern. Die *Meistersinger* enthalten sogar einen wahrhaft herausragenden Chorsatz, der ganz in der Bachschen Tradition steht.

Emil Preetorius, der große deutsche Bühnenbildner, der bei den Bayreuther Festspielen gearbeitet und die Bühnenbilder für meinen Frankfurter *Tristan* gestaltet hatte, führte mir einmal Wagners Farbschemata vor. Er tat dies an Hand von Beispielen, die er auf dem Klavier demonstrierte. Die Farbe, die Preetorius sah, habe Wagner musikalisch in seiner Orchestrierung umgesetzt, wie das Blau im *Lohengrin*-Vorspiel. Preetorius erklärte mir, daß jede Wagner-Oper ihre eigene Farbe habe. Der *Holländer* beispielsweise sei ganz dunkel, *Tannhäuser* ein wenig heller und *Lohengrin* silbrig – eine Menge A-Dur, das die hellste Tonart überhaupt ist. Das »Farbschema« des *Rings* sei zwar äußerst vielfältig, aber im Grunde dunkel; der *Tristan* sei vielfarbig, auf chromatischen Tonleitern und Halbtönen aufgebaut, während die *Meistersinger* in ganz hellen, vollen Tönen gehalten seien – ein diatonisches Wunder. Diese Farbvielfalt überträgt sich auf eine unglaubliche Charaktervielfalt, die bereits in den verschiedenen Orchestervorspielen zum Ausdruck kommt, bevor auch nur eine einzige Note gesungen worden ist. Man denke an den Sturm in der *Holländer*-Ouvertüre, die Pilgerhymne in der *Tannhäuser*-Ouvertüre, das Überirdische im *Lohengrin*-Vorspiel, die fatale Liebeskrankheit im *Tristan*-Vorspiel, das atmosphärische und scheinbar nicht enden wollende Es-Dur zu Beginn von *Rheingold*, den Schrecken auf den ersten Seiten der *Walküre*-Partitur, die fröhliche Verspieltheit des *Meistersinger*-Vorspiels und die Mystik des *Parsifal*-Vorspiels. Man vergleiche das leidenschaftliche Vorspiel zum dritten Akt von *Lohengrin* mit der melancholischen Wärme des Vorspiels zum dritten Akt der *Meistersinger* oder mit der Waldeinsamkeit in *Siegfried*.

Heutzutage beschäftigen wir uns viel zu sehr mit der psychologischen Motivation und den Charakterschwächen der großen Komponisten, statt vorbehaltlos ihrer Musik zuzuhören. Wagners politische oder philosophische Ansichten interessieren mich genausowenig wie sein Verrat an seinen Freunden und an seinem Schwiegervater Franz Liszt. Was mich aber interessiert, ist die Schöpfung seiner Musik – zum Beispiel das Liebesmotiv im *Tristan*, das Wunder und die Vollendung der ersten vier Takte, die als eine Hommage an Liebe und Schönheit gelten. Soviel ich weiß, hatte er mehrere Fassungen geschrieben, bis dieses Motiv auftauchte – ein Wunder an Harmonie und Melodie. Für mich ist jeder, der eine derartige Schönheit erschafft, unabhängig von seiner politischen Gesinnung ein musikalisches Genie und wird dies auch bleiben, solange unsere Kultur besteht.

Im April 1959 gab ich mein Debüt mit dem Los Angeles Philharmonic Orchestra in seiner regulären Winterkonzertreihe (zuvor hatte ich an Sommerkonzerten in der Hollywood Bowl teilgenommen). Dabei dirigierte ich ein reines Beethoven-Programm mit Arthur Rubinstein als Solisten und in der darauffolgenden Woche ein gemischtes Programm mit der Mezzosopranistin Nan Merriman, die Mozarts »Ch'io mi scordi di te« und de Fallas sieben *Spanische Volkslieder* sang. Ich hatte ein so ausgezeichnetes Verhältnis zum Orchester und die Konzerte liefen so gut, daß ich erneut für sieben Wochen in der Saison 1959/60 eingeladen wurde. Wir erarbeiteten uns ein umfassendes Repertoire, mit einer starken Betonung der Musik des 20. Jahrhunderts: Bartók, Strawinsky, Webern, Berg, William Schuman sowie den drei *Ungarischen Weisen* meines Freundes Miklós Rózsa, einem in Ungarn geborenen und ausgebildeten Komponisten, der sehr bekannt war für seine Filmmusiken, allen voran die von *Ben Hur* und *El Cid*.

Mehrmals besuchte ich Bruno Walter, der seit Jahren in Los Angeles lebte. Er erinnerte sich an mich aus Budapester Tagen, als ich bei seinen Proben zu Verdis *Requiem* am Klavier gesessen hatte, sowie aus Salzburg, als ich mit Toscanini gearbeitet hatte, den er verehrte. Bei jedem dieser Besuche bot er mir Kaffee oder Tee an, und wir unterhielten uns angeregt. Einmal legte er eine Platte von einer Toscanini-Probe auf. Er fand die Zornesausbrüche des Maestro sehr amüsant, insbesondere wenn Toscanini wiederholt »No! No!« schrie, ohne zu sagen, was denn nun falsch gewesen war. Dann war im Hintergrund eine Stimme zu hören, die sagte: »Aber Maestro, was sollen wir denn machen?« Und das »No! No! No!« ging weiter. Jahre später fragte ich meinen leitenden Cellisten in Chicago, Frank Miller, der zu Toscaninis Zeit beim NBC Symphony Orchestra gespielt hatte, wessen Stimme ich da gehört hätte. »Das war ich«, erwiderte er, »wir wußten wirklich nicht, was der Maestro wollte.« Es gibt eine nicht weniger lustige Aufnahme von Walter, wie er Mozarts Linzer Symphonie probt: Der erste Durchgang ist ausgezeichnet, aber je mehr er probt, desto schlechter spielt das Orchester.

Ich hatte große Hochachtung vor Walter, und in meiner Münchener Zeit übernahm ich sogar die Striche, die er in seinen Münchener Jahren in der *Matthäus-Passion* gemacht hatte. Später stellte ich fest, daß die Striche falsch waren. Daher dirigierte ich das ganze Werk ohne Striche. Zu meiner großen Erleichterung las ich dann in seinen Memoiren, daß er die Striche für eine der schlimmsten musikalischen Sünden hielt, die er je begangen hatte.

Als ich Mahler zu dirigieren begann, erfuhr ich eine ganze Menge von

Walter, der tatsächlich noch mit Mahler gearbeitet hatte. Er hatte einen seltsamen, nicht sehr klaren Schlag, aber er war der lebende Beweis dafür, daß der Schlag bei einem Dirigenten keine wesentliche Rolle spielt. Man dirigiert mit den Augen und mit der Seele. Die deutsche Schule des Dirigierens lehrte, daß das Orchester nicht auf, sondern nach dem Schlag zu spielen habe. Furtwängler, Walter, Karajan und Böhm taten dies, und bis heute halten sich die Wiener und die Berliner Philharmoniker an diese Tradition. Die Befürworter dieses Stils meinen, daß ein Akkord nach dem Schlag weicher wäre als einer, der auf den Schlag kommt. Rainer Küchel, der Konzertmeister der Wiener Philharmoniker und ein herausragender Musiker, sagt mir: »Wenn wir auf den Schlag spielen würden, würden wir nie einen weichen Einsatz schaffen, es wäre immer sforzato.« Ich teile diese Ansicht nicht. Aus Erfahrung bin ich davon überzeugt, daß ein präziser und doch zugleich auch weicher Einsatz möglich ist. Wann immer ich mit diesen beiden Orchestern arbeite, bitte ich sie, sie sollten doch versuchen, auf und nicht nach dem Schlag zu spielen. Aber diese Gewohnheit ist so tief verwurzelt, daß sie zwar versuchen, mir den Gefallen zu tun, aber am Ende einigen wir uns auf einen Kompromiß. Oft sage ich dann: »Versuchen Sie bitte, nicht eine halbe Stunde, sondern nur eine Viertelstunde zu spät zu kommen!« Die italienische Schule wiederum – Toscanini, Victor de Sabata und andere – hat ihren Musikern beigebracht, auf dem Schlag zu spielen, und amerikanische Orchester und Dirigenten tun es auch. Ich halte mich an die Toscanini-Schule. Es gibt eine berühmte Anekdote, wie Furtwängler Beethovens Fünfte in der Accademia di Santa Cecilia in Rom dirigiert, wobei ein großer Teil des Publikums hinter dem Orchester sitzt. Vor dem berüchtigtermaßen schwierigen ersten Takt der Fünften gab Furtwängler einen endlos langen Auftakt. Dabei schien sein Arm immer höher und höher zu gehen, bis jemand aus dem Publikum schrie: »Coraggio, maestro!« (»Nur Mut, Maestro!«) Jemand hat einmal einen Musiker der Berliner Philharmoniker gefragt, wie sie denn wüßten, wann sie anfangen müßten, weil Furtwänglers Schlag doch so unklar sei. Der Musiker erwiderte: »Wir beobachten den Kontrabassisten – er zählt bis fünf, und dann fangen wir an.« Dies sind zwar nicht verbürgte Geschichten, aber sie deuten an, wo das Problem liegt.

Manchmal hatte ich das Gefühl, daß Walters Rhythmus nicht prägnant genug war. Er hatte auch eine gewisse Neigung, bei Proben mit Musikern in literarischen Begriffen zu reden, was ich für einen fundamentalen Fehler hielt: Orchestermusiker müssen nun einmal wissen, welche Sechzehntelnote falsch ist, warum sie es ist und wie sie zu korrigieren ist. Wenn man vor dem Orchester steht, darf man nie mit seinen ästhetischen oder philosophischen Ideen angeben. Man muß die musikalischen Probleme anpacken, wenn sie auftauchen.

Ein paar Jahre vor Walters Tod flog ich mit ihm und seiner Tochter von Kopenhagen nach Los Angeles. In jener Zeit gab es in den größeren Flugzeugen hinten Betten für die Passagiere der Ersten Klasse. Bei diesem Flug befand sich mein Bett neben dem Walters. Wir unterhielten uns so lange über Musik, bis das Licht ausgeschaltet wurde. Bei unserer Ankunft in Los Angeles verließen Walter und seine Tochter das Flugzeug vor allen anderen, weil er ziemlich alt und gebrechlich war. Als ich durch den Zoll und die Paßkontrolle ging, erkannte der Beamte meinen Namen: Ich sollte in dieser Woche das Los Angeles Philharmonic Orchestra dirigieren, und er hatte mein Foto in einer der Lokalzeitungen gesehen.

»Aha – Sie sind der Dirigent!« sagte er. »Sagen Sie mal – wissen Sie, wer der alte Knabe vor Ihnen war?«

»Bruno Walter ist einer der bedeutendsten lebenden Dirigenten«, erwiderte ich. »Und ob Sie es glauben oder nicht – er lebt in Los Angeles schon seit vielen Jahren.«

Der Beamte war verblüfft. Aber schließlich hat sogar Strawinsky, ein weiterer langjähriger Einwohner von Los Angeles, gern darüber gescherzt, daß ihn in der Stadt niemand kannte. Er sagte, er habe Angst, von einem Auto überfahren zu werden, und zwar aus zwei Gründen: Erstens könnte es der Rolls-Royce eines Hollywood-Filmkomponisten sein, der mehr Geld als er verdiente, und zweitens könnten die Zeitungsleser in Los Angeles dahinterkommen, daß er, Strawinsky, mitten unter ihnen lebe.

Tatsächlich sorgte ein Filmkomponist, mein Freund Miklós Rózsa, dafür, daß ich Strawinsky kennenlernte. Nachdem ich *Oedipus Rex* und *Le Sacre du Printemps* in einem meiner Konzerte in Los Angeles dirigiert hatte, fragte mich Rózsa, ob ich Strawinsky kennenlernen möchte. Natürlich sagte ich ja. Eines Morgens, als ich gerade Kaffee trank, klingelte das Telefon. »Hier ist Strawinsky«, sagte eine Stimme. »Rózsa hat mir gesagt, daß Sie mich gern besuchen würden. Wann möchten Sie denn kommen?«

Ich war völlig perplex. Ich nahm ein Taxi zu Strawinskys Adresse, einem bescheidenen Haus in einem angenehmen, aber keineswegs luxuriösen Stadtviertel. Der Fahrer ließ mich an der Ecke der Straße aussteigen, in der Strawinsky wohnte. Von dort aus ging es einen steilen Pfad zu einem Bungalow mit einem kleinen Garten hoch. Zu meiner Überraschung machte mir Strawinsky selbst auf, als ich klingelte, genauso wie es Strauss etwa zehn Jahre zuvor in Garmisch getan hatte. Und so wie ich damals in

Gegenwart von Strauss beinahe sprachlos gewesen war, brachte ich auch nun im Angesicht von Strawinsky kaum einen Ton heraus.

Strawinsky, damals Ende Siebzig, war kleinwüchsig, und sein Englisch hatte einen genauso starken russischen Akzent wie meines einen ungarischen. Das Haus war einfach möbiliert. Auf dem Weg vom Wohnzimmer in den Garten zeigte er mir sein Arbeitszimmer. Ich werde nie seinen Schreibtisch vergessen, auf dem eine tadellose Ordnung herrschte: Rote, blaue und schwarze Stifte lagen säuberlich getrennt da; Bleistiftspitzer, Radiergummis – alles war präzise ausgerichtet. Es paßte perfekt zu den Manuskripten mit seinen Kompositionen, die ebenfalls außergewöhnlich sauber und klar waren. Leider kann ich mich viel weniger an das erinnern, was Strawinsky gesagt hatte. Soweit ich noch weiß, erwähnte er, daß es ihm gelungen sei, während des Kriegs Bordeauxwein zu bekommen. Dann sprach er noch ein wenig über das Los Angeles Philharmonic Orchestra, das auch er dirigiert hatte.

Ich brachte nur den Mut auf, Strawinsky eine einzige Frage zu stellen: Warum hatte er – dreißig Jahre nach der Veröffentlichung der Originalfassung – die Orchestrierung in *Le Sacre du Printemps* verändert und die Rhythmen vereinfacht? »Ich habe diese Veränderungen vorgenommen, weil ich die Originalfassung nicht dirigieren konnte – sie war zu schwer für mich«, erklärte er.

Diese Antwort war reizend und zum Teil auch wahr, denn so genial er als Komponist auch war – als Dirigent war er nicht besonders begabt. Aber später erfuhr ich, daß der wahre Grund eher praktischer Natur war: Während der Oktoberrevolution hatte Strawinsky das Copyright an seinen drei beliebtesten Partituren – *Der Feuervogel, Petruschka* und *Le Sacre du Printemps* – verloren. Die einzige Möglichkeit, die Honorare zu bekommen, bestand darin, daß er Neuausgaben der Werke herausbrachte. Als ich vor ein paar Jahren *Petruschka* aufnahm, wollte ich bei meiner Interpretation gern auf die Originalfassung zurückgreifen, aber auch einige Änderungen aus der späteren Fassung übernehmen. Da ich nicht sicher war, ob dies ein legitimes Verfahren war, rief ich Robert Craft an, der viele Jahre lang eng mit Strawinsky zusammengearbeitet hatte. Er sagte zu mir, ich könne tun, was ich für das Beste hielte, und bestätigte, die Bearbeitungen seien wegen der Copyright-Probleme vorgenommen worden. »Was immer Sie machen – Strawinsky hätte es gefallen«, meinte er sehr großzügig.

Mein Besuch bei Strawinsky dauerte nur etwa eine Stunde. Dann kam seine Frau Vera nach Hause; er stellte mich ihr vor, und kurz danach ging ich. Ich hatte soviel Ehrfurcht vor diesem Genie, einem so sanften und freundlichen Menschen, daß ich nicht den Mut aufbrachte, ihn auch nach seinen anderen Kompositionen zu fragen. Außerdem hatte ich das Gefühl, ich würde ihn wiedersehen dürfen, da er mich so warmherzig empfangen hatte. Es war ein seltsames Erlebnis: Ich wünschte, es würde nie zu Ende gehen, aber alles in allem hatte ich hier eine einzigartige Gelegenheit versäumt.

1970 oder Anfang 1971 war ich in New York, wo Strawinsky damals wohnte. Ich wußte, daß es ihm nicht gutging, und darum rief ich an, um mich zu erkundigen, ob ihm mein Besuch genehm sei. Jemand meldete sich am Telefon und erklärte mir, Strawinsky würde gerade schlafen und mich später zurückrufen. Ich hörte aber bis zu meiner Abreise nichts von ihm. Ein paar Tage später erhielt ich eine Nachricht von ihm: Er habe von meinem Anruf erst erfahren, als es schon zu spät gewesen sei, aber er bat mich, ihn das nächste Mal zu besuchen, wenn ich wieder in New York wäre. Allerdings sah ich ihn nie wieder, da er im April 1971 starb.

Ich habe sehr viel von Strawinsky dirigiert – mindestens ein Dutzend Werke neben den oben erwähnten großen drei. Ich würde noch immer gern *The Rake's Progress* einstudieren und aufführen sowie einige der späten Zwölf-Ton-Stücke. Jedes seiner Werke verlangt ein großes technisches Können und sogar noch größere rhythmische Genauigkeit von seinen Interpreten. Ich weiß, man vergleicht Strawinsky gern mit dem beinahe gleich alten Picasso, und auch ich kann mich diesem Vergleich nicht verschließen. Was ihre stilistische Vielseitigkeit, ihre bis ins hohe Alter ungebrochene Kreativität, die erstaunliche Kraft und Einzigartigkeit ihrer künstlerischen Persönlichkeit sowie ihren umwälzenden Einfluß auf die Geschichte der Künste im 20. Jahrhundert betrifft, bilden sie eine Klasse für sich.

Meine Arbeit in Los Angeles wurde so gut aufgenommen, daß mich Mrs. Dorothy Chandler, die Aufsichtsratsvorsitzende der Philharmoniker, im Jahre 1960 fragte, ob ich nicht ihr musikalischer Leiter werden wolle. Ich war hocherfreut: Mir gefiel das Orchester, das warme Klima, das Gehalt und vor allem die Vorstellung, weniger Zeit der Oper zu widmen, die für einen Dirigenten weitaus anstrengender ist als ein Konzert. Selbst bei den einfachsten Opernaufführungen sind außerordentlich viele Komponenten zu berücksichtigen. So viele organisatorische Probleme und andere nichtmusikalische Erfordernisse komplizieren das Ganze, daß manchmal die Proben und Vorstellungen viel einfacher erscheinen als die Vorbereitung. Auch bei Symphonieorchestern gibt es zahlreiche organisatorische

Probleme, aber verglichen mit denen eines Opernensembles sind sie eher unbedeutend.

Gleichwohl habe ich nicht vergessen, daß ich mit einem Talent für das Musikdrama geboren wurde und dazu prädestiniert bin, Opern zu dirigieren. Und wie sich herausstellen sollte, brachte mich das Schicksal zur Oper zurück.

Alfred Dietz, ein Wiener Konzertagent, kam eines Tages im Jahre 1957 nach Frankfurt und sagte zu mir: »Ich möchte Sie in England einführen.« Damals war mein Name im Ausland einigermaßen bekannt, und ich hatte bereits in Großbritannien dirigiert. 1949 machte ich zwei Aufnahmen mit dem London Philharmonic Orchestra, und zwischen 1950 und 1957 gab ich fast jede Saison Konzerte mit diesem Orchester. Ich führte 1952 beim Edinburgh Festival als Gastdirigent mit der Hamburger Staatsoper *Die Zauberflöte* auf. 1954 dirigierte ich in Glyndebourne den *Don Giovanni*. Unter diesen Umständen hatte Dietz keine Mühe, David Webster, den General Manager des Royal Opera House Covent Garden, dazu zu bewegen, jemanden nach Frankfurt zu schicken, der sich eine meiner Aufführungen ansehen sollte. Dies war Lord Harewood, eine wichtige Persönlichkeit in der britischen Musikszene. Harewood besuchte eine Vorstellung von *La forza del destino* und berichtete Webster nur Gutes darüber. Daraufhin lud dieser mich ein, den *Rosenkavalier* im Dezember 1959 an Covent Garden zu dirigieren. Dann kam Webster nach Frankfurt, um mit mir über die Probenpläne und die Besetzung zu reden.

Die Inszenierung war eine Wiederaufnahme, aber die Besetzung war außergewöhnlich: Elisabeth Schwarzkopf als Marschallin, Sena Jurinac als Octavian, Kurt Böhme als Ochs und Hanny Steffek als Sophie. Von Anfang an herrschte eine gute Arbeitsatmosphäre. Das Orchester spielte gut, das Bühnenpersonal war freundlich, und ich kannte bereits alle Sänger. Das einzig unangenehme Element war Walter Legge, Schwarzkopfs Ehemann, der damals dem Aufsichtsrat von Covent Garden angehörte und jeder Probe beiwohnen durfte. Meiner Meinung nach hat er Schwarzkopf furchtbar gequält! Bei jeder Sitzung begann sie zunächst wunderschön zu singen, aber wegen seiner Kommentare und Schikaniererei wurde sie immer unsicherer. Er schien nur seine eigene Meinung gelten zu lassen, und infolgedessen wurde seine Frau äußerst nervös.

Die Vorstellungen waren ein großer Erfolg, auch wenn Peter Heyworth, der Kritiker des *Observer*, meinte, ich hätte die Walzer dirigiert, als seien sie für lahme Enten geschrieben worden. Auf diese Weise lernte ich die englische Musikkritik kennen. Während meines Londoner Aufenthalts erhielt ich eines Tages einen Anruf von Ilona Kabos, der ungarischen Pianistin, die ich noch aus Budapest kannte, wo sie sich gern als Zuhörerin in Leó Weiners Kammermusikkurse setzte. Joan Drogheda, eine ihrer Schülerinnen, war mit dem Earl of Drogheda, dem Vorsitzenden der Royal Opera, verheiratet. Ilona fragte mich, ob ich sie nicht auf einen Drink zu Hause in Queen's Grove, St. John's Wood, besuchen möchte, um die Droghedas kennenzulernen. Ich nahm die Einladung gerne an, und ich erinnere mich noch, wie beeindruckt ich von ihrem herrlichen Haus war. Damals hätte ich nicht davon zu träumen gewagt, daß ich dreizehn Jahre später nur ein paar hundert Meter weiter wohnen würde.

»Wir möchten, daß Sie unser Generalmusikdirektor werden«, sagte Lord Drogheda in seiner typischen Direktheit. »Wir können nur siebentausend Pfund pro Jahr bezahlen« – selbst damals nicht gerade eine fürstliche Summe –, »aber Sie müssen es machen.«

Zu seiner großen Überraschung erklärte ich ihm, daß mich das Angebot zwar ehre, ich aber den Job nicht haben wolle, was jedoch nichts mit dem Gehalt zu tun hätte. Ich hatte die Leitung des Los Angeles Philharmonic Orchestra übernommen, weil ich das Gefühl hatte, lange genug als Operndirigent gearbeitet zu haben. Ich wollte mich auf symphonische Musik konzentrieren und war mir nicht sicher, ob es sowohl Los Angeles wie auch London gegenüber fair wäre, wenn ich beide Jobs annähme.

Lord Drogheda forderte mich nicht auf, mich sofort endgültig zu entscheiden. »Denken Sie darüber nach. Wir können warten – wir haben niemand anderen!«

Im Januar 1960 flog ich nach Los Angeles zu Konzerten mit den Philharmonikern. Wie immer nach der Ankunft, rief ich Bruno Walter an und erzählte ihm vom Angebot von Covent Garden. »Sie müssen es annehmen«, erklärte er mir. »Wir, die ältere Dirigentengeneration, dirigieren keine Opern mehr. Sie von der jüngeren Generation müssen unsere Tradition fortführen und sie an die nächste Generation weitergeben. Sie sind das Bindeglied.« Und dann machte er eine prophetische Bemerkung: »Die Engländer werden Sie lieben – sie lieben begabte Menschen –, aber Sie werden das Klima hassen.«

Ich dachte damals: Was für ein törichter alter Mann! Was kümmert mich das Wetter, solange ich arbeite? Aber er hatte absolut recht: Ich verabscheue zutiefst das ewige Grau und den Regen im Winter und kann das englische Klima von Jahr zu Jahr schwerer ertragen. Aber ich liebe die Menschen und die Freunde, die ich in England habe. Ich beherzigte Walters Rat und schickte ein Telegramm an David Webster, der zurücktelegrafierte, man wäre glücklich, daß ich nach London käme. Wir einigten uns darauf, daß meine Amtszeit im September 1961 beginnen würde, ein Jahr nach dem Beginn meines Engagements in Los Angeles.

In Los Angeles prüften wir Kandidaten für die Position des Stellvertretenden Dirigenten der Philharmoniker. Darunter befand sich auch der dreiundzwanzigjährige Zubin Mehta, den ich in Wien kennengelernt hatte, als er dort studierte, und der mich wegen seiner Karriere um Rat bat. Ich hatte ihn aufgefordert, sich für den Job zu bewerben. Da er offenkundig begabt war, hielten wir alle ihn für den besten Kandidaten.

Während meiner ersten Saison als Generalmusikdirektor war Fritz Reiner als Dirigent für einige Konzerte vorgesehen, aber er erlitt einen Herzinfarkt und sagte all seine Engagements ab. Ohne mich zu konsultieren, entschied Mrs. Chandler, daß Reiners Konzerte Mehta anvertraut werden sollten. Im Juni 1960, während ich in London wegen Covent Garden zu tun hatte, erhielt ich ein Telegramm von Mrs. Chandler: »Mit Ihrer freundlichen Erlaubnis habe ich Zubin Mehta als Chefgastdirigenten der Philharmoniker engagiert.« Ich war entsetzt. Ich hatte überhaupt nichts gegen Mehta, der ein herausragend begabter junger Dirigent war, aber der Umstand, daß die Aufsichtsratsvorsitzende meines neuen Orchesters einen Chefgastdirigenten engagiert hatte, ohne mich nach meiner Meinung zu fragen, war unerträglich. Mrs. Chandler stand in dem Ruf, sich einzumischen. Ich wußte, falls ich das in dieser Angelegenheit akzeptierte, würde sie versuchen, sich in alle anderen künstlerischen Entscheidungen einzumischen, und meine Autorität untergraben. Ich telegrafierte zurück, daß ich unter diesen Umständen nicht in der Lage sei, meinen Vertrag in Los Angeles zu erfüllen.

Das war ein furchtbarer Augenblick für mich. Ich hatte die Position in Los Angeles so sehr gewollt und hoffte, Mrs. Chandler würde ihren Vorschlag zurückziehen. Aber sie beantwortete meine Mitteilung nicht und machte schließlich Zubin Mehta zum Generalmusikdirektor. Nach ein paar Jahren war ich mir jedoch darüber im klaren, was für ein Glück ich gehabt hatte. Falls ich jedes Jahr drei Monate in Los Angeles und fünf Monate in London hätte sein müssen, wäre die Arbeitsbelastung zu groß gewesen und hätte durchaus meine musikalische Entwicklung einschränken können. Ich hätte dann nämlich zu wenig Zeit gehabt, irgend etwas gut zu machen. Von der künstlerischen Entwicklung abgesehen, wäre ein Pendeln zwischen London und Los Angeles total verrückt gewesen. Ja, wenn ich das Los Angeles Philharmonic Orchestra übernommen hätte, wäre ich vor allem nie der Generalmusikdirektor des Chicago Symphony Orchestra geworden, und das wäre denn doch ein äußerst trauriges Los gewesen.

Etwa ein Jahr vor den Angeboten aus Los Angeles und von Covent Garden, als ich noch in Frankfurt war, hatte Harry Buckwitz mich beiseite genommen und mit seiner typischen Offenheit und seinem Großmut gesagt: »Solti, Sie müssen jetzt gehen. Sie sind zu gut für uns.« Auch wenn ich mich nie für »zu gut« für irgend jemanden oder irgend etwas hielt, entwickelte ich das Gefühl, über Frankfurt hinausgewachsen zu sein. Während meiner ganzen Karriere habe ich stets einen guten Instinkt dafür gehabt, zum richtigen Zeitpunkt zu gehen. Und doch – als ich mich dafür entschieden hatte, die Leitung von Covent Garden zu übernehmen, war ich traurig darüber, eine Stadt zu verlassen, in der ich so angenehm gelebt und so fruchtbar gearbeitet hatte.

Ich kann mich nur noch an zwei Probleme im Zusammenhang mit meiner Eigenschaft als Generalmusikdirektor in Frankfurt erinnern. Zu Beginn meines Aufenthalts warf mir die örtliche Avantgarde vor, ich würde mich nicht genug um die zeitgenössische Musik kümmern. Später beklagten sich einige Kritiker auch darüber, daß ich zu oft als Gastdirigent im Ausland wäre. Der erste Vorwurf ließ sich leicht entkräften: Ich war mit dem genauen Auftrag nach Frankfurt gekommen, das Grundrepertoire wiederherzustellen, und auf keinen Fall hatte ich die neue oder neuere Musik vernachlässigt. Ich dirigierte Opern von vier lebenden Komponisten (Strawinsky, Hindemith, Gottfried von Einem und Rolf Liebermann) – ganz zu schweigen von der lokalen Erstaufführung von Bergs *Lulu*, einer der bedeutendsten Opern des 20. Jahrhunderts. Der zweite Vorwurf war ungerechtfertigt. In meinen ersten acht Frankfurter Spielzeiten dirigierte ich im Durchschnitt vierzig Aufführungen pro Jahr. Dies war eine große Zahl angesichts des hohen Anteils von Neuinszenierungen, die von Anfang bis Ende jeder Saison geplant und geprobt werden mußten. Der Umstand, daß ich gleichzeitig eine internationale Karriere antrat, kam Frankfurt fast ebenso zugute wie mir. Hätte ich einen noch höheren Prozentsatz der Aufführungen in jeder Frankfurter Saison dirigiert, dann hätte man mir Größenwahn vorgeworfen. Man kann es eben nicht jedem recht machen, und ich kenne Operndirigenten, denen man gleichzeitig vorwarf, an den Bühnen, die sie leiten, zuviel und zuwenig zu dirigieren. Und doch hatten meine Kritiker vielleicht recht. Während ich jetzt über meine Frankfurter Jahre schreibe, fällt mir nämlich auf, wie wenig ich mich über Frankfurt und wieviel mehr ich mich hier über meine Arbeit anderswo geäußert habe.

Für meinen letzten Auftritt als Generalmusikdirektor in Frankfurt – in einer *Falstaff*-Aufführung am 19. Juni 1961 – hatte Buckwitz eine Überraschung für mich parat. Am Ende trat er vor den Vorhang und sagte: »Einige Leute haben Maestro Solti dafür kritisiert, daß er zuviel weg gewesen wäre. Ich werde Ihnen nun zeigen, wieviel er hier gewesen ist.« Und dann senkten sich aus dem Schnürboden Schilder herab, auf denen jeweils der Titel einer Oper stand, die ich in Frankfurt dirigiert hatte, zusammen mit der Besetzungsliste. Das hörte fast nicht mehr auf! Das Publikum klatschte amüsiert und dankbar, was mich sehr rührte. Da wurde mir klar, daß ich in neun Jahren dreiunddreißig Werke dirigiert hatte, wovon neunzehn neu in meinem Repertoire waren.

Ich werde Frankfurt immer dankbar sein für die Jahre des Glücks und der gesunden künstlerischen Entwicklung, die ich dort verbrachte.

FÜNFTES KAPITEL

LONDON

D AVID WEBSTER WAR SEIT 1946 General Manager der Royal Opera.
Er war ein geistreicher, eleganter Mann, der charmant sein konnte, wenn er wollte. Er konnte aber auch kalt und distanziert sein –
nicht ohne Grund trägt seine Biographie den Titel *The Quiet Showman* (*Der
stille Showman*). Ich erinnere mich noch, wie ich mit ihm im Juni 1960 von
London nach Aldeburgh fuhr, um der Welturaufführung von Benjamin
Brittens Oper *A Midsummer Night's Dream* (*Ein Sommernachtstraum*) beizuwohnen. Während der gesamten drei Stunden dauernden Fahrt hat David
kein einziges Wort mit mir gesprochen.

Später erfuhr ich, daß David gegen meine Berufung zum Generalmusikdirektor gewesen war – oder genauer gesagt: daß er dagegen gewesen war,
überhaupt einen Generalmusikdirektor zu berufen. Rafael Kubelik, mein
Vorgänger, war 1954 zum Covent Garden gekommen. Es geschah also in
dem Jahr, in dem Claudia Cassidy ihn aus Chicago vertrieben hatte. Rasch
wurde er zum Gegenstand heftiger Kritik. Kubelik befand sich in einer ähn-
lichen Lage wie ich in München. Damals hatte er zuwenig Erfahrung in der
Leitung eines Opernhauses. Es wäre besser für ihn gewesen, wenn er an einem Haus mit international niedrigerem Niveau angefangen hätte. Ich war
mit meiner Unerfahrenheit in München länger ungeschoren davongekom-
men, als dies Kubelik in London gelang, denn was 1946 in München möglich gewesen war, das war in London Mitte der fünfziger Jahre eben nicht
mehr möglich. Am Ende mußten er wie die Royal Opera darunter leiden.
Sir Thomas Beecham, der spitzzüngige Doyen des englischen Musiklebens,
vernichtete seinen jungen tschechischen Kollegen in einem Leserbrief an
die *Times* höchst wirkungsvoll: »Warum werden zweitklassige ausländische
Dirigenten in England benötigt,« schrieb er, »wenn genügend zweitklassige
britische Dirigenten zur Verfügung stehen?« (Mir blieb Beechams bissiger

Sarkasmus erspart, denn er starb ein paar Monate vor meiner Übersiedelung nach London.) Der arme Kubelik verließ Covent Garden 1958. Zum
Glück wurde ihm in seinem nächsten Job, als Leiter des Bayerischen Rund-
funksymphonieorchesters, endlich die verdiente Anerkennung zuteil. Seine
musikalische Entwicklung dort war uneingeschränkt erfolgreich.

Weil David lieber allein herrschen wollte, hatte es am Covent Garden für
Kubelik nicht einen sofortigen Ersatz gegeben. Generalmusikdirektoren,
meinte David, seien einfach lästig, und er war glücklicher, wenn er ohne einen zurechtkam. Erst nach dem Erfolg meines *Rosenkavaliers* setzte Lord
Drogheda ihn stark unter Druck, so daß David schließlich einwilligte, mich
zu engagieren. Dies erklärt, warum er während der Fahrt nach Aldeburgh
so kühl mir gegenüber war. Damals freilich kannte ich die Hintergründe für
dieses Verhalten nicht und war verletzt.

Die Weltpremiere von *A Midsummer Night's Dream* fand in der Jubilee
Hall statt. Ich hatte zwar noch nie etwas von Britten gehört, da man ihn
bis dahin auf dem Kontinent kaum gespielt hatte, aber ich wußte, welchen
Ruf er genoß. Nach der Aufführung machten mich David und Lord
Drogheda mit Britten bekannt. Ich sagte ihm, wie sehr ich die Vorstellung
und sein Dirigieren genossen hätte. Aber obwohl mich die Oper fasziniert
hatte, war ich in einer Hinsicht doch insgeheim ein wenig enttäuscht. Weil
mein Shakespeare-Bild auf schwergewichtigen deutschen Übersetzungen
beruhte, hatte ich einen schwereren, eher an Verdi erinnernden Klang er-
wartet, und als ich die Musik zum erstenmal hörte, hatte ich das Gefühl,
Brittens leichte Orchestrierung würde die Kraft von Shakespeares Dichtung
nicht vermitteln. Wie sehr ich mich doch irrte! Bald war ich mir darüber im
klaren, daß Britten mit seiner Vertonung absolut richtig lag. Die Oper ist für
ein kleines Orchester und kleine Stimmen geschrieben, im Stil von Purcell.
Seine transparente Instrumentierung fängt die Sprache des Stücks mit
Brillanz ein.

Drogheda schloß sich David und mir auf der Rückfahrt nach London an,
und unsere lebhafte Unterhaltung entschädigte mich teilweise für das eisi-
ge Schweigen auf der Fahrt gen Norden. Die beiden beschlossen, an ihrem
Plan festzuhalten, die Londoner Premiere von Brittens neuem Werk im
nächsten Februar zu geben. Man sprach über die Besetzung und andere
Details. Einer von beiden schlug vor, daß ich dirigieren sollte. Mich reizte
die Herausforderung, die Oper am Covent Garden zu machen, und ich wil-
ligte ein.

Die Royal Opera zog für *A Midsummer Night's Dream* alle Register. Regisseur war John Gielgud, die Bühnenbilder wurden von dem Maler John Piper entworfen. Ich hatte Gielgud an einem Shakespeare-Rezitationsabend in Los Angeles erlebt. Mit dem Textbuch in der Hand und ohne jedes Kostüm oder Make-up verwandelte er sich in eine Figur nach der andern. Ich hatte noch nie in meinem Leben etwas so Virtuoses gesehen. Bei der ersten Bühnenprobe für die Britten-Oper war ich vor Gielguds herrlichem Englisch noch so in Ehrfurcht erstarrt, daß ich den Mund nicht aufzutun wagte. Zumindest war es mir damals so vorgekommen. Als ich später diesen Eindruck gegenüber Geraint Evans erwähnte, meinte dieser: »Ach – aber Sie haben doch die ganze Zeit geredet.«

Die Arbeit mit Gielgud machte mir ungeheuer viel Spaß, und immer wird mir ein Nachmittag nach der Bühnenprobe in Erinnerung bleiben. Wir gingen in einen kleinen Raum, wo wir weiter mit dem Jungen arbeiteten, der den Puck spielte und Gielguds Konzept der Rolle noch nicht ganz begriffen hatte. Insbesondere war Gielgud nicht zufrieden damit, wie der Junge die Zeile »Lord, what fools these mortals be!« (»O die tollen Sterblichen!«) sprach. Er führte dem Jungen vor, wie er die Zeile zu sprechen habe, und in diesem schmuddeligen Raum wurde vor unseren Augen aus diesem großen Theatermenschen ein unartiger kleiner Junge. Es war atemberaubend.

Ein anderer Vorfall aus dieser Zeit ist mir in Erinnerung geblieben. Während der Probenzeit lud Gielgud Hedi und mich zum Dinner in den Savoy Grillroom ein. Während wir aßen, kam Winston Churchill, der damals sechsundachtzig Jahre alt war, ziemlich wacklig in Begleitung eines Sekretärs herein. Früher respektierten die Engländer ganz außerordentlich das Privatleben von Persönlichkeiten des öffentlichen Lebens, und außer mir nahm niemand weiter Notiz von ihm. Nach englischen Maßstäben benahm ich mich schlecht, denn ich konnte einfach nicht die Augen von ihm lassen. Sofort kamen mir seine Rundfunkreden wieder in den Sinn, die meine Hoffnung während des Kriegs aufrechterhalten hatten. Und nun saß ich da und aß mein Roastbeef im selben Raum, in dem auch er sich befand.

Im August 1961 gastierten wir mit *A Midsummer Night's Dream* beim Edinburgh Festival, wo wir auch Glucks *Iphigénie en Tauride* (*Iphigenie auf Tauris*) aufführten. Mit diesem Werk, das neu in meinem Repertoire war, trat ich im September 1961 offiziell meine Amtszeit als Generalmusikdirektor des Royal Opera House an.

Im Jahr davor hatte ich die Details meines Vertrags mit David Webster ausgearbeitet und mehrere Besprechungen über die langfristige Planung gehabt. Als erstes hatte ich die Absicht, für die Royal Opera eine Art italienisches Stagione-System einzuführen, bei dem nicht mehr als zwei oder drei Opern gleichzeitig im Repertoire sind. Jede Inszenierung wird gründlich geprobt und dann in einem Zeitraum von vier bis sechs Wochen en suite gespielt, wobei der Dirigent und alle oder fast alle Mitwirkenden unverändert dabei sind. Dies unterschied sich von dem an deutschen Häusern und an der Metropolitan Opera üblichen System, bei dem eine aktuell im Hausrepertoire befindliche Oper jederzeit während der Saison und mit allen möglichen Besetzungsänderungen gegeben werden konnte. Bei diesem System wurden bis zu dreißig oder vierzig Opern pro Spielzeit aufgeführt, während wir in meiner Zeit am Covent Garden eine deutlich kleinere Anzahl gaben, dafür aber mehr Sorgfalt walten lassen konnten.

Ich hielt die Bedingungen unter dem Repertoire-System für inakzeptabel, weil die Besetzungsänderungen mit wenigen oder ohne Proben erfolgten. Damit ging unweigerlich ein Absinken des künstlerischen Niveaus einher. Einer meiner Hauptgründe, Frankfurt zu verlassen und das Operndirigieren aufzugeben, war das dortige Repertoire-System mit seinen regelmäßigen Wiederaufnahmen mit unterschiedlicher Besetzung. Gelegentlich kam ich zu einer Vorstellung und entdeckte, daß eine bestimmte Rolle von jemandem übernommen worden war, den oder die ich noch nie gesehen hatte. Ich bin bereit, mit den praktischen und technischen Schwierigkeiten fertig zu werden, die es unvermeidlich gibt, wenn ein Sänger in letzter Minute ersetzt werden muß. Künstlerisch bereitet mir das jedoch keine Freude. Daher war es meine erste Amtshandlung am Covent Garden, ein abgewandeltes Stagione-System einzuführen und aufrechtzuerhalten, bei dem ein und dieselbe Besetzung für alle Aufführungen engagiert war. Es erwies sich als erfolgreich, und im Laufe der Zeit wurde es auf dem Kontinent imitiert.

Meine zweite Priorität betraf das Repertoire selbst. In den Jahren davor war Covent Garden wie ein italienisches Opernhaus der zweiten Liga gewesen, das hauptsächlich italienische Opern des 19. Jahrhunderts spielte. David Webster war ein großer Fan von Sängerinnen wie Maria Callas und Joan Sutherland. Das Repertoire war eindeutig ausgerichtet auf Werke von Komponisten wie Bellini und Donizetti, die die Primadonna bevorzugten. Ich wollte ausgewogenere Programme zusammenstellen. Als ich am Covent Garden begann, gab es praktisch keine deutsche oder deutschsprachige Oper im Repertoire. Das änderte ich, indem ich mehr Mozart, Wagner und

Strauss aufnahm. In diesem Zusammenhang ist es von Bedeutung, daß meine erste Arbeit als Generalmusikdirektor eine Wiederaufnahme von Glucks *Iphigénie en Tauride* war.

Ein wichtiges Thema war auch der Prozentsatz von Neuinszenierungen, die wir ins Repertoire aufnehmen konnten. Bei einer unserer Strategiesitzungen vertrat David entschieden die Ansicht, daß wir nicht mehr als vier Neuinszenierungen pro Jahr bewältigen könnten. Ich dagegen glaubte, daß ein so großes und angesehenes Ensemble wie die Royal Opera mehr leisten konnte. Nach einer dreistündigen Diskussion wurde David müde und wollte die Sitzung beenden. »Also gut, machen Sie, was Sie wollen«, sagte er. Und so steigerten wir die Zahl der Neuinszenierungen auf sechs pro Jahr. Doch damit will ich keineswegs den Eindruck erwecken, daß David ohne weiteres allem zustimmte, was ich wollte. Wenn es die Umstände erforderten, konnte er auch sehr unverblümt sein.

So erzählte Brenda Evans, die Frau von Geraint Evans, gerne die Geschichte, wie sie David vor dem Bühneneingang in der Floral Street begegnet war.

»Wir werden in der nächsten Spielzeit Geraint den Escamillo geben«, sagte er zu ihr.

»Aber er ist als Escamillo nicht sehr gut«, wandte sie ein.

Darauf David: »Ich weiß, doch wir haben keinen besseren.«

Gleich im ersten Monat meiner Amtszeit brachte ich eine Neuinszenierung der *Walküre* heraus, mit Hans Hotter als Regisseur, der auch den Wotan sang. Dies geschah ganz im Sinne meines Wunschs, das Repertoire zu erweitern. Das sollte der Anfang eines neuen *Ring*-Zyklus sein, aber die Bühnenbilder von Hotters Freund Herbert Kern waren nicht in Ordnung. Hotter sah dies ein, und für die Wiederaufnahme drei Jahre später rangierten wir Kerns Bühnenbilder zugunsten neuer von Günther Schneider-Siemssen aus. Er hatte bis dahin bereits die Bühne für den restlichen Zyklus gestaltet.

Im Februar 1962 dirigierte ich einen neuen *Don Giovanni*, mit Franco Zeffirelli als Regisseur und Bühnenbildner. Zeffirelli war ein Freund von David Webster, der vorgeschlagen hatte, daß wir zusammenarbeiten sollten. Bei unserer ersten Probe war die gesamte Besetzung auf der Bühne versammelt – nur einer fehlte: der Regisseur. Zwanzig Minuten später tauchte Zeffirelli endlich auf. Doch statt sich zu entschuldigen oder sich auch nur darum zu kümmern, was wir taten, begann er seine mitgebrachte Post zu öffnen. Da wurde ich wütend; ich wandte mich ihm zu, wies ihn auf seine Verspätung hin und forderte ihn auf, endlich anzufangen. Aber unsere Beziehung wurde bald besser, und unser gemeinsames Wirken bei dieser Inszenierung stellte den Beginn einer warmherzigen und erfolgreichen Partnerschaft dar, die fast ein Jahrzehnt bestehen sollte.

Die Besetzung unseres *Don Giovanni* war ausgezeichnet, aber am lebhaftesten ist mir die siebenundzwanzigjährige Mirella Freni als Zerlina in Erinnerung geblieben. Daß Freni ein wunderbares Talent und eine herrliche, goldene Stimme besaß, war von Anfang an klar. Aber die Tatsache, daß sie fünfunddreißig Jahre später noch immer gut singt, ist nicht nur ein Beweis für die Vorzüge einer exzellenten Ausbildung, sondern auch einer intelligenten Karriereplanung.

Besonders freute ich mich über den Erfolg einer dreiteiligen Neuinszenierung, die wir im Juni und Juli 1962 brachten. Dabei handelte es sich um drei Kurzopern, die alle von Peter Ustinov inszeniert, aber jeweils von einem Bühnenbildner aus dem Land gestaltet waren, aus dem auch die Komponisten stammten: Schneider-Siemssen für die Hauserstaufführung von Schönbergs *Erwartung*, Fabrizio Clerici für Puccinis *Gianni Schicchi* und der junge Jean-Pierre Ponnelle für Ravels *L'heure espagnole*. Statt zu den ersten Proben jeder dieser Opern mit einem mehr oder weniger fertigen Konzept zu erscheinen und es sogleich umzusetzen, ließ Ustinov zunächst die Mitwirkenden ihre Texte vorlesen, als wären sie Schauspieler. Und anschließend improvisierte er.

Ich besuchte seine erste Probe von *Schicchi* und war schockiert, als ich ihn zu Geraint Evans, der die Titelpartie sang, sagen hörte: »Mach was.«

»Was soll ich denn machen?« fragte Geraint verblüfft.

»Mach einfach etwas, wozu du Lust hast«, erwiderte Ustinov.

Rasch ging ich hinaus, überzeugt, daß wir am Rande einer Katastrophe standen. Aber als ich ein paar Tage später wiederkam, entdeckte ich, daß alles glatt lief und sämtliche Mitwirkenden bester Laune waren. Nach einem wenig Gutes verheißenden Start war etwas Kluges und Brillantes entstanden.

Meine erste Saison am Covent Garden ging mit *Otello* zu Ende, mit Mario del Monaco in der Titelrolle. Er hatte zwar eine herrlich dramatische Tenorstimme, war aber nicht gerade der musikalischste Sänger. Er erwartete, daß der Dirigent, das Orchester und die anderen Sänger ihm folgten, was bei *Otello* keine leichte Aufgabe ist. Gleichwohl begannen meine Pläne, aus der Royal Opera ein großes internationales Haus zu machen, Gestalt anzunehmen.

Nach der Auflösung meines Vertrags in Los Angeles war ich nicht untätig geblieben. Als Paul Kletzki, ein polnisch-schweizerischer Dirigent,

1961 das Dallas Symphony Orchestra verließ, nahm ich eine Einladung als Gastdirigent für die Spielzeit 1961/62 an. Dies war auch meine erste Spielzeit am Covent Garden. In zwei getrennten Zeitabschnitten – etwa jeweils einen Monat im Herbst und im Frühjahr – dirigierte ich in Dallas einundzwanzig Konzerte. Meine Programme enthielten einige Werke des 20. Jahrhunderts, die noch nicht ins sogenannte Standardrepertoire aufgenommen waren: die Suite aus Bartóks *Der wunderbare Mandarin*, drei Stücke aus Bergs *Lulu* und Janáčeks *Sinfonietta*. Außerdem gab ich ein reines Strawinsky-Programm sowie zwei Aufführungen von Beethovens *Missa solemnis*. Das Dallas Symphony Orchestra war ein ausgezeichnetes amerikanisches Provinzorchester. Damit meine ich, daß es vielseitig, wendig, gut harmonierend und im allgemeinen technisch besser war als jedes europäische Orchester, abgesehen von einer Handvoll Spitzenorchester.

Zwischen meinen letzten Auftritten im April 1962 in Dallas und der Premiere des Kurzopernabends im Juni nahm ich *Siegfried* in Wien auf. Ein derart voller Terminplan war typisch für mein Leben in jenen Jahren. Heute verhält es sich leider nicht viel anders.

Als ich wieder in London war, sagte David Webster zu mir: »Ich habe zwar schon mit vielen Musikern gearbeitet, die wissen, wie man mit organisatorischen Pflichten zurechtkommt, aber Sie sind der Beste, dem ich je begegnet bin.« Von da an akzeptierte er mich voll und ganz. Wir begannen einander mit Vornamen anzureden und wurden gute Freunde. Alle ein oder zwei Wochen hatten wir eine Planungssitzung mit den anderen Mitgliedern des Aufsichtsrats der Royal Opera. Dabei waren Lord Drogheda, Aufsichtsratsvorsitzender der Royal Opera während meiner gesamten dortigen Amtszeit, Lord Harewood, Professor Lionel Robbins, der britische Wirtschaftswissenschaftler Sir Thomas Armstrong, Direktor der Royal Academy of Music, und Walter Legge. Legge war nicht immer anwesend, aber wenn er da war, kritisierte er alles. Er griff mich gewöhnlich nicht direkt an, aber er lag ständig David damit in den Ohren, daß dieses oder jenes Projekt oder Detail nicht funktionieren würde. Er hatte eine überaus negative Ausstrahlung, und David konnte ihn nicht ausstehen.

George Harewood und Drogheda waren Davids Stützen im Aufsichtsrat. Sie arbeiteten gut zusammen, bis George Covent Garden verließ, um Direktor des Edinburgh Festival und später der English National Opera zu werden. Er weiß mehr über Musik und Sänger als irgend jemand, dem ich in einem Opernhaus begegnet bin. Außerdem ist er ein ganz integrer Mensch. Auch Lord Drogheda war ein britischer Aristokrat im besten Sinne. Er war ein liebenswerter Mensch, der niemanden belog und sich jedem gegenüber korrekt verhielt. Wir beide hatten ein überaus harmonisches Verhältnis zueinander. Nie versuchte er, mir vorzuschreiben, was ich zu tun hätte. Vielleicht stellte er eine Entscheidung in Frage oder schlug eine Alternative vor. Nie setzte er jedoch seinen Willen ohne Diskussion durch, was er durchaus hätte tun können. Vielmehr beschützte er mich und half mir, wenn ich Schwierigkeiten hatte. Am Tag nach einer Aufführung schickte er mir oder anderen Mitwirkenden amüsante kleine Notizen, die wir »Droghedagramme« nannten. In diesen Notizen, die gewöhlich vor dem Frühstück zugeteilt wurden, teilte er uns mit, was seiner Meinung nach gut oder schlecht gelaufen sei. Drogheda war ein Segen für Covent Garden – wegen seines Savoir-faire, seines politischen Einflusses (er war Aufsichtsratsvorsitzender der *Financial Times*) und seines umfassenden künstlerischen Wissens.

Wie andere Generalmusikdirektoren bedeutender Opernensembles benötigte ich Hilfe bei meinen organisatorischen Pflichten. Außerdem mußte ich erst einmal lernen, mich den englischen Usancen anzupassen, die großenteils neu für mich waren. In München und Frankfurt beispielsweise probten wir gewöhnlich vormittags, legten eine lange Pause für das Mittagessen, das Studium und zum Ausruhen ein und kamen dann um sechs Uhr wieder zu einer zweiten Probe zusammen. Ich habe viele Menschen verärgert, als ich dieses System an Covent Garden einführen wollte. Niemand versuchte aber, mir zu erklären, warum es nicht funktionieren würde. Nur wenige Musiker können es sich leisten, im oder nahe dem Zentrum von London zu wohnen. Die meisten sind eine oder mehrere Stunden als Pendler unterwegs und wollen darum an einem Tag nicht zweimal hin- und zurückfahren oder stundenlang untätig in der Stadt bleiben. Lieber legen sie eine Mittagspause von höchstens neunzig Minuten nach der Vormittagsprobe ein und machen dann mit der zweiten Probe weiter. Sobald ich das verstanden hatte, ließ ich sie zu ihrem alten System zurückkehren, aber inzwischen hatte ich unweigerlich böses Blut verursacht. Außerdem fand ich die Disziplin an der Royal Opera ziemlich nachlässig und bestand auf strafferen Proben, Inszenierungspraktiken und -planungen, die in drei Kategorien eingeteilt waren: wöchentlich, monatlich und langfristig. Anfangs gab es eine Unmenge Beschwerden. Man nannte mich den preußischen Feldmarschall oder gab mir noch schlimmere Titel, und die Satirezeitschrift *Private Eye* bezeichnete mich gern als »The Screaming Scull«, den »Schreienden Schädel«. Aber als sie sahen, daß meine Methoden zu guten Ergebnissen führten und sich das Niveau hob, akzeptierten sie mich schließlich.

Zu meinen Diensträumen im Opernhaus gehörte auch das Zimmer, in dem ich Colonel de Basil während meines ersten Londoner Aufenthalts im Jahre 1938 begegnet war. Im ersten Jahr hatte David einen jungen englischen Dirigenten, Bernard Keefe, engagiert, der mir in Verwaltungsdingen assistieren sollte. Ich kam jedoch bald dahinter, daß er nicht der richtige Mann war, die grundlegenden organisatorischen Veränderungen mit herbeizuführen, die die Royal Opera eindeutig brauchte. In der Zeit meiner ersten Konzerte in London Mitte der fünfziger Jahre war Joan Ingpen von Ingpen & Williams meine Agentin. Ich wußte, daß sie ein außergewöhnliches Organisationstalent hatte, und daher schlug ich vor, sie mit der langfristigen Planung von Covent Garden zu betrauen.

Joan war eine hitzköpfige Irin, die einen liebte oder haßte. Zu den Menschen, die sie haßte, konnte sie wirklich gemein sein und umgekehrt in bewundernswerter Weise hilfsbereit gegenüber jenen, die sie schätzte. Aber wir beide kamen ausgezeichnet miteinander aus, und sie leistete mir und der Royal Opera wunderbare Dienste. Bevor ich kam, plante man am Covent Garden nur sechs Monate im voraus. Joan erzählte mir später, sie wüßte aus ihrer Erfahrung als Agentin von Künstlern, die am Royal Opera House arbeiteten, daß man zuweilen nur einen Monat oder gar nur eine Woche im voraus geplant hätte. Da verstand ich das blanke Entsetzen in Davids Augen, als ich ihm eine Planung von drei Jahren im voraus vorgeschlagen hatte. Aber diese langfristige Planung war ganz wichtig. Aufgrund der Modernisierung des Luftverkehrs wurde das internationale Opernleben immer komplizierter: Sänger, Dirigenten und Bühnenregisseure konnten von London nach Mailand oder Wien in zwei Stunden oder nach New York in sechs Stunden fliegen. Für einige war die Versuchung, überall zugleich zu sein, unwiderstehlich. Am Ende der sechziger Jahre hatten wir diesen schwierigen Übergang im Denken der Royal Opera vollzogen. Joan hatte in dem Kampf, der dem vorausging, die Schlüsselposition inne. Sie hatte genau den richtigen Verstand für eine derartige Aufgabe. Wenn jemand sie gefragt hätte: »Wie sieht der Probenplan für die dritte Märzwoche in zwei Jahren aus?«, hätte sie ohne zu zögern die korrekte Antwort gegeben. Sie hatte stets einen kleinen Terminplaner bei sich, der voller Eintragungen war.

Genauso wichtig war es für mich, daß Enid Blech meine Sekretärin wurde. Enid war die Frau des Dirigenten Harry Blech; sie war nicht nur sehr musikalisch, sondern kannte praktisch auch alle Musiker in England und die meisten internationalen Opernstars. Ihr Büro wurde eine Art Club, in den die Sänger auf einen Kaffeeplausch hineinschauten. Ich rieche förmlich noch den Duft frischgemahlenen Kaffees, vermischt mit dem Rauch von Zigarillos, die sie gern paffte. Sie war sehr abenteuerlustig und lebensfroh. Sie flog ihr eigenes kleines Flugzeug, fuhr einen Sportwagen und baute sich ein Haus auf einer Bergspitze in Kalabrien. Enid, Joan und ich bildeten ein unbezwingbares Trio. Zusammen machten wir aus Covent Garden ein Haus, an dem die besten Künstler auftreten wollten und wo die Planung gut genug war, daß ihre Wünsche meist erfüllt werden konnten.

In meiner zweiten und dritten Spielzeit am Covent Garden erweiterte ich mein Repertoire um *Siegfried*, *Götterdämmerung* und Brittens *Billy Budd*. Die beiden erstgenannten Opern wurden neuinszeniert, und zwar von Hotter als Regisseur und Schneider-Siemssen als Bühnenbildner. *Budd* – meiner Meinung nach Brittens beste Oper – gab mir die Gelegenheit, den Komponisten besser kennenzulernen, als dies zur Zeit von *A Midsummer Night's Dream* möglich gewesen war. Bei einer der Proben bat ich ihn zögernd, sich doch einige Tempo- und Dynamikänderungen anzuhören, die ich im Vorspiel vorgenommen hatte. »Ach ja«, meinte er, »sehr gut. Ich werde das die ›Solti-Fassung‹ nennen.« Er und sein Lebensgefährte, der Tenor Peter Pears, waren immer ganz reizend. Ich wünschte, mein Terminkalender hätte mir gestattet, hin und wieder die lange Fahrt nach Aldeburgh zu machen. Ich hätte gerne mit ihm über einige seiner Werke gesprochen (die *Sinfonia da Requiem*, *Variations on a Theme of Frank Bridge* und *The Young Person's Guide to the Orchestra* gehörten ebenfalls zu meinem Repertoire). Dazu ist es leider nie gekommen.

Ich dirigierte auch eine Reihe von Opern, die zwar nicht neu in meinem Repertoire waren, die ich aber noch nicht in London aufgeführt hatte. Die Bühnenbilder für eine Neuinszenierung von *La forza del destino* unter der Regie von Sam Wanamaker sollten ursprünglich von dem italienischen Maler Renato Guttuso entworfen werden. Er und Wanamaker hatten aber unterschiedliche Vorstellungen und konnten sich nicht einigen. So entwarfen Wanamaker und zwei Assistenten die Bühnenbilder selbst, allerdings mit unbefriedigenden Ergebnissen. Die Proben verliefen zwar noch einigermaßen gut, aber am Premierenabend ging alles mögliche schief. Im letzten Akt, auf dem Höhepunkt der Handlung, dem Duell zwischen Alvaro und Carlo, gesungen von Carlo Bergonzi beziehungsweise John Shaw, flogen Bergonzis Hut und Perücke weg. Das Publikum konnte sich vor Lachen kaum halten. Doch das Gelächter schlug in Unmut um, und als Wanamaker und ich am Ende der Vorstellung am Vorhang erschienen, wurden wir mit lauten Buh-Rufen empfangen. In Italien hat *La Forza del destino* den Ruf einer Unglücksoper. Ich muß gestehen, daß ich dieses Meisterwerk zwar liebe, es aber nie wieder im Theater dirigierte. Diese Inszenierung war eines meiner wenigen echten Debakel am Covent Garden.

Auch mein erster Londoner *Figaro* erlebte eine etwas gemischte Aufnahme, wenngleich eine bessere als *La Forza del destino*; diesmal gab es keine Buh-Rufe. Die Regie hatte Oskar Fritz Schuh, Bühnenbild und Kostüme stammten von Teo Otto und Erni Kniepert, und die Sänger waren Geraint Evans, Mirella Freni, Ilva Ligabue, Tito Gobbi und Teresa Berganza. Ein Kritiker, der Anstoß an meiner Interpretation der Partitur nahm, bezeichnete mich denkwürdigerweise als einen Schlittschuhläufer, der über die Oberfläche der Musik schlitterte.

Anfang 1964 inszenierte Zeffirelli einen neuen *Rigoletto*, der mir sehr gut gefiel. Geraint Evans sang die Titelrolle, Carlo Cossuta war der Herzog und Anna Moffo die Gilda – beide gaben damit ihr Debüt am Covent Garden. Bei dieser Produktion gab es viele Probleme – Geraint wurde krank und mußte absagen. Am Schluß von Moffos Eröffnungsduett mit Rigoletto – 1. Akt, 2. Szene – sank sie so anmutig vor ihrem Vater in die Knie, daß es einen Augenblick dauerte, bis ich merkte, daß hier nicht mehr schauspielerisches Talent im Spiel war. Sie war bewußtlos geworden. Wir mußten den Vorhang herablassen. Es gab eine anderthalbstündige Pause, bis Elizabeth Vaughan, die Zweitbesetzung, zum Theater kam und kostümiert war. Die Ironie wollte es, daß sie sogar schon früher erschienen war, aber erfahren hatte, daß ihre Anwesenheit nicht erforderlich sei an diesem Abend, und sich nun gerade zu Hause die Haare wusch. Später erfuhr ich, daß dies nicht Moffos erster Ohnmachtsanfall auf der Bühne war. Sie war erschöpft und meinte, sie könnte den Rest der Vorstellung nicht mehr schaffen.

Rudof Bing, der mich zunächst im Dezember 1960 eingeladen hatte, an der Metropolitan Opera in New York den *Tannhäuser* zu dirigieren, bat mich erneut, in den Spielzeiten 1962/63 und 1963/64 als Gastdirigent aufzutreten. Der Neubau der Metropolitan Opera im Lincoln Center war damals noch nicht abgeschlossen, und alle meine Aufführungen fanden in der alten Met statt, die ich sehr schätzte. Mein Repertoire bestand aus *Tristan*, *Otello*, *Boris Godunow*, *Aida* und *Don Carlos*. Während einer der *Tristan*-Aufführungen, als ich gerade den Auftakt für den zarten Beginn des Vorspiels gab, entglitt jemandem im oberen Rang ein Programmheft, und es landete mit einem enormen Gepolter auf einer der Pauken. Das Publikum lachte so laut, daß ich eine Zeitlang warten mußte, bis ich mit der Vorstellung beginnen konnte. Im März 1964 dirigierte ich an der Met zwei

Gedenkkonzerte für Präsident Kennedy, der im November des Vorjahres ermordet worden war. Das Programm umfaßte den dritten Akt von *Parsifal* und Verdis *Requiem*.

Im darauffolgenden Jahr sollte ich wieder an die Met kommen, um *Billy Budd* zu dirigieren, aber Bing versuchte mich auf seine diktatorische Art zu zwingen, statt dessen *Peter Grimes* zu dirigieren, mit Vickers in der Titelrolle. Doch aus irgendeinem Grund sind Vickers und ich nie gut miteinander ausgekommen, was schade war, denn er hatte eine erstklassige Tenorstimme. Entscheidend aber war der Umstand, daß *Grimes* damals nicht zu meinem Repertoire gehörte, und wegen meiner vorherigen Verpflichtungen hätte ich keine Zeit gehabt, die Oper für die folgende Saison richtig einzustudieren. Bing blieb hart, und ich tat es ihm gleich. Ich habe nie wieder an der Met dirigiert, außer bei Gastspielaufführungen von *Figaro* und *Otello* mit der Pariser Oper im Jahre 1976 an der neuen Met. Trotz der vielen erstklassigen Sänger, die in den sechziger Jahren an der Met auftraten, rangierte die Truppe als Ganzes weit unter dem hohen Niveau, das sie seither unter der Leitung von James Levine erreicht hat. Das Orchester zählt heute zu den besten Opernorchestern der Welt, und ich freue mich darauf, 1998 – nach einer Pause von fast 30 Jahren – mit ihm ein Konzert mit Mahlers Fünfter Symphonie zu dirigieren.

Als ich 1961 nach London kam, kaufte die Royal Opera für meine Frau und mich ein Haus in Lexham Walk, Kensington. Das erwies sich als eine kluge Investition, denn als ich ging, stellten die Verwaltungsbeamten fest, daß die Immobilie enorm an Wert gewonnen hatte. Der Wertzuwachs war so hoch, daß sie durch den Verkauf mehr Geld verdienten, als sie mir während des ganzen Jahrzehnts an Gehalt gezahlt hatten. Meine Arbeit hatte also praktisch nichts gekostet. Es war ein hübsches Haus mit einem kleinen, eingezäunten Garten. Hedi, die die Eleganz und den Lebensstil der englischen Oberschicht sehr schätzte, war im siebten Himmel. Sie war eine fanatische Anglophile, viel mehr, als ich es je war oder sein werde. Ich liebe die Engländer als Individuen; ihr Faible für das Dilettantentum erschien mir jedoch stets sonderbar. Aber Hedi kamen keine derartigen Zweifel. Sie genoß das abwechslungsreiche Gesellschaftsleben in London, und sie war sehr beliebt. Unterstützt von Frau Zador, unserem Schutzengel, wurde sie eine erfolgreiche Gastgeberin und hatte ständig Gäste. Als Frau Zador uns aus familiären Gründen vorübergehend verlassen mußte, engagierte Hedi ein spanisches Ehepaar, das sich um uns kümmerte. José, der Chauffeur und Butler, trug Handschuhe, wenn er uns bediente, und Maria kochte und putzte. Es war alles so steif, daß ich mich unwohl fühlte, aber meine Frau glaubte, daß wir einen guten Eindruck machen müßten.

Zum erstenmal in meinem Leben war ich in der Lage, Geld zu sparen. Dies gelang mir dank der zunehmenden Zahl an Gastauftritten. Nach einem wunderbaren Urlaub in Mexiko beschlossen wir, uns ein eigenes Ferienhaus zu kaufen. Wir setzten eine Anzeige in die *Neue Zürcher Zeitung*, den *Corriere della Sera* und die *International Herald Tribune*. Eine Zuschrift kam von einem Grundstücksspekulanten, der ein Haus in der Pineta di Roccamare anbot. Dabei handelte es sich um ein Wohngebiet, das gerade an der italienischen Westküste bei Castiglione della Pescaia entstand. Enid Blech hatte den Architekten Hugo Rigietta kennengelernt, der zufällig mit Dieter Sattler, einem Freund von mir aus meiner Münchener Zeit, verwandt war. Sie und Hedi fuhren hinunter, um sich das Gelände anzuschauen.

Hedi war entzückt, aber beunruhigt. »Es ist wundervoll, aber wir können hier nicht leben«, schrie sie mich über die schrecklich gestörte Telefonleitung an. »Lauter reiche Schweizer!«

»Wenn wir es uns leisten können, es zu kaufen, können wir natürlich dort leben!« schrie ich zurück.

Und wir kauften es. Roccamare ist zwar abgelegen für jemanden, der soviel reisen muß wie ich. Aber die Lage ist wunderschön, und im Sommer ist es dort gewöhnlich gerade sonnig und heiß genug, um mein Verlangen nach einem subtropischen Klima zu stillen. Das bescheidene Haus liegt in einem immergrünen Hain, umgeben von einem eigenen Garten, und ist nur eine Minute zu Fuß von einem wunderbaren Strand entfernt. Die Landschaft ist außergewöhnlich schön, und es gibt viele Tiere, besonders Singvögel. Vor kurzem arbeitete ich an der Partitur von Bachs *Johannespassion*, und einer dieser kleinen Vögel, der neben mir in einer Pinie hockte, sang eine bezaubernde Begleitmelodie. Inzwischen habe ich über fünfunddreißig Sommer in Roccamare verbracht, wobei ich tagsüber studiere und mich entspanne und nach dem Abendessen Bridge spiele. Ich freue mich jedesmal darauf, wenn ich wieder hinfahre. Ich glaube, die Entspannung und Erholung, die ich dort genieße, ist die Quelle meiner Energie und hat meine Lebenserwartung vergrößert. Ich liebe den in der Nähe gelegenen Ort Castiglione, und die Ehrenbürgerschaft, die man mir verliehen hat, bedeutet mir mehr als jede andere Ehrung, die ich empfangen habe. So enervierend Italien sein kann, wenn man etwas machen lassen muß oder mit der Bürokratie zu tun hat, fühle ich mich dort genauso zu Hause wie sonstwo auf der Welt. Ich erinnere mich, daß mir diese Landschaft sehr vertraut erschien, als ich zum ersten Mal nach Castiglione fuhr – so, als wäre ich schon einmal dagewesen. Das ist mir in all den Jahren immer ein Rätsel gewesen, aber als ich vor kurzem wieder in das Dorf meiner Vorfahren in Ungarn kam, erkannte ich, daß die Vegetation und die ganze Landschaft ganz ähnlich wie in Roccamare waren, und nun verstehe ich, warum ich schon bei jener ersten Fahrt dorthin das Gefühl hatte heimzukehren.

Trotz oder vielleicht gerade wegen meines zunehmenden Erfolgs haben Hedi und ich uns während meiner dritten Saison am Covent Garden getrennt, nach zwanzig Jahren des Zusammenlebens. Unser Grundproblem war von subtil psychologischer Natur: Hedi konnte mich nicht als Erwachsenen akzeptieren. Für sie blieb ich das große ungarische Emigrantenwunderkind, das sie in Zürich kennengelernt hatte. Sie meinte, mir immer sagen zu müssen, wie ich mich in Gesellschaft zu benehmen hätte. Außerdem durfte ich ihrer Auffassung nach nie eigene Entscheidungen in irgendeiner anderen Sphäre als der Musik treffen. Es kam der Tag, da ich den Mangel an persönlicher Unabhängigkeit nicht mehr ertragen konnte. So zog ich aus dem Haus in Kensington aus und quartierte mich im Savoy Hotel ein. Die Scheidung war zwar schwierig, aber wir schafften es, uns gütlich zu trennen. Sie heiratete einen irischen Grundbesitzer und Militär, aber kurz darauf bekam sie Leberkrebs. Als er entdeckt und operiert wurde, war nichts mehr zu machen. Nach großem Leiden starb sie, erst Mitte sechzig. Ich werde ihr immer dankbar sein für die Liebe und die Unterstützung, die sie mir während der schwierigsten Phase meines Privat- und meines Berufslebens angedeihen ließ. Ihr Mut und ihre Kraft waren für mich stets beispielhaft.

Kurz nachdem Hedi und ich uns getrennt hatten, aber noch vor unserer Scheidung, ging ich eine ernsthafte Beziehung zu einer jungen Geschäftsfrau ein. Ich hatte sie während meiner Arbeit an der Met in New York kennengelernt. Doch nachdem wir einen Monat zusammen in Roccamare verbracht hatten, war uns beiden klar, daß wir nicht für eine dauerhafte Beziehung bestimmt waren, und wir gingen wieder auseinander. Ein paar Monate später, im September 1964, kam Valerie Pitts ins Savoy. Die junge Journalistin und Fernsehmoderatorin wollte mich für die BBC interviewen. Wie üblich war ich ein wenig spät dran, und so mußte ich ihr aus der Dusche heraus zurufen: »Augenblick bitte, ich muß mich noch anziehen.« Schließlich machte ich ihr im Bademantel auf. Dann bat ich Valerie, mir meine Socken suchen zu helfen, die ich verlegt hatte. Ich glaube, wir haben uns von einer Minute auf die andere ineinander verliebt. Nach dem Interview lud ich sie zum Lunch ein, und dann begann eine leidenschaftliche Affäre. Schon bald beschlossen wir zusammenzuleben, aber wir waren beide noch verheiratet.

Verständlicherweise sorgte die Situation für große Schwierigkeiten, nicht nur mit ihrem Mann, sondern vor allem auch mit ihren Eltern. Sie billigten es damals nicht, daß sie ein Verhältnis mit einem Mann hatte, der fünfundzwanzig Jahre älter war als sie – und damit fast so alt wie ihre Eltern – und formal noch verheiratet war. Sie wollte Schluß machen, aber ich wollte sie nicht gehen lassen. Ich war ganz entschieden hinter ihr her.

Im Februar 1965 mußte ich nach Tel Aviv, um als Gast das Israel Philharmonic Orchestra zu dirigieren. Ich blieb Valerie auf den Fersen und rief sie mindestens zweimal am Tag an. Auch die komplizierte, zeitraubende Verbindung, die damals per Hand vermittelt werden mußte, konnte mich nicht daran hindern, sie anzuflehen, zu mir zu kommen. Das war ein sehr schwieriges Kunststück für sie, aber sie schaffte es und traf Anfang März ein. Ich hatte den Beginn eines Konzerts verschoben, damit ich sie vorher noch sehen konnte. Unglücklicherweise mußte ihr Flugzeug in Athen zwischenlanden, und so kam sie erst in der Pause. Als der Solist Ken MacDonald Valerie fragte, wie lange sie bleiben werde, erwiderte ich: »Bis an ihr Lebensende!«

Wenn ich an Valeries entscheidenden Flug nach Israel denke, fällt mir immer ein haarsträubender Vorfall ein, der sich während unseres Aufenthalts dort ereignete. Ich dirigierte zwei verschiedene Programme, und jedes wurde mehrmals wiederholt. Solist war bei beiden der britische Pianist John Ogdon. Bei dem einen Programm spielte er Tschaikowskys erstes Klavierkonzert, bei dem andern das erste von Liszt. Wie alle Musikliebhaber wissen, gibt es im ersten Satz der meisten klassischen Konzerte eine ausgedehnte Kadenz, eine virtuose, nicht begleitete Passage für das Soloinstrument, während der Orchester und Dirigent still sitzen oder stehen und zuhören. An jenem Abend des 1. April in Haifa trat das Orchester wieder in dem heißen, stickigen, übelriechenden Kinosaal auf. Mitten in einer der zahlreichen Wiederholungen des Liszt-Konzerts merkte ich plötzlich, daß Ogdon sich in die Kadenz des Tschaikowsky-Konzerts verirrt hatte. Zunächst glaubte ich zu träumen, aber je mehr ich mich konzentrierte, desto klarer wurde mir, daß mein Solist in der Tat mittendrin die Konzerte gewechselt hatte. Ich geriet in Panik. Was wird in fünfundvierzig Sekunden passieren, fragte ich mich, wenn er ans Ende der Tschaikowsky-Kadenz gelangt und ich das Orchester das Ende des Liszt-Satzes spielen lassen muß – in einer ganz anderen Tonart? Ein Alptraum war Wirklichkeit geworden! Aber im letzten Augenblick improvisierte Ogdon einen Übergang zurück ins richtige Konzert, und der Rest des Stücks verlief glatt. Anschließend wollte ich zu seiner Garderobe eilen und ihn erwürgen – bis ich die Wahrheit erfuhr: Der »Unfall« war in Wirklichkeit ein Aprilscherz, den Valerie ausgeheckt und den Ogdon sorgfältig inszeniert hatte. Am 11. November 1967, dem Jahrestag des Waffenstillstands im Ersten Weltkrieg, heirateten wir. Unsere Freunde fragen uns immer, ob am Jahrestag eines Kriegsendes ein neuer Krieg begonnen hätte. Die Antwort lautet entschieden: Nein.

Meine Spielzeit 1964/65 am Covent Garden war der schiere Wahnsinn. Sie begann mit dem ersten vollständigen *Ring*-Zyklus, den ich je dirigiert hatte. Hotter und Schneider-Siemssen komplettierten ihre bereits existierenden Inszenierungen von *Siegfried* und *Götterdämmerung* mit Neuinszenierungen von *Das Rheingold* und *Die Walküre*. Die neuen Bühnenbilder und Kostüme für die *Walküre* waren eine große Verbesserung. In musikalischer Hinsicht war ich in einem ungeheuren Vorteil, denn damals hatte ich schon drei der Opern aufgenommen und war daher bestens mit den Partituren vertraut. Außerdem standen uns großartige Sänger zur Verfügung. Und die Kombination aus diesen einzelnen Faktoren ergab einen sehr starken *Ring*. Dafür sprach nicht zuletzt, daß er in den anschließenden sechs Spielzeiten fünfmal wiederholt wurde.

An Weihnachten 1964 dirigierte ich die Wiederaufnahme einer Rennert-Inszenierung von *Hoffmanns Erzählungen*. Die meisten Menschen haben offenbar keine Ahnung, daß ich französische Musik liebe – insbesondere *Carmen* und *Hoffmanns Erzählungen*. Zuletzt hatte ich die Offenbach-Oper 1955 in Frankfurt dirigiert, doch für meine erste Londoner Inszenierung entschied ich mich für die Originalfassung. Bei diesen Aufführungen arbeitete ich zum erstenmal am Covent Garden mit zwei ausgezeichneten jungen Sopranistinnen: Reri Grist und Heather Harper.

Im Januar 1965 hatte ich eine außergewöhnliche Besetzung für eine Neuinszenierung von *Arabella*, allen voran Lisa della Casa, Dietrich Fischer-Dieskau und Joan Carlyle. Fischer-Dieskau war ein klassischer Sänger, der eher für Schubert-Liederabende geeignet war als dafür, eine Figur wie Mandryka zu gestalten, aber er besaß die Gabe, einen wunderbaren, starken Mandryka-Klang zu erzeugen. Joan Carlyle sang die Zdenka brillant. Es war eine besonders gelungene Inszenierung. Das lag zum Teil auch an meiner Liebe zu *Arabella*. Obwohl sie nicht den gleichen Rang hat wie *Elektra* oder *Rosenkavalier*, finde ich sie als Konversationsstück unterhaltsam. Es ist das erstemal in der Zusammenarbeit zwischen Strauss und Hofmannsthal, daß der Librettist die Oberhand hat und das Libretto die Partitur übertrumpft, indem es die Poesie des Stücks herausstellt. In der Geschichte der Oper hat es drei große Partnerschaften zwischen Komponisten und Librettisten gegeben. Die erste – Mozart und Lorenzo da Ponte – hat *Figaros Hochzeit, Don Giovanni* und *Così fan tutte* hervorgebracht. Der zweiten – Verdi und Arrigo Boito – verdanken wir nicht nur einen wunderschönen Briefwechsel, sondern auch die Fassung von 1881 von *Simone Boccanegra* und die neuen Meisterwerke *Otello* und *Falstaff*. Strauss und Hugo von Hofmannsthal schließlich haben bei viel mehr Werken zusammengearbeitet: *Elektra, Der Rosenkavalier, Ariadne auf Naxos, Die Frau ohne Schatten, Die ägyptische Helena, Arabella*. Bei *Die Liebe der Danae* griff der Librettist Josef Gregor auf einen Entwurf Hofmannsthals zurück. Es bezeugt Hofmannsthals Bedeutung für Strauss, daß dieser nach Hofmannsthals Tod einen bewegenden Brief an dessen Witwe schrieb. In ihm erklärte er, daß er nicht nur einen Mitarbeiter und Freund, sondern sein Leben verloren hätte. Es war eine prophetische Aussage: Strauss lebte zwar noch weitere zwanzig Jahre, schrieb aber nie wieder ein bedeutendes Werk.

Aber *Arabella* war für mich auch deshalb eine geglückte Inszenierung, weil sie von Rudolf Hartmann stammte, einem guten Freund aus meiner Zeit in München und Frankfurt, der auch privat mit Strauss befreundet war. Hartmann war ein wunderbarer Regisseur. Er hatte eine natürliche, sachliche Einstellung gegenüber der Regiearbeit, er kannte die Partitur, die Musik und die Denkweise des Sängers. All dies führte zu einer natürlichen und fröhlichen Inszenierung, die ich nie vergessen werde.

Meine letzte Inszenierung in jener Spielzeit, im Juni 1965, war eine der schwierigsten Aufgaben in meinem Berufsleben – die britische Erstaufführung von Arnold Schönbergs unvollendeter Oper *Moses und Aron*. Die von Hans Rosbaud dirigierte Welturaufführung hatte 1957, sechs Jahre nach dem Tod des Komponisten, in Zürich stattgefunden. Das Publikum war zwar ungeheuer beeindruckt gewesen, aber seither war das Werk nur selten aufgeführt worden. Walter Legge drängte Lord Drogheda, es am Covent Garden herauszubringen. Schließlich war sich der ganze Aufsichtsrat darin einig, daß wir es machen müßten. Ich schämte mich zu sehr, um nein zu sagen. Ich hatte zwar Werke von Bartók und Strawinsky dirigiert, aber noch nie eine Zwölftonmusik von einer derartigen Komplexität. *Moses* ist ein viel schwierigeres Werk als beispielsweise *Lulu*. Diese Oper hat eine Belcanto-, Legato-Qualität, ganz im Gegensatz zum überwiegend gesprochenen und kontrapunktischen *Moses*. Ich weiß noch, wie deprimiert ich war, als ich mich in den Weihnachtsferien mit der Partitur abquälte. Ich wußte einfach nicht, wie ich das Stück lernen sollte, damit es mir in Fleisch und Blut überging. Schließlich gelang es mir, aber je weiter ich vorankam, desto mehr wurde mir klar, welche gewaltige praktische Aufgabe vor mir lag. Schönbergs schriftliche Bezeichnungen von Haupt- und Nebenthema beispielsweise helfen den Ausführenden zu begreifen, was da vorgeht. Aber diese Bezeichnungen zum Leben zu erwecken ist alles andere als leicht.

Viele Teile, darunter auch die Rolle des Moses, sind eher rhythmisch gesprochen als gesungen. Aber obwohl es erhebliche rhythmische Schwierigkeiten gibt, sind die Probleme der Intonation noch größer. Ich gab mir bei den Proben große Mühe, die Strukturen transparent zu machen und dafür zu sorgen, daß die Solostimmen stets zu hören waren, auch wenn die Orchestrierung zuweilen zu wuchtig ist. Außerdem sind die einzelnen Orchesterparts manchmal so anspruchsvoll, daß die Musiker größte Mühe haben, noch an etwas anderes zu denken, außer die richtigen Noten zur richtigen Zeit zu spielen. Die gleichen Schwierigkeiten von Rhythmus und Intonation existieren auch im Chorsatz. Schönberg scheint eine ähnliche Einstellung gegenüber den Sängern gehabt zu haben wie Beethoven in der *Missa solemnis*: Die Sänger müssen einfach singen, was da geschrieben steht, ganz gleich, wie schwierig es in technischer Hinsicht ist. Aber in der *Missa* sind die Noten zumindest in einen harmonischen Kontext eingebettet, der leicht zu verstehen ist. In *Moses* gibt es keine harmonische Hilfe, und jede Note ist schwer auszumachen. Ich fand heraus, daß die Lösung bei einer derart atonalen Musik darin besteht, daß man sich ihr expressiv nähert, sie wie eine Brahms-Symphonie spielt, so daß sie eher einfach als hart klingt. Und in dieser expressiven Qualität liegt die Verbindung zwischen Schönberg und der deutschen romantischen Musik.

Peter Hall inszenierte, da die Oper so viele Sprechrollen enthält, daß es mir logisch erschien, einen Schauspielregisseur hinzuzuziehen. Dies sollte der Auftakt zu einer erfolgreichen Zusammenarbeit zwischen uns werden. Peter ist intelligent, er hat Humor, und außerdem ist er ein Profi. Er nimmt sich Zeit, eine Oper zu studieren, und jedesmal, wenn er die Bühne betritt, ist er hervorragend vorbereitet. Aber auch bei der Regie mußten größere Schwierigkeiten bewältigt werden. *Moses* ist wie *Fidelio* eine Parabel. Aber während *Fidelio* eine starke Handlung hat, kommt einem *Moses* manchmal wie eine vertonte philosophische Abhandlung vor. Die Proben waren über viele Wochen verteilt. Ich erinnere mich noch lebhaft daran, denn nur einmal in meinem Leben war es vorgekommen, daß alle – ich selbst, Peter Hall und die Sänger – Angst vor den Proben hatten. Ich stocherte quasi im Nebel herum: Ich wußte einfach nicht, wo ich anfangen oder wie ich die Töne zusammenbringen sollte. Ich mußte die Angst vor dem Stück verlieren, und da gab es nur eine Möglichkeit – ich mußte das Material beherrschen. Wenn ich heute zurückschaue, meine ich, daß ich lieber mit einer konzertanten Aufführung hätte beginnen und die Oper erst hätte machen sollen, nachdem ich mit der Partitur vertraut war. Aber die Bühnenproben waren auch aus einem praktischen Grund entmutigend. Weil es nicht genug Platz am Covent Garden gab, hatte David Webster die Proben in das neue Opera Centre, ein ehemaliges Kino in der Commercial Road im Londoner East End, verlegen lassen. Es war keineswegs der ideale Ort, wie David gesagt hatte. Ganz sicher dauerte es erheblich länger, von Covent Garden dorthinzukommen, als zwanzig Minuten, wie David veranschlagt hatte.

Am Ende spielten alle Mitwirkenden gut, aber die Inszenierung war für meinen Geschmack zu realistisch. In der Szene mit dem Goldenen Kalb beispielsweise waren alle mit Blut bedeckt, und einige Londoner Striptänzerinnen traten als nackte Jungfrauen auf. Gerade über diese Szene regte sich David so auf, daß er es nicht ertragen konnte hinzuschauen, und jeden Abend pflegte er sich kurz vor diesem Auftritt in seine Stammecke in der Crush Bar zu flüchten. Ich war auch verstört, allerdings aus anderen Gründen, denn ich war zu sehr mit dem Dirigieren beschäftigt, um dieses historische Ereignis genießen zu können.

Wir hatten die schlimmsten Probleme von *Moses und Aron* gelöst, und die Oper wurde so gut aufgenommen, daß sie im darauffolgenden Jahr wiederholt wurde. Doch während sie so erfolgreich lief, kam es zu einem Zwischenfall, der mich fast dazu brachte, die Royal Opera zu verlassen. David, der mit Maria Callas sehr gut befreundet war, hatte sie dazu überredet, Anfang 1964 an den Covent Garden zu kommen, um die Tosca in einer vielbewunderten Zeffirelli-Inszenierung zu singen. Sie feierte Triumphe und war bereit, in einer Wiederaufnahme erneut aufzutreten, die im Juli 1965 von Georges Prêtre dirigiert werden sollte. Kurz vor der ersten Vorstellung stellte sie fest, daß sie sich stimmlich nicht gut genug fühlte, um an allen vier Abenden zu singen. Sie würde nur bei der zweiten Vorstellung singen, sagte sie. Dabei handelte es sich um eine Royal Gala, bei der die Königin anwesend wäre.

Ich fand ihre Einstellung unerträglich. Auch wenn ich die *Tosca* nicht dirigierte, meinte ich, daß ich als Generalmusikdirektor dafür verantwortlich sei. »Entweder macht sie mit oder nicht«, erklärte ich David. »Wenn sie eine Vorstellung singen kann, kann sie auch alle singen.«

Marie Collier, eine ausgezeichnete junge australische Sopranistin, mit der ich schon viele Male zusammengearbeitet hatte, war bereit, die Tosca zu singen. Ich hätte sie gerne bei der Gala ebenso wie bei den anderen Vorstellungen auftreten lassen, falls Callas sich weigerte nachzugeben. Doch David stellte sich hinter Callas.

Ich war darüber so verärgert, daß ich David meine Kündigung schickte. »Ich kann dies nicht ertragen«, sagte ich zu Lord Drogheda. »Das ist doch kein ernst zu nehmendes Opernhaus – kein richtiges Haus würde einen derartigen Unsinn zulassen!« Ich erklärte, falls man Callas ihren Willen ließe, wäre dies ein gefährlicher Präzedenzfall.

»Bitte überlegen Sie es sich noch einmal«, erwiderte Drogheda. »Das ist die Sache doch nicht wert. Hier gibt es doch noch so viele wichtige Dinge zu tun! Wegen so einer Bagatelle dürfen Sie nicht gleich alles aufgeben.« Er versicherte mir, daß damit kein Präzedenzfall geschaffen wäre und daß ich durch mein Rücktrittsangebot meinen Standpunkt klargemacht hätte.

Also blieb ich, und Callas sang ihre Galavorstellung. Ich erschien zu Beginn des Abends, um die Königin zu begrüßen, blieb aber nicht da, um mir die Aufführung anzuhören. Alle waren sich darin einig, daß Callas sowieso machte, was sie wollte. Wie Drogheda es vorausgesagt hatte, war damit kein Präzedenzfall gegeben. In Wahrheit hatte sie nicht aus einer Laune heraus gehandelt, denn mit ihrer Stimme ging es wirklich bergab. Diese einzige Londoner *Tosca* am 5. Juli 1965 war ihr letzter Bühnenauftritt in einer vollständigen Oper. Collier sprang bei den restlichen Vorstellungen ein, womit ihre Karriere großen Auftrieb erhielt. Sie war auf dem Weg ganz nach oben. Ein paar Jahre später stürzte sie jedoch aus einem offenen Fenster am Leicester Square, nur ein paar Minuten vom Covent Garden entfernt, zu Tode.

Ich bin Callas nur einmal begegnet, als sie einige Zeit nach dem Vorfall mit *Tosca* nach London kam. David und ich hatten einen sensationellen Plan für sie ausgeheckt – sie sollte die Titelrolle in *Lulu* am Covent Garden singen. Wir suchten sie im Savoy Hotel auf, und David erzählte ihr von unserem Traumprojekt.

»*Lulu*? Was ist *Lulu*?« wollte sie wissen.

»Eine bedeutende Oper von Alban Berg«, erwiderte ich.

»Berg? Schreckliche Musik!« sagte sie. »Warum bringen wir nicht Bellini?«

Und das war es dann.

Man spricht oft von der Legende Callas, doch für mich hatte sie als Sängerin keine so große Stimme wie ihre Rivalin Renata Tebaldi. Aber von der Callas ging ein Zauber aus. Wenn sie auf der Bühne war, konnte man nicht mehr die Augen von ihr abwenden.

Außer der *Tosca*-Anekdote fällt mir nur noch eine einzige wirklich unangenehme Episode aus meinen Jahren an der Royal Opera ein. Dies war die kurzzeitige Existenz einer Anti-Solti-Claque auf der Galerie, als einige junge Leute meinten, daß ich nicht gut wäre und gehen müßte. Nach einer bestimmten Aufführung wurde ein Kohlkopf auf die Bühne geworfen, als ich vor den Vorhang trat. Ein andermal entdeckte ich, daß mein Wagen, den ich auf einem reservierten Platz an der Bow Street zu parken pflegte, zerkratzt und mit den Worten »Solti must go« beschmiert war. Diese Kampagne, die etwa eine halbe Spielzeit lang anhielt, erinnerte mich an eine alte Nazi-Taktik: In Dresden engagierten die Nazis in den dreißiger Jahren regelrecht eine Claque, die die Aufführungen des Nazigegners Fritz Busch stören sollte. Jedesmal, wenn er im Orchestergraben auftauchte, buhte und pfiff der Mob. Die Covent-Garden-Gang hat nie erklärt, was ihr an meiner Führung nicht paßte – sie machte einfach nur Krawall. Ich bin von Natur aus ein Pessimist, aber diese besondere Situation, so unangenehm sie auch war, hat mir nie wirklich Sorgen bereitet.

Mit der Presse war es etwas anderes. In Frankfurt hatte mich niemand schikaniert, und meine künstlerische Autorität war nie in Frage gestellt worden. In London nahm sich jeder heraus, mir zu sagen, was ihm an mir gefiel oder mißfiel, und meine Autorität wurde ständig in Frage gestellt. Die Berufskritiker waren geteilter Meinung, was mich betraf: William Mann von der *Times* war mir gewogen, Andrew Porter von der *Financial Times* war sich nie ganz schlüssig, ob er mich mochte oder haßte, und die übrigen Kritiker legten meist eine im Grunde negative Einstellung an den Tag. Nach und nach lernte ich, eine freiwillige Selbstzensur zu kultivieren: Wenn Valerie oder eine andere vertraute Person mir empfohl, eine bestimmte Zeitungskritik nicht zu lesen, folgte ich gewöhnlich diesem Rat. Dies ersparte mir soviel Ärger, daß ich mich noch immer an dieses System halte. Das komische ist: Auch wenn ich weiß, daß jemand eine schlechte Kritik über mich geschrieben hat, rege ich mich nicht darüber auf, es sei denn, ich lese sie. Aber ich muß schon sehr viel Selbstbeherrschung aufbringen, eine Kritik nicht zu lesen, da ich immer sehr neugierig bin und wissen möchte, was geschrieben wurde.

Ganz allgemein gesagt, hören darstellende Künstler viel zu sehr auf die Presse. Ernsthafte Künstler wissen viel besser als ihre Kritiker, wann sie gute Arbeit geleistet haben und wann nicht. Ich habe nie mein Talent oder meine Leistungen überschätzt. Ich weiß auch, daß alles, was ich geschafft habe, das Ergebnis harter Arbeit gewesen ist, von gründlichem Studium, Nachdenken und Experimentieren. Mir ist auch klar, daß sich mein musikalischer Ge-schmack rascher entwickelt als meine Fähigkeiten, ihn umzusetzen. Daher bemühe ich mich immer, mit meinem Geschmack Schritt zu halten. Das hat hohe Anforderungen an mich gestellt, aber ich hoffe und glaube, daß ich daran gewachsen bin. Der wahre Feind für einen Musiker genauso wie für jeden anderen Künstler ist nicht diese oder jene negative Bemerkung eines Außenseiters, sondern vielmehr Faulheit und Selbstzufriedenheit.

In der Saison 1965/66 dirigierte ich Neuinszenierungen von *Der fliegende Holländer*, *Der Rosenkavalier* und einer phantasievollen *Zauberflöte*, die Peter Hall auf die Bühne brachte. Visconti war einer der großen Film- und Theaterregisseure dieses Jahrhunderts, und sein *Don Carlos* gehört zu den erfolgreichsten Produktionen, die je an Covent Garden herauskamen. Er hätte allerdings lieber die Finger vom *Rosenkavalier* lassen sollen, da er nicht richtig Deutsch sprach. Ich weiß noch, wie er bei den Proben mit einer Taschenbuchübersetzung des Librettos erschien, um dem Text folgen zu können. Daher hatte er große Schwierigkeiten, mit uns mitzuhalten – und doch gelang ihm eine gute, wenn auch umstrittene Inszenierung. Sie war nicht jedermanns Sache, weil sie von der herkömmlichen Konzeption des Stücks erheblich abwich.

Im Februar 1967 erweiterte ich mein Covent-Garden-Repertoire um *Fidelio*. Ein paar Jahre zuvor hatte Otto Klemperer diese Inszenierung dirigiert, und ich hatte seine Aufführungen in musikalischer Hinsicht für ganz erstaunlich gehalten. Wegen einer halbseitigen Lähmung hatte er Mühe, aufs Podium zu gelangen, und man konnte ihn während des gesprochenen Dialogs vor sich hinmurmeln hören. Seine musikalischen Intentionen waren jedoch stark und klar. Vor dem Krieg, als er noch im Vollbesitz seiner Kräfte war, hatte ich einige seiner wunderbaren Aufführungen von Beethoven-Symphonien in Budapest gehört. In seinem Musizieren steckte eine gewaltige Kraft, aber aufgrund der manisch-depressiven Zustände, unter denen er sein Leben lang litt, war alles, was er tat, unberechenbar. Nach dem Krieg hörte ich ihn bei einem meiner ersten Besuche in Budapest den *Figaro* an der Oper dirigieren, deren musikalischer Oberleiter er damals war. Er befand sich gerade in einer seiner manischen Phasen, und wann immer jemand im Publikum hustete oder irgendein anderes Geräusch verursachte, drehte er sich um und schrie: »Schweigen Sie!« Als er am Ende der Aufführung vor den Vorhang trat, drückte ihn einer seiner Abendschuhe. Daher zog er ihn vor den Augen des Publikums aus und hielt ihn in der Hand. Während dieses Aufenthalts besuchte ich ihn im Hotel. Als ich sein

Zimmer betrat, lag er halbnackt auf einem Sofa, und sein Körper war von Lippenstiftspuren übersät.

»Ich höre, Sie mögen Toscanini«, war das erste, was er zu mir sagte.

»Ja, sehr«, erwiderte ich.

»Aha«, sagte er mißbilligend, »er hat doch keinen Geschmack. Und im übrigen – was für ein Familienleben muß er haben? Seine Frau bleibt hier in Europa, während er in New York zu tun hat. Wie schrecklich!«

Und das aus dem Mund eines Mannes, der in diesem Augenblick nicht gerade wie ein Muster an Häuslichkeit aussah! Aber in seinen letzten Jahren, als er das New Philharmonia Orchestra von London dirigierte, benahm er sich ein wenig nüchterner. Mir gegenüber war er immer freundlich, wenn wir uns begegneten.

Bei Klemperer fällt mir ein, daß ich versucht habe, so viele erstklassige Dirigenten wie möglich an Covent Garden einzuladen und junge Dirigenten und Sänger zu ermutigen und zu fördern. Mehrmals habe ich Carlo Maria Giulini eingeladen sowie einen anderen Italiener, einen jungen Dirigenten namens Claudio Abbado, der dort zum erstenmal in seiner Karriere auftrat. Edward Downes, der jahrelang Aushilfsdirigent am Haus gewesen war, war ein begabter Mann und mir eine wunderbare Stütze und Hilfe. Ich gab ihm viel zu tun, und es freut mich, daß er später eine ausgezeichnete internationale Karriere gemacht hat. Der großartige britische Wagnerianer Reginald Goodall gehörte auch zu meinen musikalischen Mitarbeitern. Er kannte Wagners Werke erstaunlich gut und betreute alle jungen Sänger, die darin auftraten. Sosehr ich ihn als Musiker schätzte, fehlten ihm für mein Gefühl als Dirigenten die technischen Grundfertigkeiten, um seine Liebe zur Partitur in der Aufführung umzusetzen. Ich weiß, daß viele Leute dies anders sahen und mich dafür kritisierten, daß ich ihm nicht die Chance gab, am Covent Garden zu dirigieren, aber das war nun einmal meine Meinung. Ich hatte in England nur ein einziges echtes Problem: Ich war und bin kein Amateur. Ich bin eben ein Profi – ich weiß, was ich tue, und ich will alles gut machen. Die Engländer halten Professionalismus in den Künsten für suspekt. Ich glaube, der Komponist Ralph Vaughan Williams hat einmal gesagt, die Engländer hätten gegenüber dem Musizieren folgende Einstellung: »Alles, was es wert ist, getan zu werden, ist es wert, schlecht getan zu werden.« Meinem Empfinden nach haben sie mich bis heute nicht völlig akzeptiert, denn wenn ich etwas will, dann will ich es mit aller Entschiedenheit. Ich entschuldige mich nicht ständig beim Orchester. Wenn ich einen Fehler mache, bin ich natürlich der erste, der sagt: »Tut mir leid.« Die Musiker haben es lieber, wenn ein Dirigent einen Fehler zugibt, statt ihn zu vertuschen und zu versuchen, weiterzumachen, als ob nichts geschehen wäre. Außerdem kann man das Orchester nicht auffordern, sein Bestes zu geben, wenn man ein schlechtes Gewissen hat.

Meine Spielzeit 1966/67 endete mit einer Neuinszenierung von Strauss' *Frau ohne Schatten*. Überraschenderweise, denn die Oper war damals immerhin fast fünfzig Jahre alt, war dies die Erstaufführung am Covent Garden. Sie ist ein erstaunliches Meisterwerk, das so gar nichts mit dem *Rosenkavalier* oder sogar mit *Elektra* gemeinsam hat. Diese Oper ist zwar nicht in allen Teilen perfekt, aber sie ist ausgesprochen dramatisch und zuweilen entschieden wagnerianisch. Kein anderes Stück von Strauss ist so expressiv, und darum mag ich es. Die Oper ist auf einer seltsamen und wunderbaren Idee von Hofmannsthal aufgebaut und meiner Ansicht nach die Krönung der großartigen Beziehung zwischen Librettist und Komponist, weil hier Text und Musik so wunderschön ausgewogen sind. Die Handlung dreht sich um zwei Paare: den Kaiser und die Kaiserin sowie den Färber Barak und seine Frau. Beide Ehen sind unfruchtbar, und das äußere Zeichen der Kinderlosigkeit der Kaiserin besteht darin, daß sie keinen Schatten wirft. Hauptthema der Oper ist die Erfüllung beider Verbindungen durch die Geburt eines Kindes. Die Oper erlebte ihre Uraufführung 1919 in Wien. Sie kann als eine Feier des Friedens und als eine Reaktion auf das fürchterliche Abschlachten einer ganzen Generation im Ersten Weltkrieg verstanden werden; die Themen Vergebung und Annahme von Leiden spielen in ihr eine zentrale Rolle.

Strauss war wichtig für mein Covent-Garden-Repertoire, und in jeder der drei folgenden Spielzeiten dirigierte ich eine seiner Opern. Im März 1968 brachte ich eine Wiederaufnahme der Visconti-Inszenierung des *Rosenkavaliers*, mit der jungen Yvonne Minton in der Rolle des Octavian. Im Juni 1970 dirigierte ich eine Neuinszenierung von *Salome* unter der Regie von August Everding, wobei Grace Bumbry in der Titelrolle unvergeßlich war. Aber am lebhaftesten erinnere ich mich an meine erste Londoner *Elektra* im Mai 1969. Ich hatte eine Traumbesetzung: Marie Collier als Chrysothemis, Regina Kresnik als Klytämnestra und Donald McIntyre als Orest. Doch die ungewöhnlichste Sängerin von allen war Birgit Nilsson in der Titelrolle. Diese Rolle stellt in dreierlei Hinsicht eine ungeheure Herausforderung für eine Sopranistin dar: stimmlich, darstellerisch und musikalisch. Nilsson ist die einzige Sopranistin, die in jeder Hinsicht großartig war. Ihre Salome und Brünnhilde waren schon wunderbar, aber in dieser Partie befand sie sich auf dem Höhepunkt. Insbesondere erinnere ich mich an die Wiedererkennungsszene, in der der wilde chromatische Aufruhr der Musik, nachdem

Elektra Orest erkannt hat, dem As-Dur-Akkord weicht. In der Ruhe, die nun einkehrt, singt Nilsson mit einer meisterhaften tonalen Schönheit. Die Leidenschaftlichkeit, das Leid und das Verlangen nach Rache, die sie vermittelte, waren zutiefst bewegend. Sie hat eine unzerstörbare Stimme – wie ich höre, kann sie noch heute singen, und inzwischen ist sie Mitte siebzig.

In der Spielzeit 1969/70 gab ich auch meine ersten Londoner Aufführungen von *Don Carlos*. Giulini, der normalerweise unsere vielgerühmte Visconti-Inszenierung dirigierte, war für dieses Engagement nicht zu bekommen, und gerne nahm ich seinen Platz ein. Im Laufe des Frühjahrs 1970 gastierten wir mit *Don Carlos* und *Falstaff* in Berlin sowie mit *Falstaff* in München. Dies waren meine einzigen Gastspielauftritte mit dem Ensemble der Royal Opera. Aber mir ist diese Tournee vor allem wegen eines nichtmusikalischen Ereignisses in Erinnerung geblieben. Während das Ensemble in Berlin war, brachte Valerie ein Mädchen zur Welt. Ich flog eigens nach London zurück, um Gabrielle ein paar Minuten nach ihrer Geburt zu sehen. Mit siebenundfünfzig Jahren war ich Vater geworden. Als ich das Baby in meinen Händen hielt, hatte ich das Gefühl, meiner Mutter wieder in die Augen zu sehen. Drei Jahre später kam unsere zweite Tochter Claudia zur Welt. Ich kann Valerie und Gott nicht dankbar genug sein für die Freude mit diesen beiden lieben Wesen. Gerade als diese Veränderung in meinem Privatleben stattfand, verwandelte eine genauso bedeutsame Veränderung mein Berufsleben.

Während ich in der Spielzeit 1961/62 in Dallas dirigierte, erhielt ich Besuch von Dr. Oldberg, einem anerkannten Chirurgen und Vorsitzenden der Konzertvereinigung des Chicago Symphony Orchestra, sowie von Seymour Raven, dem General Manager des Orchesters. Unser Treffen, das von Siegfried Hearst, meinem amerikanischen Manager, arrangiert worden war, war kurz und alles andere als angenehm. Oldberg und Raven erklärten mir, Fritz Reiner habe zum Ende der Spielzeit 1962/63 sein Ausscheiden angekündigt (Reiner starb schließlich 1963). Sie fragten mich, ob ich daran interessiert sei, sein Nachfolger zu werden.

Ich dankte ihnen, erzählte ihnen aber auch von der mörderischen Kritik, die Claudia Cassidy 1957 über mich geschrieben hatte. »Ich möchte nicht noch einmal etwas Derartiges erleben«, sagte ich.

»Keine Sorge, ich komme mit ihr zurecht«, erwiderte Dr. Oldberg. »Aber ich muß Ihnen sagen, daß wir Sie in Chicago in jeder Saison für sechzehn Konzertwochen benötigen würden.«

Ich sagte: »Soviel Zeit habe ich leider nicht, weil ich für sechs Monate im Jahr am Covent Garden gebunden bin«. Ich wollte hinzufügen, durch ein Umstellen meines Terminplans könnte ich für Chicago zwölf Wochen pro Jahr herausholen, und das wäre genausoviel Zeit, wie die meisten musikalischen Leiter der anderen großen amerikanischen Orchester mit ihrem jeweiligen Ensemble verbrachten. Aber dazu kam ich nicht mehr.

»Das ist eine Beleidigung für das Chicago Symphony Orchestra«, polterte Dr. Oldberg los. Und damit erhob er sich abrupt und marschierte mit Raven im Schlepptau aus dem Zimmer.

Ich dachte, nach diesem Eklat wären alle meine Chancen zunichte, jemals wieder mit dem Chicago Symphony Orchestra zu arbeiten. Aber Hearst gelang es, für mich ein zweiwöchiges Engagement im Dezember 1965 zu arrangieren. Ich war im siebten Himmel, als ich Schuberts Große Symphonie in C-Dur mit diesem herrlichen Ensemble dirigierte. Dieses Erlebnis wiederholte sich in der darauffolgenden Woche, als wir Bruckners Siebte Symphonie probten und aufführten. Ich genoß das ganze Engagement so sehr, daß ich Ann Colbert, Mr. Hearsts Nachfolgerin (er war mittlerweile gestorben), erklärte, ich würde gerne für ein längeres, vielleicht drei- oder vierwöchiges Engagement wiederkommen.

1967 kam John Edwards, der Raven als General Manager des Chicago Symphony Orchestra abgelöst hatte, um mir zu sagen, daß Martinon, der Nachfolger Reiners, das Orchester im nächsten Jahr verlassen würde. Er fragte mich, ob ich bereit wäre, Generalmusikdirektor zu werden. Ich war natürlich bereit dazu, aber ich dachte, diese Aufgabe könnte zuviel für mich sein, weil ich ja noch immer am Covent Garden gebunden war. Ich schlug Edwards vor, die Verantwortung mit Giulini zu teilen, der oft in Chicago gearbeitet hatte und dort sehr beliebt war: Ein Jahr lang wäre ich Generalmusikdirektor und er Chefgastdirigent; im nächsten Jahr würden wir die Rollen tauschen. Heute bin ich mir darüber im klaren, daß der Plan nie funktioniert hätte, aber damals gefiel er mir.

Giulini fiel eine praktischere Lösung ein. »Ich bin kein so guter Organisator wie Solti«, erklärte er Edwards. »Machen Sie ihn zum Generalmusikdirektor, und ich würde mich freuen, Chefgastdirigent zu sein.«

So geschah es denn, daß ich im Herbst 1969, fünfzehn Jahre nach meinem Debüt beim Chicago Symphony Orchestra, Generalmusikdirektor des Orchesters wurde. Und meine Freunde am Covent Garden ließ ich wissen, daß ich sie im Sommer 1971 – am Ende meiner zehnten Spielzeit – verlassen würde, weil ich eine aufreibende doppelte Arbeitsbelastung nicht länger als zwei Jahre verkraften wollte.

Die letzten beiden Neuinszenierungen, die ich als Generalmusikdirektor der Royal Opera dirigierte, waren *Eugen Onegin* im Februar 1971 und *Tristan und Isolde* im Juni, beide unter der Regie von Peter Hall. Bei meiner letzten Aufführung übernahm Birgit Nilsson die Partie der Isolde. Nach zehn Jahren am Covent Garden wußte ich, daß es für mich ein emotionsgeladenes Ereignis werden würde. Ich fürchtete, es könnte zuviel für mich werden. Aber dieser Abend war unglaublich warm. Ich benötigte meine ganze Konzentration, um bis zum Ende der Oper durchzuhalten. Nach der Aufführung gab es einen Empfang in der Crush Bar, an dem sowohl Queen Elizabeth, die Queen Mother und Premierminister Edward Heath teilnahmen, der mich zum Ehrenritter des britischen Empire ernannte – ehrenhalber deshalb, weil ich damals noch deutscher Staatsbürger war.

Zehn Jahre meines Lebens waren bis zum Ende meiner Ära am Covent Garden vergangen. Gegen Ende meiner Amtszeit wurde bei Enid Blech Krebs dignostiziert, und sie starb wenige Jahre später. Ich erinnere mich an sie mit Freude und Dankbarkeit. Joan Ingpen hörte mit mir auf und ging nach Paris, um Rolf Liebermann dabei zu helfen, die Opéra de Paris und die Opéra Comique miteinander zu fusionieren. David Webster war kurz vor meinem Ausscheiden in Pension gegangen und bald gestorben. Meine Wahl als sein Nachfolger wäre Lord Harewood gewesen, aber der hatte bereits die English National Opera übernommen. Daher nahm Davids Assistent John Tooley seinen Platz ein, und das war eigentlich logisch, denn John hatte während Davids letztem Jahr das Haus praktisch allein geführt.

Die Zeit am Covent Garden hatte mich enorm verändert. Ich war doch erheblich reifer geworden, hatte so viel von den Briten gelernt, von ihrem Stil, ihrem Scharfsinn, ihrem Humor und vor allem von ihrer Fairness. Ich war gefeiert worden und hatte das Privileg genossen, viele hervorragende Menschen kennenlernen und mit ihnen arbeiten zu dürfen und ein weitaus kultivierteres Leben zu führen, als ich es je gekannt hatte. Covent Garden hat aus dem mitteleuropäischen Musiker einen Kosmopoliten gemacht.

Während der folgenden neun Jahre bis 1980 gastierte ich fast jedes Frühjahr oder jeden Sommer wieder am Covent Garden. Gewöhnlich dirigierte ich eine Wiederaufnahme einer meiner alten Produktionen, aber gelegentlich übernahm ich etwas Neues. 1973 beispielsweise dirigierte ich meine erste *Carmen* in London, mit einer herausragenden Besetzung, die Shirley Verrett in der Titelrolle, Plácido Domingo als Don José, Kiri Te Kanawa als Micaëla und José Van Dam als Escamillo einschloß. Verrett war eine wirklich herausragende Mezzosopranistin. Domingo ist ein Phänomen: Er ist nicht nur einer der *musikalischsten* Sänger, die ich je gekannt habe, sondern auch in der Lage, praktisch alles gut zu singen. Wenn er Wagner singt, erzeugt er genau den richtigen Klang, genauso wie bei Verdi, Puccini, Bizet und bei spanischer Musik. Kiri Te Kanawa, die ihr Debüt am Covent Garden erst anderthalb Jahre vor unserer *Carmen*-Inszenierung gegeben hatte, ist ebenfalls eine wunderbare Sängerin. Ich habe mit ihr seither am Theater und im Aufnahmestudio viel gearbeitet, und wir sind auch privat eng befreundet.

1979 dirigierte ich meinen ersten *Parsifal* am Covent Garden, in einer Neuinszenierung von Terry Hands von der Royal Shakespeare Company. Auf eine Wiederholung von *Parsifal* im Jahre 1980 folgte eine vierjährige Pause, während der ich nicht eingeladen wurde. Ich habe niemals den Grund dafür verstanden, weil sowohl John Tooley, der Generaldirektor, als auch Sir Claus Moser, der neue Aufsichtsratsvorsitzende, Freunde von mir waren, doch im Jahr 1994 erinnerten sich die Freunde wieder an mich, und bis 1995 dirigierte ich dann Neuinszenierungen von *Der Rosenkavalier*, *Die Entführung aus dem Serail*, *Elektra*, *Simone Boccanegra* und *La Traviata* sowie eine Wiederaufnahme von *Otello*.

Rückblickend würde ich meine drei wichtigen Opernleitungen in eine Zeit des Kampfes (München), eine Zeit der ruhigen Entwicklung (Frankfurt) und eine Zeit der reifen Produktivität (London) einteilen. Bei meiner ersten Pressekonferenz zur Übernahme von Covent Garden wagte ich zu erklären, ich wolle aus der Royal Opera das bedeutendste Opernhaus der Welt machen. Heute besitze ich die Kühnheit zu behaupten, daß ich meiner Meinung nach genau das geschafft habe. Mitte der sechziger Jahre war das alltägliche Aufführungsniveau am Covent Garden wahrscheinlich höher als an anderen führenden Opernhäusern, auch als an der Wiener Staatsoper und an der Met.

An Covent Garden habe ich je acht Opern von Wagner und Verdi, fünf von Mozart, vier von Strauss und jeweils eine oder zwei Opern von Britten, Gluck, Schönberg, Puccini, Ravel, Offenbach, Beethoven, Tschaikowsky und Bizet dirigiert. Eine respektable Aufzählung, auf die ich stolz bin. Tschaikowskys *Pique-Dame*, Strawinskys *The Rake's Progress*, Bergs *Wozzeck* und vielleicht Verdis *Macbeth* – das sind die bedeutenden Opern, die ich noch nicht dirigiert habe und gern noch dirigieren würde. Aber mein Stolz auf das, was ich am Covent Garden geleistet habe, hat nichts mit der Quantität des Repertoires zu tun, das ich bewältigt habe. Er beruht auf meinem Wissen, daß all diese Produktionen gründlich geprobt worden waren, trotz der altmodischen Bühne und der mäßigen Einrichtungen, die uns am Royal Opera House zur Verfügung standen. Heute herrscht eine Manie, viel Geld für die Modernisierung von Opernhäusern auszugeben, aber ein viel beunruhigenderer Faktor als unzulängliche Bühneneinrichtungen ist die immer geringer werdende Zahl von Dirigenten, die in der Oper groß geworden und in der Lage sind, ausgezeichnete Allround-Aufführungen zustande zu bringen. Und einer der Gründe für den wachsenden Einfluß von Bühnenregisseuren ist das schwindende Talent von Generalmusikdirektoren. Die echten Operndirigenten meiner Generation – Fricsay, Giulini, Karajan, Keilberth, Kempe, Krips, Leinsdorf und ein paar andere einschließlich mir selber – sind entweder nicht mehr da oder weit über achtzig Jahre alt. Claudio Abbado, Colin Davis, Carlos Kleiber, Lorin Maazel, Charles Mackerras, Zubin Mehta und Bernhard Haitink sind über sechzig, Daniel Barenboim, James Levine und Riccardo Muti Mitte Fünfzig. Riccardo Chailly ist Mitte Vierzig. Daher begrüße ich mit Erleichterung so neue Leute wie Valery Gergiew, der in der Operntradition des Mariinsky-Theaters in St. Petersburg groß geworden ist, und meinen ehemaligen Salzburger Assistenten Philippe Augin, derzeit Generalmusikdirektor in Braunschweig, der aber bald nach Nürnberg gehen wird, wo er ganz sicher ein »Meisterdirigent« wird! Auch Daniele Gatti und Franz Welser-Möst lassen mich hoffen, daß die Operntradition fortgeführt wird.

Ein guter Generalmusikdirektor eines großen Opernhauses benötigt noch viele andere Qualifikationen als musikalische Begabung. Am wichtigsten sind organisatorische Fähigkeiten, denn selbst eine so einfache Aufgabe wie die Planung einer Spielzeit umfaßt viele komplizierte Elemente. Aufgrund der Knappheit internationaler Sänger beispielsweise wird es zunehmend schwierig, das Niveau an einem internationalen Haus wie der Royal Opera zu halten. Je weniger internationale Sänger und je mehr internationale Häuser es gibt, desto größer ist die Nachfrage nach Sängern, und das wiederum macht eine Vorausplanung so wichtig. Wenn man nicht vorausplant, bekommt man nicht die besten Künstler. Man benötigt auch ein gutes Urteilsvermögen. Man muß sich fragen, welche Opern im Hausrepertoire in brauchbaren, aber nicht neuen Inszenierungen erneut gebracht werden können. Weitere Fragen sind, welche Bereiche des Repertoires verstärkt werden müssen, welche Opern man gern ins Repertoire nehmen würde und welche von diesen man aufnehmen kann, vorausgesetzt, die Sänger, Dirigenten und andere materielle Voraussetzungen stünden zur Verfügung.

Ich habe stets versucht, mich über die internationale Gesangssituation auf dem laufenden zu halten – durch Vorsingen, Live-Aufführungen, Aufnahmen und die Meinungen von Menschen, denen ich vertraue. Die Erfahrung hat mich gelehrt, keine Sänger zu engagieren, die ich nicht selbst gehört habe. Ob eine Stimme gut ausgebildet ist oder nicht, läßt sich gewöhnlich ziemlich objektiv feststellen. Ob einem aber der Klang eines bestimmten Sängers gefällt oder nicht, ist eine Geschmacksfrage. Ein musikalischer Leiter sollte auch keine Angst haben, eine wichtige Rolle mit einem jungen Sänger zu besetzen. Ein gutes Beispiel dafür war Angela Gheorghiu, der ich 1995 die Rolle der Violetta in meiner *Traviata*-Produktion an der Royal Opera gab. In der ersten Hälfte meiner zehn Jahre am Covent Garden konnte man noch darauf bestehen, Sänger, Dirigent und Regisseur für fünf oder sechs Probenwochen und sechs oder acht Aufführungen hintereinander zu halten. Aber das ist seither fast unmöglich geworden, weil die Vorausplanung nicht mehr so gut funktioniert und nicht genügend Geld da ist, um berühmte Sänger zufriedenzustellen. Generalmusikdirektoren müssen entscheiden, welche Werke sie selbst dirigieren und welche sie an andere Haus- oder Gastdirigenten vergeben wollen. Sie dürfen niemals Angst haben, die bestmöglichen Gäste einzuladen. Wer versucht, eine Ein-Personen-Show abzuziehen, betreibt letzten Endes Selbstzerstörung. In einem großen Ensemble müssen eine zweite Besetzung und zwei oder drei Hausdirigenten für Notfälle bereitstehen. Im Idealfall sollte man es jungen Sängern, die bestimmte Rollen »draufhaben«, ermöglichen, daß sie in einigen der späteren Aufführungen einer Spielzeit singen.

Zu Beginn des 20. Jahrhunderts hatten Dirigenten wie Mahler und Toscanini in allem das letzte Wort – Regisseure und Bühnenbildner waren ihnen völlig untergeordnet. Das änderte sich nach dem Zweiten Weltkrieg, als sich alle großen alten Operndirigenten auf das symphonische Repertoire konzentrierten, sich zur Ruhe setzten oder starben: Toscanini, Walter, Klemperer, Kleiber und Victor de Sabata verschwanden alle nach und nach aus dem Orchestergraben. Auch wenn dies meinen Altersgenossen und mir einige wunderbare Chancen gab, in die Bresche zu springen, besaßen wir noch nicht die Autorität der älteren Generation. Rasch besetzten die Regisseure, was einst das Territorium der Dirigenten gewesen war. Die vorherrschende Denkweise besagte: Wenn die musikalische Komponente schon nicht mehr besonders interessant ist, könnte doch zumindest die Inszenierung attraktiver sein. Das war nur recht und billig: Die optische Seite der Oper bedurfte dringend einer Modernisierung, und die Regisseure taten gut daran, die Kunst wiederbeleben zu wollen. Aber die Wiederbelebung wurde bald zur Provokation. Einige der Scheußlichkeiten, die sich heutzutage auf der Bühne abspielen, machen mich traurig. Ich bedaure es,

156

daß die Dirigenten meiner Generation nicht den Mut gehabt haben, sich gegen die eher an den Haaren herbeigezogenen Konzeptionen gewisser Regisseure zu verwahren. Die Lösung wird ganz sicher nicht eine Rückkehr zu naturalistischen Inszenierungen sein, die nicht mehr akzeptabel sind. Was wir brauchen, sind Inszenierungen, die phantasievoll sind und dem Geist der Musik entsprechen. In den letzten zehn Jahren habe ich einige neue Inszenierungen gesehen, bei denen der Regisseur sich offenkundig der Musik schämte und glaubte, er könnte es besser machen.

Aber nehmen wir einmal rein theoretisch an, daß Dirigent und Regisseur sich auf das Grundprinzip einer Inszenierung geeinigt haben. Sie sollten sich gemeinsam über die Bühnenhandlung und die Farbgebung der Oper – die Kulissen und Kostüme – verständigen. Der Dirigent muß jedoch dem Regisseur rechtzeitig klare Tempohinweise geben, damit das Tempo während der Ensembleproben nicht ganz und gar revidiert werden muß. Sie müssen miteinander kommunizieren und flexibel sein, denn die Oper ist ein endloser Kompromiß. Die Dirigenten sollten nicht verlangen, daß jeder Sänger bei allen wichtigen Passagen vorne in der Bühnenmitte steht. Aber auch die Regisseure sollten lernen, daß es keinen Sinn hat, Madame X hinter eine Säule zu stellen, wenn ein Teil des Publikums sie nicht hören kann.

Bühnenregisseure sollten sich ihre Bühnenbildner aussuchen dürfen. Der Dirigent mag ihre Wahl nicht immer begrüßen, aber eine harmonische Beziehung zwischen Regisseur und Bühnenbildner spielt die größte Rolle. Dirigent, Regisseur und Bühnenbildner müssen zusammen ermitteln, wieviel Zeit für die Anfertigung der Bühnenbilder und Kostüme benötigt wird. Die Intendanz von Covent Garden versucht inzwischen, geeignete Probenräumlichkeiten zu schaffen. Somit können die ersten Vorbereitungsproben schon in einem Raum stattfinden, der die Bedingungen auf der großen Bühne simuliert. In den sechziger Jahren mußten wir in dieser Hinsicht Kompromisse eingehen, was uns eigentlich nie schadete. Dabei dürfen wir nicht vergessen, daß wir zwar Opernhäuser haben sollten, die auf dem neuesten Stand der Technik sind, daß aber nicht die Qualität der Gebäude den Erfolg ausmacht, sondern die Qualität dessen, was sich auf der Bühne ereignet. Wenn wir uns von dem Gedanken an immer größere und bessere Häuser verführen lassen, besteht die Gefahr, daß die Opernhäuser vielleicht eines Tages zu ihrer ursprünglichen Funktion als Casinos und Orte der Tafelfreuden zurückkehren, wo Opern nur zur Unterhaltung der Tafelnden aufgeführt wurden!

Der Generalmusikdirektor ist auch dafür zuständig, begabte junge Korrepetitoren zu engagieren, die gut Klavier spielen, und ihnen dabei behilflich zu sein, ihr Handwerk zu erlernen, indem sie zuschauen, zuhören und sich beteiligen. Auf diese Weise lassen sich neue Generationen von Operndirigenten am besten heranbilden. Wenn ich mit Sängern probe, sitze ich selten selbst am Klavier. Vielmehr lasse ich einen Assistenten spielen, damit ich sorgfältig zuhören kann. Aber wenn mir eine Phrase oder irgendein anderes Detail nicht gefällt, dann setze ich mich rasch ans Klavier und demonstriere, wie ich es gerne hätte. Diese Art von Veranschaulichung ist nützlich, denn nur wenige Sänger reagieren gut auf komplizierte verbale Erläuterungen. Ich erkläre lieber am Klavier als durch Singen. Vielleicht spiele ich nicht mehr so gut wie früher, aber immer noch besser, als ich singe. Wie viele solcher Klavierproben erforderlich sind, hängt von verschiedenen Faktoren ab. Gehört das zu erarbeitende Werk bereits zum Repertoire der meisten Sänger? Enthält es neben den rein musikalischen Schwierigkeiten auch technische? Haben die wichtigen Sänger schon vorher miteinander gearbeitet? Hat der Dirigent bereits mit den meisten von ihnen gearbeitet?

Ähnliche Fragen gelten auch für das Vorgehen eines Operndirigenten bei Orchesterproben. Hat das Orchester das Werk in den letzten ein oder zwei Spielzeiten gespielt? Hat es das Werk *mit mir* in den letzten ein oder zwei Spielzeiten gespielt? Wenn ja, dann kennen die Musiker meine Arbeitsmethoden, und die Proben benötigen weniger Zeit. Schon sehr bald nachdem ich mit den Orchesterproben für eine Neuinszenierung angefangen habe, und lange bevor die Sänger dazukommen, halte ich mich an den Rat, den Strauss mir 1949 gab: Ich übergebe den Taktstock für die ersten zwanzig oder dreißig Minuten einer Probe einem kompetenten Assistenten, während ich vom Zuschauerraum aus zuhöre. Da die Sänger ihre Partien während einer Probe nicht zweimal voll aussingen können, sage ich zu ihnen: »Singt jetzt mit dem Korrepetitor voll aus, damit ich die Balance hören kann.« Aus dieser neuen Perspektive wird ein erfahrener Dirigent rasch jede Grundschwäche in der Gesamtbalance entdecken und in der Lage sein, entsprechende Korrekturen vorzunehmen. Wenn das Orchester soweit ist, haben wir eine Sitzprobe, eine *prova all'italiana*, wie man in Italien sagt: Die Sänger sitzen auf der Bühne und singen ihre Partien, zum erstenmal vom Orchester begleitet, ohne sich um Bewegungen und Aktionen Gedanken machen zu müssen. Dies ermöglicht es den Sängern, sich daran zu gewöhnen, ihre Stimmen über das Orchester zu projizieren, was ganz anders ist als das Projizieren über ein Klavier. Es ermöglicht dem Dirigenten, die Balancen zwischen den Sängern und dem Orchester zu beurteilen. Dann kommen die Ensembleproben, das Singen und Agieren mit Orchester und

Chor, die mit einer Haupt- und einer Generalprobe abgeschlossen werden. Schließlich sind wir für die Aufführung bereit – jedenfalls hoffen wir dies!

William Bundy, der während meiner gesamten Amtszeit Technischer Direktor der Royal Opera war, hat sich in den ersten ein oder zwei Spielzeiten über mich geärgert, weil er dachte, ich würde mich in seine Arbeit einmischen wollen. Doch nach zwei oder drei Jahren war er viel freundlicher geworden. Er wußte die Tatsache zu schätzen, daß mir an einer Probenkoordinierung gelegen war. Ich interessierte mich für die Beleuchtung, für die Aufgaben der Bühnenarbeiter, für die ganze technische Seite einer Operninszenierung, die in jenen Jahren zunehmend komplexer wurde. 1971, kurz bevor ich meine Amtszeit am Covent Garden beendete, schaute Bundy eines Tages bei mir vorbei.

»Ich wollte Ihnen nur sagen«, erklärte er, »daß Sie mir beigebracht haben, wie die Theaterarbeit richtig funktioniert, wie man eine richtige Inszenierung erstellt. Ich habe Sie am Anfang gehaßt. Ich habe Sie einen preußischen Feldmarschall genannt, weil Sie für Disziplin gesorgt haben. Aber heute weiß ich, was Sie damit erreichen wollten. Inzwischen ist es mir in Fleisch und Blut übergegangen, und ich werde es nie wieder los. Und ich wollte Ihnen nur sagen, daß ich Ihnen dankbar bin.«

Von all den Ehrungen, die mir zuteil wurden, als ich die Royal Opera verließ (von seiten berühmter Sänger, mächtiger Verwaltungsbeamter und sogar von seiten des Königshauses), freue ich mich noch heute über diese am meisten.

Obwohl ich mit einer Engländerin verheiratet und ein Jahrzehnt lang Generalmusikdirektor an der Royal Opera war, mußte ich mich jedesmal, wenn ich nach einer Auslandsreise auf dem Londoner Airport Heathrow ankam, bei der Zollschlange für Ausländer anstellen, während meine Familie sich zu der viel kürzeren für britische Staatsbürger begab. Nachdem ich zum Ritter ehrenhalber ernannt worden war, meinte Valerie, es sei doch lächerlich, wenn ich mich nicht um die britische Staatsbürgerschaft bewerben würde. Ich bat Sir Robert Armstrong, der damals Sekretär im Aufsichtsrat von Covent Garden war, um Hilfe. Ein paar Tage später kam ein Beamter zu mir nach Hause, um meine Papiere zu überprüfen und mir ein paar Fragen zu stellen. Innerhalb kurzer Zeit wurde mir 1972 die britische Staatsbürgerschaft gewährt, und ich durfte meinem Namen offiziell den Titel

»Sir« voranstellen. Als ich zum erstenmal mit meinem neuen Paß nach England zurückflog, war die Schlange für britische Bürger natürlich viel länger als die für Ausländer. Aber dennoch: Drei Staatsbürgerschaften in einem Leben sind genug! Ich habe eine britische Frau und zwei britische Töchter und werde ein für allemal Brite bleiben.

Mit Harry Buckwitz, der Solti nach einer zufälligen Begegnung vor dem Münchener Prinzregententheater im Jahre 1951 an die Frankfurter Oper holte

Beim Tischtennisspielen im Schwanheimer Garten (oben)

Frau Zador vor dem Haus in Schwanheim (links)

Mit der Sopranistin Claire Watson in Frankfurt

Mit Hedi und John Scott Trotter (zweiter von links) vor dem Abflug nach Amerika Mitte der fünfziger Jahre

Mit Clifford Curzon bei Soltis New Yorker Debüt 1957 (gegenüberliegende Seite)

In der alten Metropolitan Opera Anfang der sechziger Jahre (unten)

Enid Blech, Soltis unschätzbare Sekretärin an Covent Garden

Hedi und John Gielgud bei einer Party aus Anlaß von Ein Sommernachtstraum, *Soltis erster Produktion an Covent Garden, Februar 1961*

Mit Lord Drogheda, Chairman of the Royal Opera London, bei meinem Amtsantritt

*Beim Studium unter den
Pinien in Roccamare,
1962*

*Mit Valerie, am
Hochzeitstag
11. November 1967*

Die Walküre: *Beim Abspielen der Aufnahme des III. Akts, 1965. Von links: Hans Hotter, John Culshaw, Solti und Birgit Nilsson*

Im Walkürenkostüm (rechts)

Auf einer Party, die Enid Blech 1971 am Ende von Soltis Amtszeit an Covent Garden gab. Jess [sic!] Thomas und Birgit Nilsson sangen Tristan und Isolde in Soltis letzter Aufführung als Generalmusikdirektor.

Mit Valerie, Claudia und Gabrielle am Oak Street Beach, Chicago 1974

Mit dem Chicago Symphony Orchestra im Konzertsaal

Mit Michael Tippett
im Gespräch über die
Partitur von Tippetts
Vierter Symphonie.
Solti dirigierte die
Welturaufführung 1977
in Chicago.

Mit Jon Edwards,
dem Generalmanager
des Chicago Symphony
Orchestra (Mitte)

Unten: *Bei den Proben zu*
Otello, *Soltis letzter*
Produktion als musikali-
scher Leiter des Chicago
Symphony Orchestra, 1991.
Von links: Kiri Te Kanawa,
Luciano Pavarotti, Solti
und Leo Nucci

Sir Georg Solti (Foto: Decca/Karsh)

SECHSTES KAPITEL

CHICAGO

MEINE AMTSZEIT ALS GENERALMUSIKDIREKTOR des Chicago Symphony Orchestra war die glücklichste Zeit in meinem Berufsleben. In den vergangenen fünfundzwanzig Jahren hatte ich Opern dirigiert, und nun wollte ich mich für die absehbare Zukunft mehr auf symphonische Werke konzentrieren, die ich vergleichsweise wenig aufgeführt hatte. Für das Chicago Symphony Orchestra verantwortlich zu sein war die Erfüllung meiner Träume, aber zugleich war es eine neue Erfahrung für mich, eine Art Meisterklasse in musikalischer Leitung.

Das Orchester stellte das Höchste an Professionalität dar; die Musiker waren stets vorbereitet und kannten ihre Parts, wenn sie zur Probe kamen, hatten sie gut einstudiert und geübt, und folglich mußte ich auf dem gleichen Niveau sein, ja eigentlich noch besser. Ich mußte mich vorbereiten, und zwar so, daß ich die Partitur eingehend kannte und schon bei der ersten Probe eine ganz klare Vorstellung von dem hatte, was ich vom Orchester wollte. Darin gab es nicht nur herausragende Musiker, sondern auch herausragende Führungspersönlichkeiten. Frank Miller, der Erste Cellist, hatte bei Toscanini im NBC Orchestra gespielt; Adolph Herseth, der Trompeter, war die graue Eminenz der gesamten Blechgruppe ebenso wie der vielleicht am meisten verehrte und respektierte Orchesterblechbläser der Welt; Dale Clevenger, ein brillanter junger Musiker, leitete die Horngruppe; Milton Preves führte die Violagruppe wie ein gütiger Diktator; Ray Still, der Erste Oboist, war ein überragender Musiker und Lehrer, und Donald Peck war ein phantastischer Flötist. Victor Aitay und Sidney Weiss versahen gemeinsam das Amt des Konzertmeisters, und Arnold Jacobs war der Vater aller Tubisten, zu dem junge Musiker aus aller Welt pilgerten, um sich Rat und Anleitung zu holen. Die Musiker des Chicago Symphony Orchestra waren im Jahre 1969 Meister ihrer Profession – und sie sind es natürlich noch heute, trotz neuer Musiker und Stimmführer. Gelegentlich behaupte ich, ein Orchester bestehe nicht aus hundert Musikern, sondern nur aus fünfzehn – den jeweiligen Stimmführern ihrer Instrumentalgruppe. Wenn diese entscheidenden fünfzehn Orchestermitglieder erstklassig sind, werden die anderen dazu angeregt, auch gut zu spielen, und Chicago war das beste Beispiel für die praktische Umsetzung dieser Theorie. Viele Musiker im Orchester haben ihre eigenen kammermusikalischen Gruppen, so daß es vermutlich im Chicago Symphony Orchestra mehr Dirigenten gibt als in jedem anderen Orchester der Welt.

Das Chicago Symphony Orchestra war 1891 von Theodore Thomas gegründet worden, einem deutschen Musiker, der 1848 mit seinen Eltern nach New York ausgewandert war. Als Teenager begann er im Orchestergraben bei Opernaufführungen Violine zu spielen, und später gründete er sein eigenes Orchester, das Gastspiele in den Großstädten im Osten der USA sowie in Chicago gab. Er machte Pleite und war gezwungen, sein Orchester aufzulösen, wurde aber von einem Bekannten gerettet, einem Geschäftsmann in Chicago. Als dieser unerwartet dem deprimierten Thomas auf der New Yorker Fifth Avenue über den Weg lief und den Grund für dessen Niedergeschlagenheit erfuhr, fragte er ihn, ob er bereit sei, nach Chicago zu kommen, falls das nötige Geld aufgetrieben werden könne. Darauf soll Thomas erwidert haben: »Ich würde in die Hölle gehen, wenn man mir ein Orchester gäbe.« Thomas war nicht nur ein guter Musiker, sondern auch ein wunderbarer Mensch, dem das Wohlbefinden seiner Orchestermitglieder über alles ging.

Nach Thomas' Tod im Jahre 1905 übernahm Frederick Stock, ein Geiger im Orchester, das Amt des Generalmusikdirektors, das er bis zu seinem Tod im Jahre 1942 innehatte. Danach gab es bis 1969, als ich kam, fünf Musikalische Leiter aus fünf verschiedenen Ländern: den Belgier Désiré Defauw, den Polen Artur Rodzinski, den Tschechen Rafael Kubelik, meinen Landsmann Fritz Reiner und den Franzosen Jean Martinon. Meine Amtszeit als Generalmusikdirektor des Chicago Symphony Orchestra war länger als die aller anderen Dirigenten mit Ausnahme von Stock.

Zu Beginn meiner Zeit in Chicago gab es zwei Personalprobleme. Das erste war ganz allein meine Schuld, das zweite nicht. Im Frühjahr 1969, ein paar Monate bevor ich meinen Dienst in Chicago antrat, kam Tom Willis, der wichtigste Musikkritiker der *Chicago Tribune*, zu einem Interview nach Wien, wo ich gerade Aufnahmen machte. Im Laufe dieses Interviews überflog ich eine Liste der Orchestermusiker mit ihren Geburtsdaten. Dabei beging ich den Fehler zu bemerken, bei den Streichern des Chicago Symphony

Orchestra gäbe es zu viele ältere Musiker. Wäre ich diplomatischer gewesen und hätte nach und nach für einen Wechsel gesorgt, nachdem ich mit dem Orchester gearbeitet hatte, dann hätte ich mir viel Ärger ersparen können. Als ich nach Chicago kam und mit den Proben für mein erstes Konzert begann, traf ich die Musiker in angespannter Stimmung an. Ich fragte meinen Freund Victor Aitay, den Ko-Konzertmeister des Orchesters, was denn nicht in Ordnung sei und warum die Musiker mich nie anlächelten.

»Sie haben Angst vor dir«, erwiderte Aitay. »Sie erinnern sich noch daran, daß Reiner ständig Musiker rausgeschmissen hat. Nun fürchten sie, daß du vielleicht ein zweiter Reiner bist.«

»Ich werde überhaupt niemanden rausschmeißen«, sagte ich.

Bei der nächsten Probe klärte ich das Mißverständnis auf. Mein Ziel sei es, nach und nach für ausgeschiedene ältere Musiker jüngere zu engagieren. »Ich weiß doch, wie gut dieses Orchester spielt«, sagte ich. »Ich habe nicht die Absicht, das zu ändern.« Zwei der älteren Orchestermitglieder baten, mir vorspielen zu dürfen, um zu beweisen, daß sie genauso gut wie die jüngeren Mitglieder spielen könnten. Ich erwiderte, dies sei doch nicht nötig, aber sie bestanden darauf – und beide spielten sehr gut.

Als es später bei den Streichern die ersten freien Stellen gab, erwies es sich als schwierig, junge Musiker von ausreichend hohem Standard zu finden. In den USA der frühen siebziger Jahre wurde der Musiker als Beruf noch nicht ernst genommen. Eine ganze Generation wandte sich sichereren und praktischeren Ausbildungen wie Medizin und Jura zu, wo sie später deutlich mehr verdienen konnte. Ich erinnere mich an viele ergebnislose Vorspielsitzungen, nach denen ich niemand eingestellt hatte. Einmal engagierte ich aus purer Verzweiflung eine besonders junge Musikerin, weil ich meinte, irgend jemanden nehmen zu müssen. Aber schon bald merkte ich, daß dies ein Fehler war – für diesen Job war sie nicht die Richtige.

Bei der letzten Vorspielsitzung für das Chicago Symphony Orchestra ging es Jahre später darum, sechs freigewordene Pulte bei den Geigen neu zu besetzen, und das bereitete mir überhaupt keine Mühe. Die finanzielle Situation ist inzwischen soviel besser geworden, daß heute ein Streicher in einem führenden Orchester mehr verdienen kann als ein hochrangiger Regierungsangestellter. Die Kehrseite besteht darin, daß mittlerweile mehr talentierte Musiker aus den Musikschulen kommen, als es entsprechende Stellen in den USA gibt; davon haben europäische Orchester profitiert, die einige dieser Musiker einstellen konnten.

Die Arbeitsmarktsituation für junge Musiker in Amerika hat sich aufgrund neuer Gesetze hinsichtlich des Pensionsalters verschlimmert; nunmehr gehen weniger Orchestermitglieder in Pension. Das ist ein Problem, mit dem man sich dringend befassen muß.

Das andere Problem hatte ich als »Altlast« mit übernommen. Ein paar Jahre zuvor hatte Martinon sich mit einem der führenden Musiker des Orchesters überworfen und ihn entlassen. Der Musiker meinte, er sei zu Unrecht rausgeworfen worden, und ging vor Gericht. Am Ende sah sich Martinon gezwungen, ihn wiedereinzustellen. Unglücklicherweise hatten beim Prozeß einige Kollegen gegen den Musiker ausgesagt, der ihnen diesen Verrat nie verzieh. So kam es, daß er mit seinem Pultnachbarn nicht mehr redete, obwohl sie tagtäglich bei den Proben und Konzerten nebeneinander saßen. Während einer Probe in meiner ersten Saison stand dieser Musiker auf und wollte mit den Worten: »Ich halte das nicht mehr aus!« hinausgehen.

Mir war die Brisanz der Situation augenblicklich klar: Wenn ich nichts tat, würde die innere Disziplin des Orchesters zum Teufel gehen. Sogleich ordnete ich eine Probenpause an und bat die beiden Musiker, mir in mein Büro zu folgen.

»Es ist absolut unerträglich, daß zwei so ausgezeichnete Musiker während einer Probe eine derartige Szene machen«, erklärte ich. »Wenn Sie beide nicht sofort miteinander Frieden schließen und alle Differenzen beilegen, die es zwischen Ihnen beiden gegeben hat, werde ich das Orchester augenblicklich verlassen.« Ich meinte es ernst – so traurig ich auch gewesen wäre, Chicago zu verlassen, ich hätte es wirklich getan.

Ein paar Augenblicke lang blieben sie stumm. Dann gaben sie einander die Hand, die Pause war zu Ende, und beide nahmen wieder nebeneinander Platz im Orchester. Von da an kehrte Harmonie ein.

Ich habe mit vielen US-amerikanischen Orchestermusikern zusammengearbeitet, nicht nur in Chicago, sondern auch in vielen anderen Städten. Die meisten Musiker sind hervorragend, und das liegt auch an ihren optimalen Arbeitsbedingungen: den Arbeitszeiten und den anständigen Gehältern. Ein vergleichbares Niveau professioneller Ernsthaftigkeit trifft man in Europa bei den Berliner Philharmonikern an, vielleicht noch beim Amsterdamer Concertgebouw Orchester, das im Vergleich mit deutschen Orchestern einen weniger dichten Terminplan hat. Wie bei den US-amerikanischen Orchestern gibt es bei den Berliner Philharmonikern ein hohes Gehaltsniveau und eine kürzere wöchentliche Dienstzeit (Proben und Aufführungen). Ich bin sehr für dieses System. Nur wenn die Musiker nicht überarbeitet sind, kann der Dirigent mit Recht verlangen, daß sie ihr Bestes geben und regelmäßig üben. In Europa ist selbst ein so renommiertes Ensemble wie die Wiener Philharmoniker überarbeitet: Die Musiker spielen jeden Abend eine Oper, tagsüber proben sie meist Opern oder Konzerte oder machen Aufnahmen. Selbst wenn man berücksichtigt, daß die Wiener Philharmoniker ein doppelt so großes Ensemble als normal sind, und daß kein Musiker bei allem mitspielt, so tanzen sie doch auf zu vielen Hochzeiten. In London ist es noch schlimmer, weil Orchestermusiker für ihren Lebensunterhalt hart arbeiten müssen. Der britische Staat verweigert künstlerischen Organisationen die großzügigen Subventionen wie in anderen europäischen Ländern, und die privaten Spender erhalten keine steuerlichen Abschreibungsmöglichkeiten wie in den USA. Da britische Orchester von Hause aus arm sind, jagen die Musiker von einem Engagement zum andern. Personalmanager erklären den Dirigenten ständig: »Die Zweite Flötistin wird heute später kommen.« Oder: »Der Dritte Posaunist kann bei der Probe heute nachmittag nicht dabeisein.« Meine Lebens- und Arbeitseinstellung ist alles andere als preußisch, aber ich glaube doch, daß Musiker dem Publikum, sich selbst und vor allem der Musik gegenüber eine Verantwortung haben, ihr Bestes zu geben – und dies erfordert eine gute Organisation, eine Grunddisziplin, richtige Arbeitsbedingungen und eine angemessene Bezahlung.

Es gibt noch einen anderen, wesentlichen Grund, warum Musiker nicht so oft spielen sollten: Die besten Instrumentalisten müssen Zeit zum Unterrichten haben, damit sie ihr Wissen und ihre Erfahrung an die begabtesten Musiker der nächsten Generation weitergeben können. Im US-amerikanischen System ist dies möglich, nicht jedoch in vielen europäischen Ländern. Das beweist eine traurige Kurzsichtigkeit.

Es ist eine Schande, daß die romanischen Länder keine wirklich erstklassigen Orchester hervorbringen, da es doch in Italien, Frankreich und Spanien mindestens genauso viele Talente wie anderswo gibt. Schuld daran sind schlecht bezahlte Lehrer und ein Mangel an Disziplin. In den USA hingegen ist die Ausbildung ausgezeichnet. Inzwischen ist es nicht mehr fair, nur noch auf die traditionellen großen fünf Orchester – Boston, Chicago, Cleveland, New York und Philadelphia – zu verweisen. Man sollte lieber von den großen elf Orchestern sprechen. Dazu zählen weiterhin: Dallas, Houston, Los Angeles, Pittsburgh, San Francisco und Washington.

Viele Dirigenten beklagen die harten Vorschriften der US-amerikanischen Musikergewerkschaften. In Chicago hatte ich damit keine Schwierigkeiten. Die Musiker erscheinen pünktlich auf die Minute mit gestimmten

Instrumenten und halten sich genau an die festgesetzten Zeiten. Die zwei-einhalbstündige Probe mit einer zwanzigminütigen Pause mittendrin scheint mir das richtige Maß zu sein. Wenn man sich intensiv konzentriert und in der verfügbaren Zeit hart arbeitet, dann hat man nicht mehr das Bedürfnis weiterzumachen. Der Probenplan muß eine Woche im voraus aufgestellt werden, damit die Musiker rechtzeitig wissen, wann sie benötigt werden. Wenn Beethovens Fünfte für Dienstagvormittag um zehn Uhr angesetzt ist, muß man sich daran halten. Einigen meiner europäischen Kollegen machte diese Art der Terminplanung Probleme, doch ich gewöhnte mich schnell daran. Das lag wahrscheinlich an meinen Erfahrungen mit der Oper, wo eine Planung unumgänglich ist.

Jedes System hat natürlich seine Nachteile. Meiner Meinung nach hat das Abonnementssystem in den USA einen erheblichen Nachteil, weil es dort keine staatlichen Subventionen gibt. Wenn weit über neunzig Prozent der Sitzplätze für eine ganze Konzertsaison durch Abonnements viele Monate im voraus verkauft sind, wie dies in Chicago zu meiner Zeit der Fall war, dann erfreut sich der Betrieb zwar einer beruhigenden finanziellen Absicherung, aber Abonnements sorgen nicht immer für die beste Atmosphäre zum Musizieren. Das ideale Publikum besteht aus Menschen, die sich für ein bestimmtes Programm interessieren, die diese Stücke hören wollen und dann ihre Eintrittskarten kaufen. Viele Abonnenten hingegen gehen in Konzerte, weil sie ihre Eintrittskarte schon bezahlt haben, unabhängig welche Werke aufgeführt werden oder wer sie spielt. Abonnenten gehen jeden Dienstag, Donnerstag oder Samstag ins Konzert, selbst wenn sie nicht in der richtigen Stimmung sind. Viele lassen sich leicht ablenken, hüsteln oder räuspern sich bei leisen Passagen oder langgehaltenen Tönen. Ich fand dies so ärgerlich, daß ich mich einmal dem Publikum zuwandte und sagte: »Wenn Sie wüßten, wie lange wir an dieser Pianissimo-Phrase gearbeitet haben, würden Sie Ihren Husten unterdrücken«, sagte ich.

Der mangelnden Aufmerksamkeit entspricht dann der karge Applaus am Ende jedes Stücks. Kaum ist der letzte Ton des Konzerts verklungen, eilen schon viele Abonnenten zur Tür. In den ersten Jahren in Chicago wandte ich mich dann immer zum Konzertmeister um und rief scherzhaft: »Feuer! Feuer!« Aber im Innersten war ich traurig. Ich wußte zwar, daß das Chicagoer Publikum mich mochte, aber unweigerlich kam mir der Gedanke, daß viele unserer Konzertbesucher sich bereits langweilten, bevor wir zu spielen begannen. Das wollte ich ändern. Ich wünschte mir, daß unsere Abonnementskonzerte nicht mehr nur ein gesellschaftliches Ritual, sondern ein musikalisches Ereignis waren. Es gab Augenblicke in diesen ersten

Jahren in Chicago, da es mir beinahe lieber gewesen wäre, von den Leuten ausgebuht zu werden, als ihren lauen Applaus zu hören und zu sehen, wie sie eilig durch die Ausgänge verschwanden.

Die Reaktionen des Publikums besserten sich im Laufe der Jahre, nicht zuletzt durch die Schallplatte: Das Publikum wurde kenntnisreicher und damit aufmerksamer. Aus Fairneß gegenüber dem US-amerikanischen Symphonieorchesterabonnenten muß gesagt werden, daß viele Zuhörer eine große Neugier gegenüber neuen oder unvertrauten Werken an den Tag legen. Abonnenten sind weniger aufmerksam, wenn sie zum hundertsten Mal eine Beethoven-Symphonie hören, als wenn sie zum ersten Mal einem neuen Werk lauschen. Als ich nach Chicago kam, erwuchs gerade die Vorliebe für Bruckner, Mahler und die Klassiker des 20. Jahrhunderts: Strawinsky, Bartók, Alban Berg und einige andere Komponisten. Diese Musik wurde nicht immer bereitwillig akzeptiert. Diese Einstellung änderte sich in den siebziger Jahren, als sich eine neue Zuhörergeneration im Publikum durchzusetzen begann. Schließlich konnten wir sogar mit einer konzertanten Aufführung von Schönbergs *Moses und Aron* einen großen Erfolg verbuchen. Viele Menschen kamen aus reiner Neugier und entdeckten zu ihrer Überraschung, daß ihnen das Werk gefiel.

In meinen frühen Jahren in Chicago wurde jedes Programm dreimal aufgeführt: Donnerstag abend, Freitag nachmittag und Samstag abend. Die Freitagskonzerte waren eine aufreibende Einrichtung, ein Überbleibsel aus der »heroischen« Ära der US-amerikanischen Orchester aus den frühen Jahrzehnten des 20. Jahrhunderts. Damals hing das Überleben eines Ensembles von der Unterstützung und dem Einsatz seines Frauenkomitees ab, das sich aus den Frauen einheimischer Geschäftsleute und Industriellen zusammensetzte. Viele dieser Damen, die ihre Gatten zu überreden vermochten, dem Orchester Geld zu geben, wollten die Gelegenheit haben, Konzerte am Nachmittag zu besuchen. Zu einer bestimmten Zeit mußten die Konzerte beendet sein, damit die Damen mit ihren Ehemännern wieder nach Hause fahren konnten. Ich mochte diese Konzerte nicht, weil ich nach dem Donnerstagabendkonzert erst spät ins Bett kam und mich am nächsten Vormittag für das Nachmittagskonzert vorbereiten mußte, das genau dann stattfand, wenn ich normalerweise ein Nickerchen machte und anschließend studierte. Versuchsweise verteilten wir die Freitagsreihe auf zehn Nachmittage und zehn Abende. Als sich herausstellte, daß die Abende besser besucht waren, verlegten wir die ganze Serie im folgenden Jahr auf die Abende. Am Ende fügten wir noch eine Dienstagabendreihe hinzu. Das war für mich dann doch des Guten zuviel, da wir alles in allem achtmal pro

Woche antreten mußten: vier Aufführungen des Konzerts dieser Woche und vier Proben für das der nächsten Woche – und dazu mußte noch eine Menge einstudiert werden.

Ich will mich damit allerdings nicht beklagen. Die künstlerischen Freuden, die mir das Orchester bereitete, waren enorm. Darum bin ich zweiundzwanzig Jahre lang in Chicago geblieben.

Als ich im Herbst 1969 in Chicago ankam, war die Stadt wie eine schlafende Schönheit. Der Elan der Nachkriegsjahre hatte nachgelassen, die Stadt hatte sich in sich selbst zurückgezogen und war in mancherlei Hinsicht isoliert von der Ostküste der USA und ganz bestimmt von der übrigen Welt. Es gab wenig Direktflüge von Europa nach Chicago – man mußte in New York oder Montreal umsteigen –, und europäische Zeitungen gab es gewöhnlich erst Tage nach ihrem Erscheinen zu kaufen. Die spektakuläre Architektur der Stadt war heruntergekommen und schäbig geworden, und mehrere großartige Gebäude wurden abgerissen. Die Atmosphäre in der Orchestra Hall war alles andere als dynamisch. Das Orchester besaß zwar noch immer seine Förderer und Wohltäter, aber was die Stadt anging, so ging sie mit ihm wie mit einem geliebten, aber vernachlässigten alten Möbel um. Doch ein Hauch von Veränderung lag in der Luft, und wenige Monate nach meiner Ankunft begann Chicago aus dem Schlaf zu erwachen. Das erste Anzeichen war die Errichtung des John Hancock Center durch das Architektenteam Skidmore, Owings & Merril im Jahre 1970. Wenn man mit dem Flugzeug kommt, erblickt man es gleich als erstes, wie einen großen Leuchtturm am Rande des Sees. Und plötzlich schossen mehrere spektakuläre moderne Gebäude in die Höhe und verhalfen den architektonischen Juwelen der Vergangenheit zu neuem Glanz. Die Stadt hatte wieder ein gewisses Etwas, und ich hatte das Glück, in diesem Moment hinzukommen.

Meine Aufgabe war es, der Orchestra Hall auch dieses gewisse Etwas zu vermitteln. Martinons fünfjährige Amtszeit hatte keinen nachhaltigen Eindruck beim Orchester hinterlassen. 1969 fand ich mehr oder weniger das gleiche Ensemble, wie es Fritz Reiner 1963 verlassen hatte. Die Moral war auf einem Tiefpunkt, weil Martinon ein schwacher Generalmusikdirektor gewesen war. Zum Glück besaß Reiner eine ganz sichere Hand bei der Auswahl von Musikern. Mit seiner harten Arbeit formte er ein erstklassiges Orchester. Ich konnte auf dem aufbauen, was Reiner geschaffen hatte.

Allerdings interessierte sich Reiner nicht dafür, welchen Stellenwert sein Orchester in der Welt hatte. Ich hingegen fand das wichtig. Auf drei

Dinge, die ich in Chicago zustande gebracht habe, bin ich besonders stolz: Ich habe die musikalischen Standards angehoben und damit dem Orchester größeres internationales Ansehen verschafft. Ich habe dafür gesorgt, daß die Menschen von Chicago stolz auf ihr Orchester wurden. Und ich habe dazu beigetragen, daß die Musiker finanziell abgesichert waren, so daß sie in ihrem Berufsleben mit besseren Gehältern und im Alter mit mehr als anständigen Pensionen rechnen konnten. Diese drei Errungenschaften hängen eng miteinander zusammen.

1969 hatte das Chicago Symphony Orchestra als einziges der fünf großen Orchester noch keine Europatournee absolviert – ja auch in den USA gab es nicht viele Gastspiele. Und wieder hatte ich ungeheuer Glück. Der Vorsitzende der Orchestra Association, des Orchester-Aufsichtsrats, war ein Immobilienmakler namens Louis Sudler. Louis sang leidenschaftlich gern und liebte Musik, und er war auch ein Mann mit Visionen. Als ich ihm erklärte, es wäre gut für das Orchester, im Ausland auf Tournee zu gehen, um sein Ansehen zu erhöhen, griff er die Idee auf. Auch John Edwards, der Manager des Orchesters, war davon begeistert, und schon nach anderthalb Jahren nahmen wir in Wien Mahlers Achte Symphonie auf der ersten Etappe einer Europa-Tournee auf, die durch zehn Städte ging. Richard Daley, der Bürgermeister von Chicago, hatte uns einen Scheck über 100 000 Dollar gegeben, und bei unserer Rückkehr hieß uns die Stadt mit einer Konfettiparade willkommen.

Bis dahin wäre eine solch herzliche Reaktion des Publikums undenkbar gewesen. Später ging ich mit dem Orchester auf zahlreiche lange und kurze Tourneen innerhalb der USA und auf neun Trips nach Übersee: fünfmal nach Europa (dabei einmal auch nach Rußland), dreimal nach Japan (beim zweiten Mal auch nach Hongkong) und einmal nach Australien anläßlich der dortigen Zweihundertjahrfeiern 1988. Als wir in Sydney eintrafen, waren wir alle von einem Transparent über der Straße vom Flughafen zur Stadt beeindruckt: »Sydney hat zweihundert Jahre darauf gewartet, Solti und das Chicago Symphony Orchestra willkommen zu heißen!«

Der immer größere Stolz, den Chicago für sein Orchester empfand, äußerte sich auch ganz konkret: Als ich die Leitung übernahm, hatte das Chicago Symphony Orchestra fünf Millionen Dollar Schulden und stand vor der Pleite. Als ich zweiundzwanzig Jahre später ging, hatte das Orchester eine ganz beachtliche Kapitaldeckung. Die zweite Stadt der USA war zwar bevölkerungsmäßig nur die dritte geworden, musikalisch aber die erste. Damals war man allgemein der Ansicht, das Chicago Symphony Orchestra und Solti seien das beste Musikerteam in den USA. Wir waren stolz darauf, daß wir in Chicago so bekannt und beliebt waren wie die berühmten Sportteams von Chicago. Statt im makabren Ruf der einstigen Wirkungsstätte des Gangsters Al Capone zu stehen, wurde Chicago bald weltweit bekannt als Heimstätte des Chicago Symphony Orchestra. Ich konnte meine Plattenfirma Decca dazu bewegen, mit dem Orchester einen Aufnahmevertrag abzuschließen. Meine Dirigentenkollegen schlossen sich dem an und brachten ihre Plattenfirmen mit ein, EMI und die Deutsche Grammophon. Es gab wieder Rundfunk-übertragungen von unseren Konzerten, die Zahl der Abonnenten und der Spender nahm zu, die Musiker erhielten höhere Pensionen, bessere Kran-kenversicherungen und bezahlten Urlaub, und bald galten wir als Spitzen-reiter in der US-amerikanischen Orchesterszene.

John Edwards läßt sich als ein Mr. Pickwick des 20. Jahrhunderts bezeichnen. Er war Junggeselle und Bonvivant und ungeheuer belesen. Er war gern unter Menschen, besuchte Partys und redete über das Orchester. An Konzertabenden stand er in der Eingangshalle und begrüßte die Besucher. Das Orchester war sein Leben, und sein Büro im siebten Stock der Orchestra Hall war für ihn Arbeitsplatz und Zuhause in einem. Er arbeitete gern mit Menschen, die er kannte, und er hatte ein ganz eigenes Arbeitstempo: Seine Briefablage war legendär wegen ihrer Höhe. Wir pflegten zu sagen, er würde nie seine Post beantworten, wenn es nicht etwas wirklich Dringendes war, weil sich die Antwort nach ein paar Monaten von selbst erledigt hatte. Er war ein ganz lieber Freund, aber diese Freundschaft konnte einen Knacks bekommen, wenn man seinen Arbeits- und Lebensstil zu ändern versuchte – ein paarmal ging es zwischen uns ein wenig stürmisch zu, aber das war nie von Dauer. Wir waren die beiden Eltern einer großen Familie, und was auch immer wir geleistet oder nicht geleistet haben mochten, eins war sicher: Wir haben dem Orchester das Gefühl vermittelt, eine Familie zu sein.

Am schönsten war es, wenn wir auf Tournee gingen. Wir zogen los wie eine Zirkustruppe oder ein mittelalterliches Heer, die Orchestermitglieder wurden von ihren Familien, von kleinen Babys bis zu den Großeltern sowie von einigen Vorstandsmitgliedern und Förderern des Orchesters begleitet. Wir aßen zusammen, gingen zusammen auf Sightseeingtour und hatten viel miteinander zu lachen, aber wir probten auch intensiv. Proben auf Tourneen sind immer eine wertvolle Erfahrung, besonders wenn man in unterschiedlichen Sälen spielt und die Dynamik der Akustik anpassen muß. Es macht natürlich auch Freude, in einigen der bedeutenden Konzertsäle der Welt zu spielen: im Concertgebouw in Amsterdam, im Wiener Musikverein, in der Hamburger Musikhalle und in der Berliner Philharmonie. Einer der wichtigsten Menschen auf diesen Tourneen war der Orchesterwart Bill Hogan. Er und sein Team brachten die Instrumente von A nach B, verluden sie wieder nach den Konzerten, beförderten sie zur nächsten Station und richteten dann die Bühne für den kommenden Tag her. Während all der Jahre, in denen ich auf Tournee ging, habe ich nie einen schlechtgelaunten Bühnenarbeiter gesehen.

Große Freude bereiteten mir in Chicago das Art Institute und die privaten Kunstsammlungen der Stadt. Ein guter Freund von mir, Harold Joachim, der Enkel des großen Geigers Joseph Joachim, war Direktor der Graphischen Sammlung des Art Institute. Er war ein stiller, diskreter Mann, der ganz poetisch und leidenschaftlich wurde, wenn er über Zeichnungen und Gemälde sprach. Er zeigte mir die Schätze in den Räumen seiner Wohnung. »Ich möchte, daß du dir das jetzt mal ansiehst«, pflegte er dann zu sagen, wenn er einen frühen Goya oder einen Van-Gogh herausholte. Er liebte die Musik, und ich liebe Bilder, so daß unsere wechselseitigen Besuche stets höchst erfreulich waren.

Valerie und ich waren sehr gastfreundlich, da ich der Meinung war, daß man sich um Künstler, die ein Gastspiel geben, kümmern müsse. Nachdem der Applaus verhallt ist, kann es für einen Solisten sehr einsam werden, wenn er in ein Hotelzimmer zurückkehren und sich mit dem Zimmerservice begnügen muß. Als wir im Drake Hotel wohnten, hatten wir einen großen Empfangssaal mit Blick auf den See, und dort gaben wir unsere Partys, gewöhnlich nach dem Samstagabendkonzert. Wir hatten immer viele Künstler von der Lyric Opera zu Gast, insbesondere Luciano Pavarotti und Geraint Evans. (Luciano aß am liebsten Spaghetti mit uns – er bereitete sie sogar selbst zu mit seiner berühmten Sauce.) Ich weiß noch, wie Luciano einmal zu Beginn seiner Karriere zu uns kam, als er ein Konzert im großen Auditorium Theatre in Chicago gab. Er war als der neue Caruso angekündigt worden, hatte aber Angst, das Konzert könnte nicht ausverkauft sein. Heute kann man sich gar nicht mehr vorstellen, daß er jemals derartige Zweifel gehabt hatte. Ein anderer häufiger Gast war Victor Borge. Er war nicht nur ein ausgezeichneter Pianist und Komödiant, sondern dirigierte auch gern, und beim Abendessen konnte er mir technische Fragen über das Dirigieren der *Zauberflöte* stellen. Ein lieber Freund in Chicago war auch der bedeutende Astrophysiker S. Chandrarsekhar, von der University of Chicago. Seine Leidenschaft war Beethoven, und er besaß ein erstaunliches Wissen über den deutschen Komponisten.

Die Chicagoer selbst hätten uns gegenüber nicht warmherziger und großzügiger sein können. Sie öffneten uns ihre Häuser und ihre Herzen. Als

Familie halten Valerie, unsere Töchter und ich Chicago für unser zweites Zuhause, und wir sind dankbar für all die Freunde, die wir dort haben. Es war ein wunderschöner Ort zum Leben und zum Arbeiten. Das Klima war zwar fürchterlich im Winter, aber das Publikum und die Musiker kämpften sich durch Schnee und Eis, um zu den Konzerten zu kommen. Ich glaube, ich mußte nur eins absagen, und auch eine Aufnahmesitzung für Mahlers Fünfte Symphonie mußte wegen eines wahnsinnigen Schneesturms um drei Stunden verschoben werden. An sonnigen Tagen ging ich gern am See entlang und betrachtete die atemberaubende Skyline hinter mir. Als ich eines Tages mit Gabrielle (die damals vier war) spazierenging, kam mir eine Dame entgegen und sagte: »Sie sind doch Mr. Solti, nicht wahr?«, worauf ich erwiderte: »Nein«, da es ziemlich kalt war und ich nicht stehenbleiben und reden wollte. Gabrielle war entsetzt, und als wir rasch weitergingen, hüpfte sie neben mir her und flüsterte: »Aber du bist es doch, du bist es doch!«

Während meiner Zeit in Chicago empfand ich es als selbstverständliche Pflicht, Werke US-amerikanischer Komponisten zu dirigieren. In meiner ersten Saison führte ich Charles Ives' *Three Places in New England* auf – in meinem ersten Konzert als Generalmusikdirektor am 27. November 1969 –, Elliott Carters *Variationen für Orchester*, für Chicago eine Premiere, und Gunther Schullers *Seven Studies on Themes of Paul Klee*. Ich engagierte mich sehr für die Vorstellung neuer Stücke führender europäischer Komponisten und dirigierte die Welturaufführungen von Werken von Marvin David Levy, Alan Stout, Hans Werner Henze, Bohuslav Martinu, David Del Tredici, Sir Michael Tippett, Easley Blackwood, Witold Lutosławski, Morton Gould, George Rochberg, Karel Husa, Gunther Schuller, Ellen Taaffe Zwilich und Andrzej Panufnik.

In meiner ersten Saison führte ich drei Werke von Mahler auf: *Lieder eines fahrenden Gesellen* und die Fünfte und Sechste Symphonie. Aber besonders mit Mahlers Fünfter werde ich immer das Chicago Symphony Orchestra verbinden. Sie gehörte zu unserem ersten gemeinsamen Gastspielprogramm in der New Yorker Carnegie Hall. Wir fuhren ein wenig beklommen hin, weil wir nicht wußten, wie die New Yorker uns aufnehmen würden, für die wir ja noch immer so gut wie unbekannt waren. Als wir den letzten Satz beendet hatten, erhob sich das Publikum und schrie so hysterisch, als wäre es bei einem Rockkonzert. Der Applaus schien nicht enden zu wollen – unsere außergewöhnliche Darbietung hatte sie alle in Bann geschlagen. Noch nie hatte ich etwas derart Überwältigendes erlebt gehabt, und wahrscheinlich werde ich es nie wieder erleben. Von da an waren wir in New York stets erfolgreich. Wenn wir ein- oder zweimal pro Jahr hinkamen, manchmal auch mit dem Chor, war das mehr als nur ein Konzert – es wurde ein musikalisches Happening.

In all diesen Jahren habe ich nur ein einziges Konzert verpaßt: Mahlers Achte, die von unserer Chormeisterin Margaret Hillis dirigiert wurde. Beim Aussteigen aus einem Fahrstuhl in Chicago war ich hingefallen und hatte mir einen fürchterlichen Bluterguß zugezogen. Ich konnte mich nicht mehr rühren und mußte mehrere Tage lang das Bett hüten, so daß das Orchester ohne mich nach New York fuhr. Mit einiger Mühe kam ich zwei Tage später nach. Ich konnte zwar kaum gehen, aber sobald ich mich auf dem Podium befand, waren meine Beschwerden und meine Steifheit verschwunden – bis zum Ende der Aufführung, wonach ich mit letzter Kraft meine Garderobe erreichte. Es war schon erstaunlich.

Die New Yorker Konzerte waren besonders angenehm, weil ich viele alte Freunde sehen konnte, die entweder in New York wohnten oder eigens zu den Konzerten hinkamen. Freddy Fellner, der mich beschworen hatte, Budapest zu verlassen, und damit mein Leben gerettet hatte, lebte inzwischen in Kalifornien mit seiner Frau Clary, und zu den Chicago-Konzerten fuhren sie immer nach New York. Terry McEwen, der damalige Chef von London Records in New York, war stets ein überaus herzlicher Gastgeber. Nach der Aufführung gab er immer eine Party und lud all meine Freunde, Prominente und alle Musiker und Sänger ein, die leidenschaftliche Verehrer des Chicago Symphony Orchestra – regelrechte »COS-Fans« – geworden waren und sich gerade in der Stadt aufhielten.

Wann immer Valerie und ich in New York waren, sind wir so oft wie möglich am Broadway ins Theater gegangen. Und niemals versäumten wir es, unseren Zahnarzt aufzusuchen, den CSO-Fan Dr. Walter Goldstein, der uns mit dem neuesten New Yorker Musikklatsch versorgte, während er sich um unsere Zähne kümmerte. Ein weiterer Pflichtbesuch galt dem Spielzeugladen FAO Schwarz an der Fifth Avenue. Einmal hatte ich kurz vor Weihnachten ein Schaukelpferd für Gabrielle gekauft. Für eine Lieferung war es schon zu spät, also blieb mir nichts anderes übrig, als es mitzunehmen und die Fifth Avenue mit einem Schaukelpferd unterm Arm zu meinem Hotel hinunterzugehen.

Mein Vertrag mit Chicago sah vor, daß ich jedes Jahr zwölf Wochen lang Konzerte dirigierte sowie mit dem Orchester auf nationale und internationale Tourneen ging. Valerie und ich blieben weiterhin in der Schweiz, in Italien und London zu Hause. 1973 zogen wir in ein Haus im Norden Londons, das bis heute unser Hauptwohnsitz ist. Anfangs mieteten wir in Chicago unweit vom Drake Hotel eine deprimierend kleine Wohnung , aber nach Gabrielles Geburt bezogen wir ein Hotel. Doch bald kehrten wir wieder ins Drake zurück und wohnten mehrere Jahre in unserer alten Suite. Einmal mieteten wir ein Haus bei Ravinia, dem großen Park, in dem das Chicago Symphony Orchestra seine Sommerkonzerte abhielt. Leider war es eine Stunde vom Konzertsaal entfernt. Das bedeutete für mich zwei bis vier Stunden Autofahrt täglich. Als mir die Fahrerei zuviel wurde, zogen wir wieder ins Drake. Über unseren Freund Biba Roesch bat uns eines Tages Marco Torriani, der Direktor des Mayfair Regent, uns eine Suite anzusehen, die er eigens geschaffen hatte, um uns vom Drake wegzulocken – wir sahen sie uns an und zogen ein. Hier blieben wir zehn Jahre lang, bis das Mayfair Regent verkauft wurde. Wenn wir heute nach Chicago kommen, steigen wir im Four Seasons ab.

Chicago war die erste Stadt, in der ich Generalmusikdirektor war, ohne sie zu meinem Hauptwohnsitz zu machen. Ich brauchte einen Ort für meine Frau, für mich und später für meine Töchter, an dem wir uns wie zu Hause fühlen konnten, auch wenn es nicht unser Hauptwohnsitz war. Gabrielle wurde gleich nach meiner ersten Saison in Chicago geboren, Claudia kam drei Jahre später zur Welt. Anfangs gingen die Kinder meist mit uns auf Reisen, begleitet von Jill Ferguson, dem Kindermädchen, und Pat Hughes, der Hausdame und Sekretärin. Beide hatten wir nach Gabrielles Geburt engagiert – und beide arbeiten noch heute für uns.

Die Mädchen liebten Chicago – den Spielplatz nebenan, die Nachmittagsbesuche bei Baskin-Robbins und ihre vielen Freunde. Als Gabrielle zehn war, mußten Valerie und ich eine Entscheidung über ihre Zukunft ebenso wie die Claudias treffen: Falls wir Chicago zu unserem ständigen Wohnsitz machten, müßten die Mädchen bei unseren Konzertreisen nach Europa zu Hause bleiben – sie lebten als anglo-ungarische Kinder sechs Monate ohne ihre Eltern in den USA. Die Alternative war, sie in der Schweiz oder in England auf die Schule zu schicken. Da ihre Großeltern in England lebten, entschieden wir uns für England; denn meine Töchter sollten nicht so heimatlos werden wie ich.

Ob meine Entscheidung richtig oder falsch war, wird sich erst im Laufe der Zeit zeigen. Ich bin sehr stolz darauf, daß meine beiden Töchter in Oxford studiert haben und sich für das Weltgeschehen, für Politik und für die Künste interessieren. Aber als Vater bin ich überhaupt nicht sicher, das

Richtige getan zu haben. Zwar versuchte ich, meinen Terminkalender nach ihren Ferien auszurichten, indem ich meine zwölf Chicago-Wochen in drei Vier-Wochen-Schichten aufteilte, aber das klappte nicht immer, und unser Familienleben geriet ständig durcheinander. Zwischen Chicago und meinen verschiedenen Tourneen und Gastspielen auf der ganzen Welt war ich fast neun Monate im Jahr von zu Hause fort. Bis heute bedauere ich die Opfer, die wir alle bringen mußten.

Valerie teilte ihre Zeit ein: zwei bis drei Wochen bei mir, dann zwei bis drei Wochen bei den Kindern. Jill war eine absolut treue und verläßliche Seele – sie liebte die Mädchen, und diese liebten sie –, und die geliebten Großeltern waren nicht weit weg. Dennoch brauchen Kinder nun einmal ihre Eltern. Gabrielle ging mit sechzehn aufs Internat. Die damals dreizehnjährige Claudia erzählte mir später, daß sie oft bis in den Schlaf weinte, als sie zum ersten Mal ohne ihre Schwester oder ihre Eltern allein zu Hause war. Bis heute fühle ich mich schrecklich bei dem Gedanken, als Vater versagt zu haben. Ich kann nur hoffen, daß ihre Erziehung keine bleibenden Narben bei meinen Töchtern hinterlassen hat. Unser Leben war sicher nicht ideal vom häuslichen Standpunkt aus, aber die Freude, mit dem Chicago Symphony Orchestra beruflich zu arbeiten, war nun einmal unermeßlich.

Während der siebziger Jahre verband ich meine Pflichten in Chicago mit einem zeitaufwendigen Engagement für zwei Pariser Ensembles: die Opéra und das Orchestre de Paris. In Frankreich war ich zum ersten Mal bereits in den fünfziger Jahren engagiert, als ich das Orchestre de la Société des Concerts du Conservatoire dirigierte. Das war ein schockierendes Erlebnis: Bei den Proben saß der Konzertmeister mit übergeschlagenen Beinen da und hielt eine Zigarette im Mund. Die Ensemblemitglieder diskutierten, plauderten und redeten durcheinander, bis wir mit dem Spielen anfingen. Dann wurden sie passiv und lethargisch – die Streicher beispielsweise bewegten ihre Bögen nicht viel mehr als zehn Zentimeter. Jedes Mal, wenn ich unterbrach, um etwas zu korrigieren oder darum zu bitten, daß etwas anders gespielt wurde, setzte der Lärm wieder ein. Das Konzert war schrecklich. Viele Jahre lang habe ich nicht wieder in Paris gearbeitet, außer mit ausländischen Gastspielensembles.

1967 erteilte André Malraux, Präsident de Gaulles Kultusminister, dem Dirigenten Charles Münch den Auftrag, ein großes Nationalorchester zu gründen. Die Idee war ausgezeichnet, aber Münch ging es gesundheitlich nicht gut. Darum stellte er kein völlig neues Orchester auf die Beine, sondern verwendete sechsundfünfzig Musiker aus seinem alten Orchestre du Conservatoire als Kernstück – rund zwei Drittel – des neuen Orchestre de Paris. Dies genügte Münch völlig, denn er kannte viele von den Musikern persönlich; aber Herbert von Karajan genügte dies nicht mehr, als er das Orchester 1969 nach Münchs Tod übernahm – bereits nach einem Jahr gab er auf. Roland Bourdin, der Manager des Orchesters und ehemaliger Repräsentant von Decca in Frankreich, bat mich, Karajans Nachfolger zu werden. Ich besuchte eines von Karajans Konzerten mit dem Orchester, fand das Ensemble gut, aber nicht überragend – und übernahm die Musikalische Leitung.

Nach den ersten Saisons verstand ich, warum Karajan wieder gegangen war: Der Wechsel von den Berliner Philharmonikern zum Orchestre de Paris muß ein Schock für Karajan gewesen sein, ebenso wie mein Wechsel vom Chicago Symphony Orchestra. Das Orchester war einfach nicht gut genug. Es fehlte ihm an Disziplin, das Qualitätsniveau war ungleichmäßig. Ich probierte hin und her, aber nach drei der vertraglich vereinbarten fünf Jahre empfahl ich Daniel Barenboim als meinen Nachfolger und ging. Ich erklärte Daniel, er würde mit dem Orchester schwer zu kämpfen haben, aber ich glaubte, er sei der richtige Mann für den Job. So war es auch. Barenboim blieb vierzehn Jahre lang und verbesserte nach und nach die Qualität der Musiker. Als ich später als Gastdirigent wiederkam, war das Orchester viel besser.

Aus meiner Zeit beim Orchestre de Paris ist mir ein Vorfall bei einer konzertanten Aufführung von *Salome* im Théâtre des Champs-Elysées besonders in Erinnerung geblieben: Grace Bumbry hatte die Titelrolle bei mir in London mit großem Erfolg gesungen. Daher hatte ich sie für Paris empfohlen. Grace Bumbry flog von den USA ein und kam gerade rechtzeitig zu einer Probe, aber sie fühlte sich nicht wohl. Sie kannte zwar die Rolle und brauchte nicht viel zu proben, doch das Orchester mußte mit ihr proben, denn es war kein Opernorchester, und die meisten Musiker hatten noch nie die *Salome* gespielt. Ich bestand darauf, daß Frau Bumbry an den Proben teilnahm, sagte ihr aber, sie solle nur markieren – verhalten singen –, damit sie sich nicht überanstrengte.

Bei der ersten Aufführung bemerkte ich, daß Bumbry beträchtliche Probleme hatte, aber sie schaffte die Oper, selbst die schwierige Schlußszene. Doch ein Teil des Publikums buhte – und sie sagte sofort wegen Krankheit die zweite Aufführung ab, die zwei Tage später im Palais des Congrès stattfinden sollte. Ich empfahl Anja Silja als Ersatz, aber sie war unabkömmlich. Während wir noch überlegten, wen wir als nächstes fragen sollten, rief Bumbry an und erklärte, sie würde sich besser fühlen und auch in der zweiten Aufführung singen.

In der Szene mit Jochanaan hatte Bumbry sogar noch mehr Probleme als in der ersten Aufführung. Am Ende dieser Szene, als Jochanaan »Du bist verflucht!« sang, verließ Bumbry die Bühne. An dieser Stelle der Oper hat Salome ein paar Minuten Pause. Ich nahm an, daß Bumbry sich ein wenig ausruhen oder etwas Wasser trinken wollte. Die Aufführung ging weiter, aber sie kam nicht wieder. Als es Zeit für ihren nächsten Auftritt war – »Ich bin nicht durstig, Tetrarch« –, machten wir ohne sie weiter, auch beim nächsten Auftritt. Wir gelangten zum Schleiertanz, bei dem es keinen Gesang gibt. Während ich dirigierte, überlegte ich verzweifelt, wie ich die Aufführung beenden konnte. Es wäre grotesk zu versuchen, bis ans Ende der Oper ohne Salome zu gelangen – und mir fiel nichts Besseres ein, als mit dem Tanz das Ganze zu beenden. Gegen Ende des Tanzes machte ich Gerhard Stolze, unserem Herodes, verzweifelt Zeichen, nur ja nicht aufzustehen und loszusingen. Aber da war er längst wie wir alle nur noch ein Nervenbündel. Er sprang auf und sang: »Ah! Herrlich! Wundervoll, wundervoll!« Das erste »Wundervoll« war laut, das zweite erklang sanft. Und dann herrschte Schweigen.

Einige Leute im Publikum dachten, die Oper sei zu Ende, und begannen zu applaudieren, andere fingen laut zu buhen an. Ich verließ die Bühne. Der Ausgang war verschlossen, doch ich rüttelte so lange an der Tür, bis jemand sie öffnete – und traf Bumbry in ihrer Garderobe an, wo ein Arzt sie untersuchte. Inzwischen war ein Teil des Publikums auf die Bühne gestürmt. Sie drangen in meine Garderobe vor und verlangten das Eintrittsgeld zurück. Der Manager war nirgends zu sehen. Ich stand der erbosten Menge gegenüber. Valerie, die ebenfalls auf die Bühne geeilt war, stellte sich vor die Leute und sagte: »Il faut s'adresser à la direction.«

Ich dachte, gleich werden sie mich lynchen. »Nun weißt du, wie einem 1789 vor der Bastille zumute war«, flüsterte ich Valerie zu. Ich konnte den Leuten nur sagen, wie leid es mir täte, daß wir nicht weiterspielen konnten. Endlich kam jemand anderes und erklärte, sie könnten entweder ihr Geld zurück haben oder Karten für eine andere Veranstaltung bekommen.

Dies war das einzige Mal im Laufe meiner Karriere, daß eine Hauptfigur die Bühne mitten in einer Aufführung verließ. Ein paar Tage später erhielt ich von Bumbry einen Brief, in dem sie mir vorwarf, ich hätte kein Mitgefühl für sie gehabt. Aber wie konnte ich unter diesen Umständen Mitgefühl haben? Sie hätte eben nicht singen sollen, wenn sie sich nicht wohl fühlte. Sie war ein wunderbarer Mezzosopran, aber Salome ist für einen dramatischen Sopran besser geeignet. Mehrere Jahre später schrieb mir Bumbry wieder und entschuldigte sich – sie hätte damals gerade eine schwierige Zeit durchgemacht. (Soviel ich gehört habe, soll Silja einmal bei einer *Salome*-Aufführung das Gefühl gehabt haben, sie würde die Schlußszene nicht mehr schaffen. Sie löste das Problem, indem sie zu Jochanaan in die Zisterne sprang.)

Etwa um die gleiche Zeit, da ich 1970 das Orchestre de Paris übernahm, wurde Rolf Liebermann zum Generalintendanten der Pariser Opéra ernannt. Er lud mich ein, Künstlerischer Berater zu werden. Ich wollte das Operndirigieren nicht ganz aufgeben, und die Aussicht, die verstaubte alte Opéra umzukrempeln, war verlockend – also nahm ich an. Liebermann schloß das Palais Garnier – das Opernhaus – für eine Renovierung und versuchte ein neues Orchester und einen neuen Chor auf die Beine zu stellen, indem er die besten Musiker und Sänger aus der alten Opéra und der Opéra Comique auswählte. Hunderte von Leuten sangen für den neuen Chor vor, der ausgezeichnet war – damit wurde der Mythos zerstört, daß es in Frankreich keine guten Chorsänger gäbe. Mit dem Orchester war es anders: Die Musiker aus den beiden alten Orchestern protestierten gegen das Massenvorspielen. Am Ende wurde Liebermann schwach und erklärte sich bereit, allen Musikern ohne Vorspiel neue Verträge zu geben. Damit ließ er sich die einmalige Chance entgehen, ein Opernorchester von Grund auf heranzubilden.

Weil ich darauf bestand, engagierte Liebermann Joan Ingpen für die Spielplanorganisation der Opéra. Sie erarbeitete ein System, nach dem etwa die Hälfte des doppelt großen Orchesters eine Produktion tagsüber probte, während die andere Hälfte eine andere Inszenierung am Abend aufführte. Auf dem Papier war dieses System genauso effizient wie Joans System für Covent Garden. Anfangs funktionierte es gut. Aber die französischen Orchestermusiker waren zu clever für Joan. Schon bald bemerkte ich, daß Musiker bei manchen Proben oder Aufführungen fehlten. Wenn ich eine Erklärung verlangte, bekam ich zu hören: »Malade, Monsieur.« Die Zustände wurden so schlimm, daß ich von fehlenden Musikern ein medizinisches Attest verlangte. In Wahrheit schwänzten viele Musiker Proben oder Aufführungen, um sich neben ihrem staatlich subventionierten Einkommen Geld zu verdienen, indem sie bei Aufnahmesitzungen oder sonstigen Gelegenheiten spielten. An der Opéra wie beim Orchestre de Paris wurde jedes Problem noch schlimmer dadurch, daß ich schlecht Französisch sprach.

Unsere erste Produktion war *Figaros Hochzeit*, die wir zuerst im Palais de Versailles und dann in der renovierten Salle Garnier in Paris herausbrachten. Giorgio Strehler, der Gründerdirektor des Mailänder Piccolo Teatro und ein erfahrener Opernregisseur, schuf eine wunderbare Inszenierung. Leider hatte ich ein unglückliches persönliches Erlebnis mit ihm: Kurz vor den Bühnenproben hatte ich eine Nachtmaschine von Chicago nach London genommen. Als wir landeten, konnten Valerie, Gabrielle und ich nichts mehr hören. Nach zwei oder drei Tagen ging es Valerie und Gabrielle wieder gut, aber ich erholte mich erst nach drei Wochen ganz. Zu der Zeit, da ich nach Paris fliegen konnte, waren die Bühnenproben schon vorbei, und man war bei den Ensembleproben. Auf einer dieser Proben bat ich Strehler, in einer Szene eine kleine Änderung vorzunehmen. »Sie wollen, daß ich *jetzt* etwas ändere?« schrie er. »Warum sind Sie nicht zu den Proben gekommen?« Und damit rauschte er hinaus. Seitdem habe ich ihn nie wiedergesehen. Er hatte wohl angenommen, ich wäre einer von diesen faulen Dirigenten, die den Bühnenproben nicht beiwohnen – er hatte einfach nicht geglaubt, daß ich wirklich krank gewesen war. Ich bedaure es, daß ich nie wieder mit ihm gearbeitet habe, denn Strehler ist ein großartiger Regisseur.

Es war geplant, daß ich einen kompletten *Ring* an der Opéra dirigieren sollte, aber wir kamen nie über *Rheingold* und *Walküre* hinaus. Peter Steins *Rheingold*-Inszenierung war teilweise faszinierend: Am Anfang beispielsweise konnte man Mime und Alberich tief unten in Nibelheim arbeiten und schwimmen sehen. Das war sehr wirkungsvoll. Insgesamt aber war die Inszenierung unnatürlich. Nach der *Rheingold*-Generalprobe verließ Stein Paris und schickte mir ein Telegramm, das etwa folgenden Wortlaut hatte: »Ich liebe und schätze Sie sehr, aber wie schade, daß Sie mich nicht lieben.«

Auch in *Walküre* gab es schwierige Momente. Regisseur war Steins Freund und Kollege Michael Grüber. Eines Tages, als er Christa Ludwig – unserer unglaublich begnadeten Fricka – etwas demonstrierte, unterbrach sie ihn: »Herr Grüber, alles, was Sie mir da sagen, ist zwar Quatsch, aber ich mache alles, was Sie sagen, weil ich dafür gut bezahlt werde.«

Für mich war die Generalprobe der *Walküre* der letzte Strohhalm. Als ich den Orchestergraben betrat, ging mir auf, daß der Erste Posaunist und der Baßtrompeter an keiner der vorherigen Proben teilgenommen hatten. Da diese zwei Instrumente ständig Leitmotive spielen, sind beide im *Ring* von größter Bedeutung. Das Ergebnis war schrecklich – und diese Produktion wurde mein Schwanengesang an der Opéra.

Im Sommer 1983 dirigierte ich den *Ring* im Bayreuther Festspielhaus, in dem die meisten großen Wagner-Dirigenten gearbeitet hatten. In Bayreuth aufzutreten sollte ein besonders erfreuliches Erlebnis für jeden Dirigenten sein, der Wagners Musik soviel Zeit gewidmet hat wie ich, aber am Ende mußte ich unendlich darunter leiden.

Seit der Eröffnung im Jahre 1876 sind die Bayreuther Festspiele immer von Mitgliedern der Familie Wagner geleitet worden: zuerst vom Meister selbst, dann von seiner Witwe Cosima, ihrem Sohn Siegfried und dann von der in England geborenen Witwe des Sohns, Winifred, einer Freundin und Förderin Hitlers. Nach dem Zweiten Weltkrieg übernahmen Winifreds Söhne Wieland und Wolfgang die Leitung. Der geniale Wieland starb viel zu früh im Jahre 1966. Der nun folgende Leiter, Wolfgang Wagner, verfügt zwar über beachtliche organisatorische Fähigkeiten, aber er ist der Aufgabe künstlerisch nicht gewachsen.

Die Bayreuther Festspiele zeichnen sich durch zwei Dinge aus: die phänomenale Akustik des Hauses und den hervorragenden Chor, der von Norbert Balatsch geleitet wird. Aber der musikalische Standard der Festspiele war niedrig, weil nicht genügend Geld da war, um die Stars zu bezahlen. In den achtziger Jahren galt dies für das Orchester ebenso wie für die Sänger. Einige Jahre lang war es der Festspielleitung gelungen, gute ostdeutsche Musiker zu relativ niedrigen Gagen zu engagieren: Sie kamen nach Westdeutschland, aßen anständig, kauften sich Kleidung und kehrten am Ende des Sommers wieder heim, nachdem sie in harter Währung bezahlt worden waren. Dann verschärfte die DDR die Ausreisebeschränkungen und beendete diese für beide Seiten vorteilhafte Situation. Also bestand das Bayreuther Orchester 1983 im wesentlichen aus westdeutschen Musikern. Da man sich nicht die besten westdeutschen Musiker leisten konnte, die während der Hauptsaison genug Geld verdienten und nun lieber Urlaub am Meer oder in den Bergen machten, als sich zwei Monate lang im regnerischen Bayreuth abzurackern, war das Orchester entschieden zweitklassig.

Mein größtes Problem war die Besetzung: Als ich vor zwanzig Jahren den *Ring* aufgenommen hatte, da standen mir Nilsson, Hotter und Windgassen zur Verfügung. Die Sänger, die ich 1983 bekam, ließen sich mit ihnen nicht vergleichen. Hildegard Behrens, unsere Brünnhilde, sang gut und erzielte einige erfreuliche Ergebnisse. Siegmund Nimsgern, unser Wotan, hatte zwar eine wunderschöne Stimme, aber sie war zu klein für diese kräftezehrende Partie. Auch Siegfried Jerusalem hatte einen hübschen, lyrischen Tenor, aber er hätte bei Mozart und anderen Werken aus dem leichteren Repertoire bleiben sollen – sein Siegmund jedenfalls war nicht überragend.

Die größten Schwierigkeiten gab es mit Reiner Goldberg, den ich für den Siegfried engagiert hatte. Goldberg hatte mir zuerst an Covent Garden und dann im Bayreuther Festspielhaus – in Anwesenheit von Wolfgang Wagner – vorgesungen. Beide Male sagte ich mir: »Das ist die Stimme. Seit Melchior hat es nicht mehr so einen natürlichen Heldentenor gegeben.« (Lauritz Melchior, ein nicht sehr musikalischer Däne, war der gefeiertste Wagner-Tenor der dreißiger und vierziger Jahre gewesen. Als ich mir einmal eine frühe Aufnahme anhörte, sang er die »Winterstürme«-Arie aus der *Walküre* in 10/8, wo Wagner 9/8 vorgeschrieben hatte. Jahre später mußte ich schmunzeln, als Melchior das gleiche Stück in einem Benefizkonzert in Los Angeles mit Klavierbegleitung sang – noch immer in 10/8.)

Freilich ahnte ich nicht, daß Goldberg seinen Text nicht beherrschte. Seit meinem Kummer damals mit Max Hirzel in Zürich hatte ich nie mehr so hart mit einem Sänger gearbeitet wie damals mit Goldberg am Klavier. Bei den ersten Bühnenproben war er stimmlich herrlich – genau wie ich es gehofft hatte, aber dann geriet er in Panik und versagte. Während der Generalprobe hatte er Angst, mich anzusehen. Ich habe nie sein Gesicht zu sehen bekommen – ständig wandte er sich von mir und vom Publikum ab, in der Hoffnung, niemand würde bemerken, daß er den Text nicht konnte. Da war nichts zu machen – wir mußten ihn ersetzen. In letzter Minute sprang Manfred Jung ein und sang alle drei Aufführungen von *Siegfried* und *Götterdämmerung*.

Auf meinen Vorschlag hin inszenierte in diesem Jahr Peter Hall den ganzen *Ring*. Ich bewunderte zwar Wieland Wagners abstrakte Inszenierungen, war aber der Meinung, es sei an der Zeit, etwas anderes zu machen. Eine moderne naturalistische Produktion schien mir interessant – eine Inszenierung, die den Geist von Wagners Bühnenanweisungen bewahrte, ohne sie lächerlicherweise allzu wörtlich zu nehmen. Peter und William Dudley, der Bühnenbildner, schufen eine gute Inszenierung, bei der es jedoch viele technische Probleme gab: Die tschechischen Bühnenarbeiter verstanden nicht gut Deutsch, von Englisch ganz zu schweigen. Peter und Bill hatten erhebliche Verständigungsschwierigkeiten mit ihnen. Dadurch verlangsamte sich der gesamte Ablauf, und sogar bei den Aufführungen gab es haarsträubende technische Probleme. In einer Vorstellung der *Götterdämmerung* beispielsweise ging der Vorhang zu Beginn des zweiten Akts zu spät hoch. Deshalb wurde die Zeile »Schläfst du, Hagen, mein Sohn?« hinter dem Vorhang gesungen. Irgend jemand hatte da ganz gewiß geschlafen.

Gleichwohl stellten damals die Sänger das Hauptproblem dar. Heutzutage ist es, wenn auch unter Schwierigkeiten, möglich, *Meistersinger*, *Tristan*

181

und *Parsifal* zu besetzen, auch den *Fliegenden Holländer, Tannhäuser* und *Lohengrin*, aber den *Ring* kann man nicht besetzen – und ich behaupte dies trotz der Tatsache, daß alle Aufführungen bei den Festspielen jahrelang im voraus ausverkauft sind. Ich hänge nicht an der sogenannten guten alten Zeit: Heute werden Mozart-Opern besser gesungen als in früheren Generationen, auch viele Werke von Verdi, Puccini und anderen Komponisten lassen sich besser als je zuvor besetzen. Wo gab es denn vor drei Generationen einen Tenor mit Domingos Flexibilität, Musikalität und Intelligenz? Heutzutage gibt es eine ganze Reihe vielversprechender junger Sänger, von Ben Heppner zu René Pape, von Angela Gheorgiu zu Renée Fleming. Aber was den *Ring* angeht, bleibe ich dabei: Es gibt keine dramatische Sopranistin, die in der Lage wäre, die Brünnhilde adäquat zu singen, keinen Heldentenor, der Siegfried richtig singen könnte, und keinen Wagner-Baßbariton, der für den Wotan geeignet wäre.

Was sollte Wolfgang Wagner dann tun? Das Festspielhaus schließen? Im Gegenteil – er sollte es weiter öffnen. Nach Wagners Absicht sollte es nicht nur ein Zentrum für seine eigenen Werke sein, sondern für die deutsche Oper generell. Warum könnte man hier also nicht Webers Opern aufführen, die Opern von Strauss, Henze, Pfitzners *Palestrina*, Hindemiths *Mathis der Maler*? Schafft den Wagnerismus als Religion ab und bringt ein wenig frische Luft ins Theater, wie Wagner es wollte. Versucht das Publikum zu verjüngen. Die Wagner-Festspiele haben sich überlebt – ein neues Denken ist nötig.

A ls John Edwards, der General Manager des Chicago Symphony Orchestra, 1984 starb, empfahl ich den Manager des Cleveland Orchestra Kenneth Haas als seinen Nachfolger. Aus persönlichen Gründen war Ken damals nicht daran interessiert, eine neue Stelle anzutreten, obwohl er später das Boston Symphony Orchestra übernahm. Statt dessen schlug der Vizepräsident des Orchesters Henry Fogel vor, den Manager des National Symphony Orchestra in Washington, D.C. Ich rief meinen Freund Mstislaw Rostropowitsch, den Dirigenten dieses Orchesters, an und fragte ihn, was er von Fogel hielt. Mstislaw erklärte mir, Fogel sei ein sehr guter Manager. Aber er warnte mich vor Fogel. Falls dieser nach Chicago käme, würde er wahrscheinlich, wie in Washington vorexerziert, das gesamte Management durch seine eigenen Leute ersetzen, so daß er alles total in der Hand hätte. Am Ende stellte der Aufsichtsrat des Chicago Symphony Orchestra Fogel ein. Es geschah genau wie von Mstislaw vorhergesagt. Von Edwards Management blieben nur noch Martha Gilmer, die Künstlerische Verwaltungschefin, und William Hogan, der Bühnenmeister. Wenn ich heute wieder nach Chicago komme, kenne ich kaum noch jemand in der Verwaltung. Die Zahl der Mitarbeiter ist gewachsen; man sagte mir, daß es heute mehr Angestellte in der Verwaltung gibt als Orchestermusiker.

Die Zusammenarbeit mit Henry Fogel funktionierte gut, dennoch trug er indirekt zu meiner Entscheidung bei, Chicago einige Jahre nach seinem Kommen zu verlassen. Ich war mir völlig darüber im klaren, daß ich der letzte wichtige Vertreter der alten Garde war. Wegen meiner Position würde er dies nur schwerlich ändern können, also beschloß ich, ihm seine Aufgabe zu erleichtern. Der bevorstehende hundertste Jahrestag der Gründung des Orchesters erschien mir als der geeignete Zeitpunkt zu gehen. Ich hatte längst die Fünfundsiebzig überschritten. Mein Arbeitshunger war zwar noch immer unersättlich, aber der sechsstündige Zeitunterschied zwischen London und Chicago bereitete mir Probleme. Ich wollte nicht mehr soviel reisen. Ich benötigte jeweils eine Woche, um mich vom Jetlag zu erholen. Bei drei Flügen pro Jahr wurden so sechs Wochen ganz oder teilweise verschwendet.

Diese Entscheidung fiel mir nicht leicht. Als ich 1969 nach Chicago gekommen war, wollte ich meinen Dreijahresvertrag erfüllen und dann gehen, aber zweiundzwanzig Jahre später ging ich nur schweren Herzens. Ich liebte das Orchester, die Stadt und die Amerikaner. Während meiner Zeit in Chicago war das Stadtzentrum viel sauberer und schöner geworden. Es gab ein ungeheures Warenangebot in den Läden, die Stadt strahlte Wohlstand und Behaglichkeit aus. (1969 war es viel billiger, in Europa zu leben als in den USA, inzwischen ist es genau umgekehrt.) Anfangs störte es mich, wenn Leute auf der Straße auf mich zukamen und sagten: »Hi, Solti, wie geht es Ihnen?« Später freute ich mich darüber. Ich mag die Freundlichkeit und Offenheit der Amerikaner – und zwar so sehr, daß Valerie und ich mit dem Gedanken liebäugeln, meine letzten Jahre in einer warmen Gegend der USA zu verbringen. Vor allem aber verließ ich ein wunderbares Publikum in Chicago. Ich glaube, die Leute mochten mich – und ganz sicher mochte ich sie. Wenn ich wiederkomme, sind meine Konzerte immer ausverkauft, worüber ich mich natürlich freue.

Sofort kam man auf die Idee, einen US-amerikanischen Dirigenten als meinen Nachfolger zu engagieren, aber niemandem fiel ein passender Kandidat ein. Leonard Slatikin wurde damals für zu unerfahren gehalten, und Jimmy Levine war an der Metropolitan Opera so beschäftigt, daß sein Name nicht einmal in Erwägung gezogen wurde. Die beiden führenden ausländischen Kandidaten waren Claudio Abbado und Daniel Barenboim. Ich hatte keinerlei persönliche Präferenzen, da ich beide für gut hielt. Als die Musiker abstimmten, lehnten sie Abbado ab, mit der Begründung, er würde sich bei den Proben pingelig bei Details aufhalten, ohne dem Orchester eine Gesamtvorstellung von jedem Werk zu vermitteln. Mit siebzig zu dreißig Stimmen entschieden sie sich für Barenboim – und auch Fogel bevorzugte ihn.

Als mein Nachfolger hatte es Barenboim schwer: Das »Solti-Handicap« war eine Belastung, einige Kritiker waren gemein zu ihm. Barenboim selbst erkannte seine Schwierigkeiten als mein Nachfolger: Alles, was er tat, wurde kritisiert. Ich erklärte John von Rhein, einem der wichtigen Rezensenten der Stadt, als ich nach Chicago gekommen sei, hätten die Kritiker böse Verrisse über mich geschrieben, aber als ich gegangen sei, taten sie, als ob ich der größte Dirigent aller Zeiten wäre. Ich bin froh, daß sie sich auch an Barenboim gewöhnt haben.

Was ich in Chicago erlebte, war eine Wiederholung meiner Erfahrungen in Frankfurt und an Covent Garden: Als ich hinkam, war die Institution besser als ich. Aber dank harter Arbeit und meines sich weiterentwickelnden Talents und Geschmacks war ich über sie hinausgewachsen, als ich wieder ging. Das ist durchaus nicht als Prahlerei gemeint: Ich habe mich stetig und rasch entwickelt, was eine Institution nicht kann. Als ich in Frankfurt begann, blickte ich auf eine erst sechsjährige Erfahrung als Dirigent zurück und mußte eine ganze Menge nachholen. Als ich Frankfurt verließ, hatte ich mit vielen großen Orchestern und Sängern gearbeitet und große Fortschritte gemacht. Als ich die Leitung von Covent Garden übernahm, war ich begeistert, daß man mich in London wollte. Als meine Amtszeit endete, hatte ich schon den Klang des Chicago Symphony Orchestra in den Ohren und war nicht mehr so glücklich mit einem Opernorchester. Bei meiner ersten Probe in Chicago schien mir das Orchester der Vollkommenheit so nahe zu sein, daß ich glaubte, ich könnte in meinem Leben nie etwas Besseres haben. Als ich wieder ging, hatte sich mein musikalischer Horizont erweitert.

Meine Liebe zum Chicago Symphony Orchestra war von außerordentlicher Dauer. Meine dortige Amtszeit war bei weitem meine längste: zweiundzwanzig Jahre gegenüber sechs Jahren in München, neun Jahren in Frankfurt und zehn Jahren an Covent Garden – fast so lange wie alle anderen drei zusammen. Das Chicago Symphony Orchestra war schon immer das

»deutscheste« der großen US-amerikanischen Orchester wegen seiner wunderbar reichhaltigen tiefen Streicher und Blechbläser. Zunächst waren die Blechbläser zu gewichtig – verhältnismäßig stärker als die Streicher und Holzbläser –, aber im Laufe der Zeit modulierte und mäßigte ich ihren Klang. Den technischen Fähigkeiten des Orchesters sind keine Grenzen gesetzt – die einzige Grenze ist die Phantasie des Dirigenten. Die Musiker lieben es, gefordert zu werden, wenn die Aufführung dadurch besser wird. Diese hervorragende Eigenschaft des Orchesters hat meine Arbeitsmethoden verändert.

Bevor ich nach Chicago kam, hielt ich gewöhnlich viele Proben ab, weil das technische Niveau der Orchester, mit denen ich bis dahin gearbeitet hatte, meist niedrig war. Also setzte ich auch in Chicago meine üblichen vier bis fünf Proben fest, in denen ich mich auf die wesentlichen Elemente des Musizierens konzentrieren wollte: Phrasierung, Form, Balance, Rhythmus. Aber bald merkte ich, daß ich in Chicago viel weniger Zeit zum Proben brauchte als bei europäischen Orchestern und daß ich auch nicht soviel reden mußte. Mein neues Motto lautete nun: »Laß sie spielen.« Noch heute nehme ich mir vor, in der ersten Probe nicht zuviel zu machen, sondern das Orchester vielmehr spielen zu lassen. Den größten Teil der Probe höre ich bis zum Schluß zu, dann mache ich die Musiker mit meinen Vorstellungen bekannt. In der zweiten und dritten Probe unterbreche ich und verändere. In der vierten Probe spielen wir dann das Stück durch. Sobald wir in Chicago eine Passage einstudiert hatten, mußte ich mir über die technische Seite keine Gedanken mehr machen. Für die Aufführung und die Aufnahme von *Moses und Aron* brauchte ich nur ein Drittel der früher üblichen Zeit. Dies lag zum Teil auch daran, daß ich bereits die Antworten auf viele Fragen der Partitur kannte, aber der Zeitgewinn war auch auf die technische Fertigkeit des Orchesters zurückzuführen. Ich verlor die Angst, die ich bei allen anderen Orchestern hatte, ob ihr technisches Niveau meiner Vorstellung von dem Stück entspräche. Ich hörte auf, mir Sorgen zu machen, ob eine bestimmte Phrasierung, die wir geprobt hatten, auch am Abend gelänge. Das Chicago Symphony Orchestra ließ mich nie im Stich. Dies gab mir Mut und Gelassenheit für die Aufführung.

Meine Amtszeit beim Chicago Symphony Orchestra ging im April 1991 mit Aufführungen von Verdis *Otello* in Chicago und New York zu Ende. Luciano Pavarotti sang zum ersten Mal in seinem Leben die Titelrolle, Leo Nucci war der Iago, und Kiri Te Kanawa übernahm die Partie der Desdemona. Pavarotti und ich hatten damals dieselbe Pressedame in den USA. Diese erklärte mir, Pavarotti würde gern die Partie übernehmen. Ich hatte bereits mit Domingo in dieser Rolle gearbeitet und dachte, ein Wechsel wäre vielleicht ganz gut.

Im Sommer 1989 kam Pavarotti für zwei oder drei Tage in mein Haus in Italien. Ich werde nie vergessen, wie er eigenhändig in seinem roten Mercedes vorfuhr. Im Kofferraum hatte er einen riesigen Topf und mehrere Plastiktüten – sein Werkzeug für die Zubereitung von Spaghetti. Die Proben mußten immer regelmäßig unterbrochen werden, damit er Pasta kochen konnte. Allen mundeten die Mahlzeiten ausgezeichnet. Pavarotti war gut bei Stimme und konnte die heldischen wie die lyrischen Parts singen, aber das gesamte Unternehmen entwickelte sich in vielerlei Hinsicht ungünstig. Pavarotti brütete eine Erkältung aus, die ich dann auch bekam. Folglich dirigierte ich mein letztes Konzert mit dem Chicago Symphony Orchestra mit hohem Fieber. Ich hatte allerdings keine Zeit, sentimental zu werden, und der Abschied wurde mir leichtgemacht, weil ich wußte, daß ich in einem halben Jahr als Ehrendirigent wiederkommen würde.

Während meiner ganzen Zeit in Chicago hatte es nie zwischen mir und irgend jemandem im Orchester ernsthafte Unstimmigkeiten gegeben. Ich war stolz, als mir die Musiker 1987, an meinem fünfundsiebzigsten Geburtstag, eine gerahmte Erklärung überreichten. Alle hatten folgenden Text unterzeichnet: »In all diesen Jahren sind Sie nicht nur unser Maestro, sondern auch unser Freund gewesen.« Ich habe mich wirklich für ihren Freund gehalten und tue dies noch heute. Die Einstellung des Chicago Symphony Orchestra zum Musizieren ist äußerst ernsthaft. Ich bin zwar schon immer ein ernsthafter Musiker und ein harter Arbeiter gewesen, aber das Chicago Symphony Orchestra verstärkte dies noch. Die Einstellung der Musiker war so anregend und sorgte dafür, daß ich die Proben mehr liebte als die Aufführungen. Ich denke, ein Dirigent kann einem Orchester kaum ein größeres Kompliment machen.

SIEBENTES KAPITEL

DIE WELT

I M JUNI 1991 KAM ich schwermütig nach Roccomare, denn Chicago fehlte mir sehr. Doch nach ein paar Tagen unter Pinien und am Meer hatte ich neue Kräfte gesammelt und begann mit dem Studium der *Zauberflöte*. Die gute Laune war schnell wiederhergestellt. Ich sollte eine Inszenierung bei den Salzburger Sommerfestspielen dirigieren, das erste größere Engagement in meiner Laufbahn als frei tätiger Dirigent.

Kurz vor seinem Tod im Jahre 1954 lud Wilhelm Furtwängler mich ein, in Salzburg *Die Zauberflöte* zu dirigieren. Ich sagte voll Freude zu und leitete 1955 in der Felsenreitschule die wunderschöne Inszenierung von Herbert Graf mit farbenfrohen Bühnenbildern von Oskar Kokoschka. Ich war von ihm als Mensch und Künstler begeistert.

Im Jahre 1956 wurde Herbert von Karajan zum Künstlerischen Leiter der Festspiele ernannt. In den folgenden dreiunddreißig Jahren sollte ich dort keine Opern mehr dirigieren – allerdings gab ich ein paar Konzerte, 1959 mit dem Orchestre National de la Radiodiffusion-Télévision Française, 1962 und 1964 (während der vierjährigen Spanne, in der Karajan nicht dem Festspieldirektorium angehörte) mit den Wiener Philharmonikern sowie 1978 und 1981 mit dem gastierenden Chicago Symphony Orchestra. Christoph von Dohnányi erzählte mir, ein Mitglied des Festspieldirektoriums habe bei einer Sitzung einmal die Möglichkeit in Betracht gezogen, daß ich in Salzburg *Elektra* dirigiere, woraufhin Karajan sich in seinen Sessel zurücklehnte und lächelnd erwiderte: »Genau das würde ich mir zu Weihnachten wünschen!«

Auf die Frage, warum ich nicht in Salzburg dirigiere, konnte ich nur antworten: »Man hat mich nicht eingeladen.« Auf die Frage, warum man mich nicht einlade, gab ich meist zu verstehen, daß mir kein Grund bekannt sei, aber daß ich Karajans Haltung mir gegenüber als großes Kompliment be-

187

trachte. Er war ganz offenkundig ein Genie. Er beherrschte ein riesiges Repertoire und saugte die Partituren wie ein Schwamm auf. Er hatte ein riesiges Repertoire. Neben seiner musikalischen Gabe besaß Karajan einen immensen Machthunger. Er war wahrscheinlich der größte Drahtzieher im Musikleben seit Richard Wagner. Ich hatte wenig persönlichen Kontakt mit ihm. Anfang der sechziger Jahre, als Karajan die Wiener Staatsoper leitete, lud er mich ein, in Salzburg zu dirigieren. Doch es handelte sich um eine Oper eines zeitgenössischen Komponisten, dessen Musik mir nicht zusagte; deshalb schlug ich sein Angebot aus.

Ein paar Jahre später, als ich ein Gastspiel der Wiener Philharmoniker in Berlin dirigierte, gaben die Berliner Philharmoniker einen Empfang für ihre Wiener Kollegen. Karajan und ich nahmen daran teil. Wir unterhielten uns ein Weilchen artig. Soweit ich mich erinnere, kam es zwanzig Jahre lang zu keiner weiteren direkten Begegnung zwischen uns.

Es muß wohl 1986 gewesen sein, da rief mich Franz Willnauer, der Generalsekretär der Salzburger Festspiele, an und lud mich ein, bei den Salzburger Osterfestspielen 1988 mit den Berliner Philharmonikern zu gastieren. Ich fragte: »Weiß Karajan von diesem Anruf?« Willnauer versicherte mir, die Einladung komme von Karajan selbst. Ich teilte ihm mit, daß ich bereits für eine Australientournee mit dem Chicago Symphony Orchestra verpflichtet sei, daß ich aber im folgenden Jahr sehr gerne kommen würde. Willnauer wollte mich zusätzlich für den Sommer 1988 zu einem Konzert mit den Wiener Philharmonikern nach Salzburg holen. Dieses Angebot nahm ich gerne an. Als ich an Ostern 1989 in Salzburg war, um mein Konzert mit den Berliner Philharmonikern zu geben, erlebte ich eine brillante *Tosca*-Aufführung unter Karajan. Als ich ihm anschließend dazu gratulierte, stellte ich fest, daß er gebrechlich war und nur mit Hilfe gehen konnte. Etwa zur selben Zeit bot man mir an, 1992 *Die Frau ohne Schatten* von Strauss in Salzburg zu dirigieren. Vermutlich hatte Karajan eingesehen, daß er zu schwach war, um solch eine gewaltige Aufgabe zu übernehmen. Bis heute ist mir unklar, weshalb ich plötzlich in Karajans Gunst stand.

Im Sommer 1989 erfuhr ich von John Schlesinger, der bei Karajans Neuinszenierung von Verdis *Maskenball* bei den Salzburger Festspielen Regie führte, Karajan fühle sich wieder viel besser und sei bei sämtlichen Bühnenproben zugegen. Es war daher ein großer Schock für mich, als meine Tochter Claudia mich am 16. Juli von London aus in Roccamare anrief und mir mitteilte, daß sie soeben in den Nachrichten von Karajans Tod gehört habe. Am nächsten Morgen rief mich Willnauer an und bat mich, den *Maskenball* zu übernehmen, der eine Woche später eröffnet werden sollte.

Ich lehnte ab, weil ich den *Maskenball* seit über zwanzig Jahren nicht mehr dirigiert hatte. Ich schlug vor, Willnauer solle sich an Abbado oder Muti wenden, die beide diesen Sommer in Salzburg arbeiten. Doch beide lehnten ab. Daraufhin rief Placido Domingo, einer der Stars der Inszenierung an. »Maestro, Sie müssen unbedingt kommen«, sagte er. »Sie sind der einzige Mensch, der uns helfen kann. Wir sind verzweifelt!« Also sagte ich zu. Ich rief sofort in London an, um mir per Luftboten meine Partitur schicken zu lassen. Am nächsten Abend erhielt ich die Partitur. Mir blieben nur noch zwei Tage, um die Partitur zu studieren. Am dritten Tag brach ich nach Salzburg auf. Um Zeit zu gewinnen, hatte Dimitri Pappas, einer der selbstlosen Förderer Salzburgs, angeboten, mir sein Privatflugzeug zu schicken. Der Kommandant des nahegelegenen NATO-Stützpunktes bewilligte die Landeerlaubnis.

Am Abend nach meiner Ankunft in Salzburg zeigte man mir die Modelle für die Bühne. Bei der Durchlaufprobe mit Klavier am nächsten Morgen sah ich zum ersten Mal die Kostüme, die Personenregie und die Lichtregie. Da es sich um eine lebendige Inszenierung mit einer guten, aber komplizierten Bühnenregie handelte, gab ich mehrere Einsätze in die falsche Richtung, bis ich mit der Plazierung der Sänger vertraut war. Zum Glück waren die Interpreten der Hauptrollen – Domingo, Leo Nucci, Josephine Barstow, Florence Quivar und Sumi Jo – ganz großartig und halfen mir, mich zurechtzufinden. Besonders in der letzten Szene, als die Bühne voller maskierter Gestalten war und ich mich verzweifelt nach meinem Riccardo umsah, winkte Placido mir freundlicherweise zu, um mir zu zeigen, wo er war. Zu guter Letzt klappte doch noch alles. Da zwischen dem Empfang der Partitur und der Premiere kaum mehr als eine Woche lag, war dies eine riskante und möglicherweise undankbare Aufgabe für mich.

Die Festspielleitung war mir dankbar, weil ich ihr aus der Klemme geholfen hatte. Willnauer lud mich ein, den *Maskenball* bei den Sommerfestspielen 1990 wieder zu dirigieren. Beate Burchhart, Karajans Assistentin in der Leitung der Osterfestspiele, kam nach der letzten Aufführung auf mich zu und bot mir die Musikalische Leitung der Osterfestspiele an. Ich freute mich, erstmals ein offizielles Amt in Salzburg zu erhalten; deshalb akzeptierte ich. Der Zürcher Anwalt Dr. Kupper, der Präsident der Osterfestspiele, nahm Verbindung mit mir auf. Wir besprachen meinen Aufgabenbereich, der die künstlerische Planung, nicht jedoch die Finanzen beinhalten sollte. Wir arbeiteten einen ersten Dreijahresplan für die Zeit ab 1991 aus. Dr. Kupper gab mir keinen schriftlichen Vertrag, doch ich vertraute darauf, daß man sich an das ausgearbeitete Programm halten würde. Dieser Abmachung zufolge sollte ich 1991 *Die Zauberflöte* dirigieren, 1992 die bereits geplante *Frau ohne Schatten* und 1993 *Falstaff*. Jede Inszenierung sollte bei den Festspielen im Sommer wiederholt werden, allerdings mit den Wiener Philharmonikern anstelle der Berliner Philharmoniker und unter der künstlerischen Leitung von Gérard Mortier.

Im Jahre 1991 wurde jedoch Claudio Abbado in der Nachfolge Karajans zum Chefdirigenten der Berliner Philharmoniker ernannt. Da die Berliner Philharmoniker das Stammorchester bei den Osterfestspielen waren, schien es nur logisch, daß ich die Festivalleitung mit Abbado teilte. Hans Landesmann von der Leitung der Sommerfestspiele – ein guter Freund Abbados – machte den Vorschlag, Abbado und ich sollten uns treffen und uns irgendwie einigen. Doch erst 1993 kam es zu einem Treffen mit Abbado in meinem Büro im Festspielhaus.

Wir kannten einander gut seit der Zeit von Covent Garden und ich hatte ihn als Gastdirigenten häufig eingeladen. Bei unserer Besprechung schlug ich vor, wir sollten uns bei den Osterfestspielen der folgenden drei Jahre abwechseln: In einem Jahr sollte er die Oper und ich die Konzerte dirigieren, im nächsten würden wir dann die Rollen tauschen. Er meinte, früher oder später müsse er die Leitung der Osterfestspiele übernehmen, denn er sei Chefdirigent des Festspielorchesters und er sei bereits sechzig Jahre alt. Das sah ich ein und empfahl eine enge Zusammenarbeit in den folgenden drei Jahren bis einschließlich 1996, bis Abbado die Festspielleitung übernehmen sollte. Abbado hielt dies für eine gute Lösung und meinte, er wolle die Sache noch einmal überdenken. Ich bat ihn, mir dann in einem Brief unsere Abmachung zu bestätigen. Die Post in Europa muß jedoch extrem langsam sein, denn inzwischen sind vier Jahre vergangen, und ich warte noch immer auf Abbados Schreiben.

Als Folge davon habe ich nach 1993 bei den Osterfestspielen keine Oper mehr dirigiert. Damals verstand ich überhaupt nicht, was da vor sich ging. Doch kürzlich erfuhr ich, daß bereits 1991 zwischen der Osterfestspielleitung (Frau von Karajan, Dr. Kupper und Frau Burchhart) und Abbado eine Vereinbarung existierte, von der man mir allerdings nichts gesagt hatte. Wäre ich davon unterrichtet worden, so hätte ich mich gerne als Gastdirigent zur Verfügung gestellt, aber ich hätte sicherlich nicht die Aufgabe des Musikalischen Leiters für nur drei Jahre übernommen. Einerseits bin ich froh, mich der Machenschaften des österreichischen Musiklebens entledigt zu haben und keine Verwaltungsaufgaben mehr innezuhaben, doch andererseits betrübt es mich, daß keiner der Betroffenen soviel Anstand besaß, mir reinen Wein einzuschenken. Wäre ich unmittelbar und auf direktem

Weg informiert worden, hätte ich vollstes Verständnis für die Vorgänge gehabt.

Einer unserer Salzburger Freunde, ein Insider, der das ganze Intrigenspiel kennt, sagte: »Was das Problem mit Solti ist? Er ist einfach zu anständig. Die Funktionäre brauchten jemanden, der so lange einsprang, bis Abbado den Posten übernehmen konnte.« Man erwartete einen klapperigen alten Kapellmeister, den man leicht wieder loswerden konnte, statt dessen hatte ich jedoch eine Reihe von Erfolgen, und meine selbstbewußte Persönlichkeit paßte nicht zu ihren Plänen der Zeit nach Karajan. Viele Leute waren enttäuscht, als sie erfuhren, daß ich nicht wiederkommen würde. Das Österreichische Fernsehen witterte einen Skandal und wollte, daß ich mich zu der Sache äußere. Doch ich lehnte ab, denn ich hielt es für wenig produktiv, Aufsehen zu erregen. Hier nehme ich das erste und letzte Mal zu der Sache Stellung. Ich werde weiterhin regelmäßig bei den Salzburger Sommerfestspielen auftreten und auch ein gutes Arbeitsverhältnis mit den Wienern und Berlinern Philharmonikern haben.

Ein außergewöhnliches Ereignis in den ersten Monaten meiner freien Dirigententätigkeit war die Aufführung von Mozarts *Requiem* am 5. Dezember 1991 – Mozarts zweihundertstem Todestag – in Wien. Im Vorfeld dieses wichtigen Gedenktages hatte ich mit meinem Freund H. C. Robbins Landon, dem berühmten Haydn- und Mozart-Forscher, endlose Diskussionen darüber geführt, welche Ausgabe des Werkes ich nun verwenden sollte.

Mozart starb vor der Vollendung des Requiems. Er hatte nur die ersten beiden Sätze vollständig auskomponiert und orchestriert. Im dritten Satz stammen nur Teile von Mozart – den Chorgesang und sämtliche Soloparts hat Mozart komponiert, aber nicht instrumentiert. In der Einleitung zum *Lachrymosa* stammen lediglich vier Takte aus Mozarts Feder. Mozarts Witwe, Constanze, beauftragte Joseph Eybler mit der Vervollständigung des Requiems, doch im Sommer 1792 erhielt Eybler einen Kompositionsauftrag für ein unterhaltendes Werk, ähnlich der *Zauberflöte*. Das Mozart-Manuskript landete nun bei Franz Xaver Süssmayr, einem ehemaligen Schüler Mozarts, der das Werk abschloß.

Ursprünglich wollte ich nicht die Süssmayr-Version verwenden, obwohl diese am häufigsten aufgeführt wird. Ich war der Meinung, diese Fassung enthielt zuviel von Süssmayr und zuwenig von Mozart. Eigentlich wollte ich auf Eyblers Version zurückgreifen, doch Landon überredete mich zur

Süssmayr-Version. Heute bin ich froh, seinen Rat befolgt zu haben, denn wie ich feststellte, hat Süssmayr seinen eigenen Beitrag auf ein Minimum beschränkt, so daß seine Version mehr von Mozart enthält als jede andere Ausgabe.

Mozarts *Requiem* sollte am späten Nachmittag vom Kardinal-Erzbischof von Wien im Stefansdom zelebriert und europaweit im Fernsehen ausgestrahlt werden. Am Morgen erfuhr ich, daß Arleen Augér, unser Sopransolo, ihre Stimme verloren hatte und bei der Aufführung nicht singen konnte. Wir nahmen sofort Verbindung zu Judith Howarth auf, einer jungen Sopranistin. Der Österreichische Rundfunk ließ sie mit einer Privatmaschine aus dem nordenglischen Newcastle einfliegen. Howarth traf am frühen Nachmittag in Wien ein. Um drei Uhr, als Frau Howarth und ich die Sopranpartie rasch am Klavier durchgingen, teilte man mir telefonisch mit, Arleen Augér habe eine Injektion bekommen und fühle sich nun imstande zu singen. Ich bat Frau Howarth, während der Aufführung in der ersten Reihe Platz zu nehmen, so daß sie jederzeit einspringen konnte, falls Augér ihre Stimme verlor oder abbrechen mußte. Während der beiden Probentage beschäftigte mich immer wieder der Gedanke, daß Mozart nur unweit von hier gestorben war und daß seine Trauerfeier in eben dieser Kirche stattgefunden hatte. Irgendwie hatte ich das Gefühl, Mozarts Geist sei gegenwärtig, und fürchtete, dies würde mich während der Aufführung durcheinanderbringen. Doch schließlich war ich so um Arleen Augér besorgt, daß ich gar keine Zeit hatte, mich ablenken zu lassen. Sie meisterte die gesamte Aufführung jedoch glänzend.

Als sie nach Holland zurückkehrte, wurde Krebs bei ihr diagnostiziert. Kurz darauf starb sie. Das war das traurige Ende einer großen Begabung. In gewissem Sinne hatte Augérs in Salzburg ihr eigenes Requiem gesungen.

Im folgenden Jahr 1992 beging ich selbst einen runden Gedenktag – meinen achtzigsten Geburtstag. An einem Oktoberabend wurden Valerie, Gabrielle, Claudia und ich zum Buckingham Palace chauffiert. Prinz Charles gab mir zu Ehren ein Diner. Ich hatte keine Ahnung, daß er, Valerie und mein Assistent Charles Kaye einige Überraschungen geplant hatten. Nach der Ankunft am Haupteingang des Palastes wurden meine Familie und ich in die Wohnräume des Prinzen geleitet. Schon da hätte ich Lunte riechen sollen. Wenn mir Bedenken gekommen wären, weshalb wir wohl so rasch durchgeschleust wurden, hätte ich vielleicht Verdacht geschöpft. Doch in diesem Augenblick traten Charles und Diana ein. So wie es aussah, sollte es eine kleine Feier werden, an der auch Prinzessin Anne und der Herzog und die Herzogin von Kent teilnehmen würden. Wir begrüßten uns und plauderten bei einem Drink. Aber es dauerte nicht lange, da verkündete Prinzessin Diana: »Ich denke, wir sollten jetzt die Türen aufmachen.« Plötzlich befand ich mich in einem riesigen Saal mit ungefähr zweihundert Gästen, die alle zu einem Dinnerkonzert geladen worden waren. Prinz Charles hielt eine charmante Rede und scherzte: »Wir wollen ein wenig für Sie musizieren, aber wenn es Sie langweilt, können Sie ja jederzeit gehen.«

Der Abend begann mit einer Bearbeitung der *Figaro*-Ouvertüre für drei Klaviere, interpretiert von zweien meiner ungarischen Freunde, Támás Vásáry und Peter Frankl, sowie Charles Kaye. Mstislaw Rostropowitsch spielte einen Satz aus einer Bach-Suite. Es trat auch ein kleines Orchester auf, das Wagners *Siegfried*-Idyll aufführte. Es bestand aus Solisten aus jedem der Orchester, mit denen ich im vergangenen Jahr aufgetreten war: Adolph Herseth, der von Chicago herübergeflogen war, um Trompete zu spielen (den Part, den Hans Richter bei der Uraufführung an Cosima Wagners Geburtstag gespielt hatte), Rainer Küchl, der Konzertmeister der Wiener Philharmoniker, der eigens zu diesem Anlaß seine Teilnahme am Japan-Gastspiel des Orchesters unterbrochen hatte, Rudolph Watzel aus dem Vorstand der Berliner Philharmoniker, der Kontrabaß spielte, sowie Mitglieder des Königlichen Dänischen Orchesters, des Concertgebouw, der Royal Opera Covent Garden, des London Symphony Orchestra, des London Philharmonic Orchestra, des BBC Symphony Orchestra, des Züricher Tonhallenorchesters, des Orchestre de Paris, der Bayerischen Rundfunksymphoniker und des Chamber Orchestra of Europe. Die Soloarien wurden von Hans Hotter, Anne Sofie van Otter und Philip Langridge gesungen. Das Konzert endete mit dem Finale von *Falstaff*, gesungen von einer Doppelbesetzung aus Plácido Domingo, Leo Nucci und Birgit Nilsson.

Anschließend gab es ein Abendessen, bei dem ich viele alte Freunde entdeckte, die aus diesem Anlaß nach London gekommen waren, unter anderem zwei alte Bekannte aus meiner Studentenzeit, George Feyer und Edward Kilenyi. Es war ein wunderbar organisierter und unvergeßlicher Abend.

Das Jahr 1993 sollte noch arbeitsreicher werden als 1992. Es folgten weitere Konzerte in Europa und Nordamerika sowie *Falstaff*-Aufführungen bei den Oster- und Sommerfestspielen in Salzburg. Je älter ich werde, desto mehr liebe ich den *Falstaff*, ja er ist meine Lieblingsoper schlechthin. Gérard Mortier, der neue Festspieldirektor, und ich hatten Luca Ronconi eingeladen, die Oper zu inszenieren. Die Produktion war genial, aber die

Entfernungen auf der Bühne waren so groß, daß es oft schwierig war, das Ensemble zusammenzuhalten, besonders in den schnellen Passagen.

Im Sommer arbeitete ich mit den jungen Musikern im Orchester des Schleswig-Holstein-Festivals, einem recht eigenartigen Klangkörper. Die überwiegend von Russen und Amerikanern besetzten Streicher waren ausgezeichnet, auch die Holzbläser spielten einigermaßen anständig, doch die Blechbläser waren ausgesprochen mittelmäßig. Trotzdem arrangierte ich für das Orchester eine Reise nach Castiglione della Pescaia, die nächstgelegene Stadt bei meinem Sommerhaus in Roccamare. Man hatte mich zum Ehrenbürger von Castiglione ernannt. Ich wollte mich erkenntlich zeigen, indem ich ein Konzert vor dem Kastell über dem Dorf gab. Leider kam ein starker Sturm auf – das hätte zwar für die Eingangsszene von *Otello* gepaßt. aber so konnte ich nur noch eine reduzierte Version der *Fledermaus-*Ouvertüre anbieten, die zweimal in einem kleinen überdachten Hof gespielt wurde.

Im Jahre 1994 leitete ich das Israel Philharmonic Orchestra bei Konzerten in Frankfurt, Stuttgart und München. Das Israel Philharmonic Orchestra kann man inzwischen als Russian Philharmonic bezeichnen, denn ein Großteil der Musiker sind Auswanderer aus der ehemaligen Sowjetunion – was sich auf das Niveau des Orchesters ungeheuer positiv auswirkt.

Im selben Jahr 1994 ging ich außerdem mit den Wiener Philharmonikern auf Japantournee. Ich erinnere mich gut daran, daß die Wiener Hornisten *Till Eulenspiegel* nicht so schnell spielen wollten, wie ich forderte. Anstatt zuzugeben, daß sie das Stück nicht in meinem Tempo spielen konnten, wollten sie mir einreden, mein Tempo sei falsch. So schlossen wir einen typisch wienerischen Kompromiß: Wir spielten das Ganze, so schnell sie *konnten.* Die Wiener Philharmoniker spielen alles auf altmodischen F-Hörnern, weil diese den Musikern zufolge einen schöneren Klang haben als modernere Hörner. Doch die Hornisten machten viele Fehler. Im Jargon der Wiener Musiker werden Fehler und Patzer als »Fische« bezeichnet. Als die Hornisten bei einer Probe eine falsche Note nach der anderen spielten, wandte ich mich an den Konzertmeister und sagte: »Das ist ja wie in einem Aquarium!« Trotzdem hatten wir großen Erfolg in Japan.

1992 oder 1993 erhielt ich zunächst einen Anruf und dann einen persönlichen Besuch von Judith Aaron, der Geschäftsführerin der Carnegie Hall. Sie erklärte mir, daß die New Yorker Philharmoniker zwar in den ersten siebzig Jahren der Carnegie Hall dieses Haus zu ihrem Stammsitz gemacht hätten, daß aber dieser Konzertsaal nie über ein eigenes Orchester verfügte. Also wollte sie nun ein Carnegie-Hall-Orchester gründen und meinte, es solle eine sechsmonatige Spielzeit haben. Ich riet ihr zu einem bescheideneren Start, beispielsweise einer zwei- oder dreiwöchigen Spielzeit im Sommer, um zu sehen, ob das Projekt überhaupt laufen würde. Das Orchester sollte größtenteils aus jungen amerikanischen Musikern bestehen. Ich machte den Vorschlag, die ersten Pulte mit Spitzenmusikern der besten US-amerikanischen Orchester zu besetzen. Wir stellten eine Wunschliste zusammen. Alle Musiker, die wir einluden, kamen auch: Sidney Weiss, mein erster Konzertmeister in Chicago und inzwischen beim Los Angeles Philharmonic Orchestra, übernahm dieselbe Rolle bei dem geplanten Carnegie-Hall-Orchester. Der Stimmführer der zweiten Geigen stammte aus Boston, die Solisten der Bratschen, Celli, Fagotte und Trompeten kamen aus Cleveland, Baß, Flöte und Oboe aus Philadelphia und Klarinette, Horn, Posaune und Tuba aus Chicago. Es war fast eine Nationalmannschaft, ein Team der ersten Musikerliga. Das Resultat war einzigartig: Die Stimmführer der Bläser wählten ihre Musiker selbst aus. Die Streicher ließen sich von jungen Musikern Tonbänder schicken, nach deren Durchsicht sie die besten Kandidaten zum Vorspielen nach Chicago einluden. Die Qualität der zweihundert jungen amerikanischen Streicher war außergewöhnlich. Wir hätten jeden nehmen können, der uns vorspielte. Mir fiel wieder ein, wie schwierig es während meiner ersten sieben oder acht Jahre in Chicago gewesen war, gute Musiker zu finden, und ich dachte:»Schade, daß meine Chicagoer Zeit nicht jetzt anfängt.«

Im Juni 1994 trafen wir alle in der Carnegie Hall zusammen und erarbeiteten zwei Programme mit Werken von Beethoven, Wagner, Strauss, Bartók und Schostakowitsch. Wir gaben uns große Mühe. Unsere Platteneinspielung zeugt von den ausgezeichneten Ergebnissen. Ich machte Judith Aaron den Vorschlag, im folgenden Jahr mit dem Orchester auf eine kleine Europatournee zu gehen, um zu demonstrieren, was für brillante junge Musiker Amerika hervorbringt. Sie war zwar dafür, doch Isaac Stern, der Vorsitzende der Carnegie Hall Corporation, war dagegen. Ich blieb fest entschlossen:»Wenn ich das Orchester nicht vorführen darf, komme ich nicht mehr«, drohte ich – und das war dann leider auch das Ende vom Lied.

Nach einer kurzen Italientournee mit dem London Symphony Orchestra kehrte ich im Herbst nach London zurück, um in Covent Garden eine Neuinszenierung von *La Traviata* zu proben. Regie führte Richard Eyre, der Künstlerische Leiter des Royal National Theatre. Die Zusammenarbeit mit ihm war eine der angenehmsten und befriedigendsten Erfahrungen für mich – und außerdem ein unerwarteter Erfolg. Die Inszenierung war zeitgenössisch, frisch und unverbraucht, enthielt jedoch nichts, was nicht dem Geiste Verdis entsprach. Die Partie der Violetta wurde von Angela Gheorghiu gesungen, einer relativ unbekannten jungen Sängerin aus Rumänien. Ich hatte ihr eine Chance geben wollen, weil ich dachte, daß sie die richtigen Qualitäten besaß, und von diesem Augenblick an machte sie eine steile Karriere. Ursprünglich hatte ich die Produktion gar nicht aufnehmen wollen, aber als ich bei den ersten Bühnenproben mit Orchester merkte, wie wunderbar Angela sang und die Rolle spielte, änderte ich meine Meinung. Bei einer Oper weiß man ja nie, was dabei herauskommen wird. Aber hier ging alles gut. Ich bat Evans Mirageas von Decca, einer Probe beizuwohnen. Innerhalb von drei Tagen hatte er dafür gesorgt, daß die letzten beiden Aufführungen aufgenommen wurden. Außerdem rief ich Avril MacRory vom BBC-Fernsehen an, der zu einer Probe zwei leitende Angestellte der BBC mitbrachte, und das scheinbar Unmögliche geschah: Weniger als zwei Wochen im voraus wurde das Programm von BBC 2 für einen ganzen Abend geändert, so daß eine Liveübertragung stattfinden konne. Infolgedessen haben wir von dieser Produktion ebenso eine visuelle Aufzeichnung wie eine wunderbare CD. Es gab nie genug Eintrittskarten, da nur fünf Vorstellungen stattfanden. Wie ein Freund damals meinte: Man kam an Karten nur heran, wenn man jemanden »abmurkste oder beklaute«.

Das folgende Jahr 1995 bescherte mir eine besonders intensive Reisetätigkeit. Zu Beginn des Jahres kehrte ich in die Vereinigten Staaten zurück. Es waren meine ersten Auftritte nach über vierzig Jahren mit dem ausgezeichneten San Francisco Symphony Orchestra, einige Konzerte mit dem Chicago Symphony Orchestra und zwei Auftritte mit den Wiener Philharmonikern in New York.

Im Juli dirigierte ich im Victoriasaal in Genf ein Sonderkonzert zum Gedenken an den fünfzigsten Jahrestag der Gründung der Vereinten Nationen. Es war mir eine Freude, an diesem Ereignis teilzunehmen, da ich von der Wichtigkeit der UNO zutiefst überzeugt bin – auch wenn ich mir wünschte, die UNO könnte wirksamer eingreifen und sich stärker durchsetzen. Zufälligerweise stammten die neunundsiebzig hervorragenden Musiker aus fünfundvierzig Orchestern in vierundzwanzig Ländern. Nach der Eröffnungsansprache des Generalsekretärs Boutros Boutros-Ghali spielten wir als Huldigung an unser Schweizer Gastland Rossinis *Wilhelm-Tell*-Ouvertüre, dann zum Gedenken an den fünfzigsten Todestag von Béla Bartók dessen Konzert für Orchester und als Ausdruck des Freiheitsgedankens die Schlußszene aus *Fidelio*.

Auf Konzerte in Wien, Berlin und London folgte eine Tournee mit dem ausgezeichneten Budapest Festival Orchestra durch Spanien, die Schweiz und Italien. Dies war meine erste Gastspielreise mit einem ungarischen Orchester. Nach weiteren *Traviata*-Aufführungen in Covent Garden verbrachte ich den Sommer in Roccamare, wo ich mich noch einmal in *Die Meistersinger* vertiefte und Bruckners Symphonie Nr. 0 einstudierte (»*Die Nullte*« heißt deswegen so, weil sie vor den offiziell gezählten neun Symphonien Bruckners entstand.) Beide Werke sollte ich im September in Chicago einspielen. Während ich 1995 in Italien weilte, wollte ich das Konzert in Castiglione nachholen, das zwei Jahre zuvor ausfallen mußte. Ich wollte die Sopranistin Adelina Scarabelli und den Bariton Stefano Antonucci bei einem Abend mit Liedern und italienischen Weisen unter freiem Himmel begleiten. Als wir den ersten Termin wegen Regen absagen mußten, fürchtete ich, daß das Projekt zum Scheitern verurteilt war. Doch am nächsten Abend glückte uns die Veranstaltung ohne Wetterkatastrophen.

Ich dachte nicht, daß mich die Decca *Die Meistersinger* ein zweites Mal einspielen läßt, da die Realisierung dieser langen und umfangreich besetzten Oper sehr teuer ist. Mit der in den siebziger Jahren eingespielten *Meistersinger*-Platte war ich jedoch nie so recht zufrieden. Sie mißfiel mir bereits, als wir noch daran arbeiteten. Die weitgehend von der Plattenfirma ausgewählte Besetzung war nicht ideal. Anfang 1995 hörte ich im Autoradio Pogners Monolog aus dem ersten Akt der *Meistersinger*. Meist schalte ich das Autoradio nach kürzester Zeit wieder aus, weil ich keine Hintergrundmusik mag, doch diese Übertragung bewegte mich tief, ja sie rührte mich zu Tränen. Ich dachte, ich muß die Oper noch einmal machen – und zwar bald. Kurz zuvor hatte ich *Così fan tutte* dirigiert und wollte etwas von der Leichtigkeit dieser Mozart-Oper in dieses Werk Wagners einbringen. Im September probte ich mit dem Chicago Symphony Orchestra die gesamte Oper. Anschließend nahmen wir drei Live-Mitschnitte auf, aus denen dann die Platte zusammengestellt wurde. Dies ist nun meine definitive Interpretation der *Meistersinger*. Die Besetzung war fast durchweg exzellent, Orchester und Chor waren wunderbar. Aufgrund dieses Erfolges plane ich eine Neueinspielung des *Tristan* 1998 und 1999 in Wien, weil ich bei der Aufnahme von 1960 noch viel zu unerfahren war. Auch war die Klangbalance äußerst ungünstig. John Culshaw und Gordon Parry meinten zu Recht, Furtwänglers EMI-Einspielung des *Tristan* sei schlecht ausbalanciert gewesen, die Sänger sangen direkt in die Mikrophone, und das Orchester blieb undifferenziert im Hintergrund. Unsere Aufnahme von 1960 fiel jedoch genau in das andere Extrem, denn das Orchester »überschwemmte« die Sänger, selbst Birgit Nilsson.

Während ich mich anläßlich des *Meistersinger*-Projekts in Chicago aufhielt, spielte ich auch die »Nullte Symphonie« von Bruckner ein. Damit war meine Einspielung sämtlicher Bruckner-Symphonien komplett. Theodor W. Adorno vermittelte mir in den fünfziger Jahren seine Begeisterung für Bruckner. Bis dahin empfand ich die Werke Bruckners als ausgesprochen langatmig. Als erstes hatte ich in den sechziger Jahren in Wien die Siebente Symphonie eingespielt und dann die Achte. Dann folgte eine Lücke, bis ich in Chicago anfing. Hier spielte ich im Laufe mehrerer Jahre die Fünfte, Neunte, Sechste, Vierte, Dritte und die Zweite Symphonie ein. Zur Nullten und Ersten kam ich erst viel später, als ich mich entschloß, die gesamte Reihe abzuschließen. Die Nullte, die ich stets als ein Jugendwerk betrachtet hatte, kam nun also als letzte. Um ehrlich zu sein, hatte ich immer massive Vorbehalte gegen dieses Werk, bis ich mit Robbins Landon darüber sprach: »Ist es wirklich zwingend, sie hineinzunehmen?« fragte ich ihn. »Keine Frage«, meinte er. »Du mußt sie auf jeden Fall machen, denn das ist eine ganz wichtige Symphonie. Manches darin ist weit besser als die Erste beziehungsweise die Zweite.« Wie recht Landon hatte! Natürlich weist die Nullte ihre Schwächen auf, denn Bruckners melodischer Einfallsreichtum war damals noch nicht so unerschöpflich wie in späteren Jahren, doch ist es ein wunderschönes Werk, eine klassische Symphonie von großen Proportionen. Die Instrumentierung ist sehr transparent, nur bietet das Werk ein grundlegendes Problem: Der Dirigent muß spüren, wo Schwankungen im Tempo erforderlich sind, um eine Monotonie im Rhythmus zu vermeiden.

Zwischen Bruckners Vollendung der Nullten und dem Beginn seiner Arbeit an der Ersten Symphonie lag nur etwa ein Jahr, doch in dieser Zeit hatte sich Bruckners Instrumentation beträchtlich entwickelt und verdichtet. Bei dieser Symphonie, wie auch bei den späteren, muß der Dirigent darauf achten, daß die Blechbläser nicht alles übertönen. Er darf nicht zögern, notfalls ihre Lautstärke zu ändern. Er darf sie hervorheben, wenn sie Solopartien oder andere wichtige Stimmlinien zu spielen haben, doch bei Begleitakkorden dürfen sie die Streicher oder die Holzbläser nicht überdecken, so wie ein gutes Opernorchester niemals die Sänger übertönen darf. Bei Bruckner sollte das Orchester nicht wie ein Bläserensemble klingen. Ein weiteres Problem bildet Bruckners Fixierung auf die Symmetrie: Endlose viertaktige Phrasen folgen aufeinander, eine nach der anderen, die Motive werden unentwegt wiederholt. Mozart und Beethoven hätten sich so etwas nie erlaubt, doch Bruckner glaubte oder spürte, daß der Monotonie eine gewisse Majestät innewohnt.

Die Dritte, Vierte und Fünfte Symphonie entstanden alle in den siebziger Jahren und zeigen eine imposante Entwicklung. Bruckner wollte seine Dritte Symphonie Richard Wagner widmen und reiste nach Bayreuth, um ihn um Erlaubnis zu bitten. Als er dem großen Komponisten die Partitur überreichte, fragte Wagner ihn nach seinem Namen. Bruckner erwiderte, sein Name – *An-ton Bruck-ner* – sei aus vier Noten im Trompetensolo (d–a–a–d) des ersten Satzes herauszuhören. Dies entzückte Wagner, und er nahm die Widmung an.

Bruckners Vierte Symphonie ist das erste seiner großen Werke. Gemeinsam mit der Siebenten genoß die Vierte bereits vor der weltweiten Bruckner-Renaissance nach dem Zweiten Weltkrieg ein hohes Maß an Popularität. Die Gründe sind offensichtlich: Das Themenmaterial ist wunderbar, und das Werk hat zwar große, aber nicht gigantische Proportionen.

Die Fünfte ist länger und vielschichtiger als die Dritte und die Vierte, ihre Orchestrierung ist dichter als die der bis dahin entstandenen Bruckner-Symphonien. In dieser Symphonie muß der Dirigent besonders darauf achten, die Instrumentengruppen innerhalb des Orchesters im Gleichgewicht zu halten. Das Finale der Fünften wirft ein formales Problem auf: Dieser letzte Satz ist besonders schwierig, weil die Partitur äußerst komplexe kontrapunktische Elemente aufweist. Es ist für die Streicher sehr schwer, in den langen Passagen punktierter Verzierungen einen gestochen scharfen Rhythmus aufrechtzuerhalten. Meine Scheu vor diesem sehr langen Satz – er ist länger als eine gesamte Mozart-Symphonie – ist der Hauptgrund, weshalb ich diesem Werk über zehn Jahre aus dem Weg gegangen bin.

Die Sechste Symphonie ist ganz anders als die übrigen und wirkt sehr änigmatisch. Sie ist nicht so gelungen wie die Fünfte und die Siebente, doch weist sie einige interessante, experimentelle Merkmale auf, wie etwa den ungewöhnlichen Anfang, der in den hohen Violinen ohne Einleitungstakte sofort mit dem Hauptthema beginnt. Die Sechste ist wahrscheinlich die am wenigsten populäre Bruckner-Symphonie, da sie sich weder den Musikern noch den Zuhörern leicht erschließt.

Von allen Bruckner-Symphonien habe ich die Siebente nicht nur als erste, sondern auch am häufigsten dirigiert. Selbst diejenigen, die Bruckner nicht besonders schätzen oder sogar ablehnen, bescheinigen dieser Symphonie eine der schönsten Einleitungen in der gesamten symphonischen Literatur. Das Thema in den Celli und Hörnern, das Bruckner seinen eigenen Worten zufolge in einem Traum einfiel, ist sehr schlicht und zugleich geheimnisvoll. Zu den Vorzügen der Siebten gehört auch das entschlossene, wohlproportionierte Finale.

Bruckners Melodienreichtum erreicht den absoluten Gipfel in der

Achten Symphonie. Bei der Neunten konnte Bruckner aufgrund seiner schlechter werdenden Gesundheit das Finale nicht mehr vollenden. Doch die vorliegenden drei Sätze zeigen, daß seine Schöpferkraft in keiner Weise nachgelassen hatte. Ich besuchte einst die Wiener Staatsbibliothek, um die Originalhandschrift dieser Symphonie einzusehen. Der Bibliothekar zeigte mir auch einen Stapel von Skizzen für das Finale. Es war ein bewegendes Erlebnis, denn die Skizzen – anfangs klar notiert und bis zu dreißig oder vierzig Takte umfassend – werden immer fragmentarischer und immer unlogischer. Am Ende bestehen sie nur noch aus einem einzigen Takt.

Wie die Fünfte ist auch die Neunte ein wunderschönes Werk, das ich ein ganzes Jahrzehnt lang vernachlässigt habe und dem ich mich gerne noch einmal zuwenden möchte.

Im Herbst 1995 zum Gedenken an den fünfzigsten Todestag von Béla Bartók dirigierte ich in Paris und Lille *Herzog Blaubarts Burg* und in London drei Bartók-Konzerte mit dem London Symphony Orchestra, unter anderem das unglaublich schwierige Zweite Klavierkonzert mit András Schiff als Solisten. Wenn der Rhythmus des Pianisten bei diesem Werk nicht absolut präzise ist, gerät das ganze Konzert leicht aus den Angeln. Im zweiten Satz des Konzerts ist ein sehr schnelles Tempo vorgeschrieben. Die Finger des Solisten bewegen sich so flink, daß Dirigent und Pianist sich rein instinktiv an das Tempo halten müssen. Auf dem Podium kann der Dirigent in diesem Augenblick das Klavier nicht hören, da es von den Bläsern zugedeckt wird. András war großartig. Es war ein glückliches Zusammenspiel.

Mein letztes großes Ereignis in jenem Jahr war Haydns *Schöpfung* mit dem wunderbaren Chor des Bayerischen Rundfunks in München. Ich bewundere diesen Chor und hoffe, daß ich in naher Zukunft Bachs *Johannes-Passion* mit ihm einspielen kann. Ich habe das Werk noch nie dirigiert, doch ich freue mich auf dieses außergewöhnliche neue Musikerlebnis.

Anfang 1996 dirigierte ich erstmals den Einleitungssatz zu Mahlers Zehnter Symphonie mit dem Tonhalle Orchester Zürich auf unserer Spanientournee. So wie meine späte Entdeckung von Bruckners früher Symphonie Nr. 0 meine vierzigjährige Begeisterung für sein Werk erfüllt hatte, so rundete meine späte Entdeckung von Mahlers letztem, unvollendetem Meisterwerk meine ebenso lange Auseinandersetzung mit diesem großen Komponisten ab. Drei Jahrzehnte lang, von den fünfziger bis in die achtziger Jahre, hatte ich zahlreiche Werke Mahlers dirigiert. Dann hatte ich das Gefühl, ein wenig Abstand zu brauchen, um einen neuen Blickwinkel zu finden. Diese »Pause« geht jetzt zu Ende, denn ich habe vor, demnächst wieder die Fünfte zu dirigieren.

Mahler war nicht nur ein großartiger Komponist, sondern auch ein bedeutender Dirigent. Kein Komponist des 19. Jahrhunderts – außer Verdi – gab in seinen Partituren so präzise Anweisungen zur Dynamik wie Mahler. Diese Anweisungen müssen unbedingt befolgt werden. Zur Bezeichnung der Tempi hat Mahler zwar selten Metronomzahlen angegeben, dafür verwendete er ausformulierte Tempobeschreibungen – »nicht zu schnell« oder »ohne zu schleppen« –, die eindeutige Hinweise geben, wenn man ein Gespür für Mahlers Stil hat.

Die Erste Symphonie ist nahezu Programmusik: Sie schildert eine Szene der Dämmerung, des Erwachens. In diesem Sinne ist sie wagnerianisch. Besonders der erste Satz mit seinen deutlichen Anklängen an Volkslied und Vogelgesang wirkt kindlich staunend und entzückend. Die Zweite Symphonie erinnert stärker an Beethoven. Sie ist unmittelbar und dramatisch, sie klingt nicht so gequält wie viele der späteren Symphonien und erscheint mir klarer als beispielsweise die Dritte, die Sechste oder die Siebente. Für den Dirigenten ist es schwierig, das Fernorchester im Finale zu koordinieren. Auch der unbegleitete Chorgesang kann riskant sein. Die Zweite hat einen massiveren Aufbau als die Erste. Die Dritte wirkt sogar noch gewaltiger. Die Vierte ist leichtgewichtiger und kürzer und entspricht ihrem Wesen nach mehr der Ersten. Dann beginnt das große Crescendo in Mahlers Werk: Nummer Fünf, Sechs, Sieben und Acht – jede ist noch grandioser als die vorige. Am ersten Satz der Sechsten gefällt mir besonders, daß sie nach einer Einleitung von nur fünf Takten sofort *in medias res* geht – und selbst diese fünf Takte enthalten wichtiges Themenmaterial.

Die Siebente habe ich seltener dirigiert als die anderen Mahler-Symphonien. Sie ist ein seltsames Werk. Besonders der erste Satz wirkt wie ein Alptraum. Es kommt mir vor wie das Werk eines Verrückten. Ich hoffe, sie noch einmal einstudieren und aufführen zu können. In der Achten ändert Mahler häufig das Taktmaß. Auch wenn das Ende des letzten Satzes schon ganz deutlich Schönberg und Berg vorwegnimmt, betrachte ich die Achte als Mahlers letztes großes Werk des 19. Jahrhunderts. Für den Dirigenten resultieren die meisten Probleme dieser Symphonie aus ihrer gewaltigen Dimension: In gewissem Sinne ist die Achte eine riesige Oper, deren visuelle Aspekte rein in der Phantasie verbleiben. Operndirigenten sind hierbei unbedingt im Vorteil, wenn sie dieses für Chor und Orchester dirigieren.

Mit dem *Lied von der Erde* und der Neunten Symphonie vollzieht Mahler den Sprung vom 19. in das 20. Jahrhundert. Der alles andere als grandiose

Mittelsatz im *Lied von der Erde* zeigt Mahler eher in der Nähe Schuberts als bei Beethoven oder Wagner. Der letzte Satz ist zwar ausgesprochen lang, aber eher liedhaft. In der Schlußpassage »Ewig, ewig« entsteht der Eindruck, hier verabschiede sich der Komponist von dieser Welt.

Die Neunte Symphonie enthält Momente, in denen sich die Tonalität völlig auflöst. Der von Horn und Harfe getragene Anfang mündet unmittelbar in eine der schönsten Mahler-Melodien überhaupt. Die Neunte ist eine erstaunliche, aber auch ungewöhnlich schwierige Symphonie, die ein virtuoses Orchester erfordert, auch wenn sie strukturell gesehen an die relative Schlichtheit ihrer Vorläufer anknüpft. Zum allerersten Mal dirigierte ich dieses Werk 1959 in Frankfurt und zum letzten Mal auf der Australientournee des Chicago Symphony Orchestra im Jahre 1988. Als ich beim Schreiben dieses Buchs wieder in die Partitur schaute, spürte ich das brennende Verlangen, die Neunte bald wieder einmal zu dirigieren. So großartig *Das Lied von der Erde* auch sein mag, die Neunte erscheint mir insgesamt noch bemerkenswerter und ist für mich nach wie vor Mahlers bedeutendstes Werk.

Immer wenn ich den Einleitungssatz der Zehnten Symphonie dirigierte, entstand in mir der Wunsch, eine rekonstruierte Version des gesamten Werkes aufzuführen. Mahler komponierte und instrumentierte nur den ersten zwanzigminütigen Satz der Symphonie. Der melodische Einfallsreichtum dieses Satzes ist ergreifend. Mahler schrieb diesen Satz, als er schon krank war und nachdem ihm seine Frau Alma ihre Affäre mit dem Architekten Walter Gropius gestand. Aus dem langgedehnten Aufschrei der ersten Violine ist Mahlers Verzweiflung und Leid herauszuhören. Der lange zweite und dritte Satz existiert nur in Form von Skizzen in Mahlers eigener Handschrift. Den vierten Satz hat er nicht mehr in Angriff genommen. Die erste Rekonstruktion der Symphonie unternahm der englische Musikwissenschaftler Deryck Cooke, doch ich habe sie nie verwendet, denn meiner Meinung nach fehlt ihr das kontrapunktische Element des Mahlerschen Kompositionsstils. Derzeit wird an drei weiteren Versionen der Zehnten Symphonie gearbeitet. Im Sommer 1999 möchte ich selbst eine Lösung dieser offenen Frage suchen, indem ich die vorhandenen Rekonstruktionen kombiniere und eigene Überlegungen mit einbeziehe.

Trotz meiner Bewunderung für Mahler fühlte ich an einem gewissen Punkt, daß ich mich für eine bestimmte Zeit von diesen gewaltigen symphonischen Statements abwenden und in die wunderbare Welt Mozarts zurückkehren müsse. Es ist kein Zufall, daß Mahlers Musik ihren starken Kultstatus erhielt: Egal wie gut oder schlecht eine Aufführung zu werden verspricht, bei Mahler-Symphonien sind die Konzertsäle immer voll. Vielleicht spricht seine Musik das heutige Publikum deswegen so an, weil sie voller Unruhe, Sehnsucht, Leiden, Angst und Chaos ist – Zustände, die auch unsere heutige Zeit kennzeichnen. Mahler war überzeugt, daß seine Zeit einst kommen würde, doch er hätte sich wohl nie träumen lassen, daß sie ihm so viel Erfolg beschert wie heute.

Nach der Rezeption der Mahlerschen Symphonien und Orchesterwerke am Ende des 19. und zu Beginn des 20. Jahrhunderts ist es durchaus einleuchtend, weshalb viele spätere Komponisten kleinere Formen und Besetzungen wählten, bis hin zu den Minimalisten von heute. Ich persönlich ziehe den modernen Ideen die Musik der frühen Minimalisten wie Haydn und Mozart vor, deren Musik schlicht und doch vollkommen ist. Man denke nur daran, was Haydn auf den ersten paar Seiten der *Schöpfung* vollbringt: Er beschreibt die Erschaffung der Welt aus Chaos und Leid. Der mit Forte bezeichnete letzte Akkord in C-Dur auf die Worte »Es werde Licht« klingt – wenn das ganze Stück gut gemacht wird – lauter und mächtiger als die wuchtigsten Akkorde, die Wagner, Bruckner oder Mahler je geschrieben haben.

Im März 1996 dirigierte ich zur Eröffnung des renovierten Palais Garnier in Paris zwei konzertante Aufführungen von *Don Giovanni*. Nach kürzeren Engagements mit dem London Symphony Orchestra und den Wiener Philharmonikern reiste ich zu meinem Debüt mit den St. Petersburger Philharmonikern nach Rußland. Es war Liebe auf den ersten Blick – genau wie mit dem Chicago Symphony Orchestra über vierzig Jahre zuvor. Das Orchester ist großartig: Die tiefen Streicher – Bratschen, Celli und Bässe – klingen besonders schön. Der Konzertsaal des Orchesters verfügt über eine wunderbare Akustik. Die Sprachbarriere war überhaupt kein Problem. Wir verstanden uns auf Anhieb. Die Musiker gewöhnten sich schnell an mein »Good boy!« – »So ist's brav« oder »Gut gemacht« –, mit dem ich jeden lobte, der etwas so spielte, wie ich es wollte.

Unter anderem brachten wir Tschaikowskys Sechste Symphonie, die *Pathétique*, zur Aufführung. Im zweiten Satz besteht das Hauptthema aus einer Reihe von Zweitaktgruppen. Ich wollte eine leichte Betonung auf der ersten Note im zweiten Takt einer jeden Gruppe, doch die Musiker spielten es mit einem Crescendo im ersten Takt und ohne Akzent im zweiten.

»Maestro, so haben wir das mit Mrawinsky immer gespielt«, erklärte mir der Solocellist in gebrochenem Englisch. (Jewgeny Mrawinsky war fünfzig Jahre lang, bis zu seinem Tod im Jahre 1988, Chefdirigent des Orchesters.)

Ich vergewisserte mich in der Partitur: Das Crescendo war da, aber auch die Betonung, auf die ich hinwies.

»Na schön«, meinte der Solocellist, »dann machen wir eben einen Solti-Mrawinsky-Kompromiß: Crescendo *und* Akzent.«

Es bereitete mir große Freude, mit diesem Orchester zu konzertieren und die *Pathétique* sowie den Soundtrack zu dem Film *Anna Karenina* einzuspielen. Es gibt Augenblicke, in denen selbst der routinierteste Künstler von Ehrfurcht ergriffen ist. So ging es mir, als ich die Treppe in dem Konzertsaal hinaufging, die Tschaikowsky emporgestiegen war, als er vor über hundert Jahren die *Pathétique* zum ersten Mal dirigierte. Tschaikowsky starb nur zehn Tage nach der Uraufführung. Mit dem letzten Satz dieser Symphonie schrieb er seine eigene Begräbnismusik.

Nach unseren Sitzungen in St. Petersburg ging ich mit dem Orchester auf eine kurze Tournee nach Rom, Barcelona, Straßburg und Luxemburg. Nach dem letzten Konzert gab ich für die Musiker ein Essen in ihrem Hotel. Als ich mich mit meiner Frau verabschiedete, standen sie alle auf und riefen mir nach: »Good boy! Good boy!«

Ein Konzert mit dem London Symphony Orchestra in Dresden bot mir die Gelegenheit, die prächtige Semperoper zu besichtigen, die nach der Zerstörung der Stadt während des Zweiten Weltkriegs wieder aufgebaut worden war. Ich hatte gleich das Gefühl, dies müsse das herrlichste Opernhaus der Welt sein. In dem großen, prachtvollen Treppenhaus, das dem des Pariser Palais Garnier in nichts nachsteht, erklärte mir der Intendant, Teile des Marmors des ursprünglichen Gebäudes seien erhalten geblieben und zusammen mit Marmor aus Carrara und künstlichem Marmor verwendet worden, der speziell für diesen Zweck auf Anweisung Erich Honeckers in einer kleinen Fabrik hergestellt wurde. Im Auditorium probte Giuseppe Sinopoli gerade Schönbergs *Erwartung*. Das Orchester klang phantastisch. Noch in keinem Opernhaus habe ich eine vergleichbare Akustik erlebt.

Anschließend dirigierte ich in Lübeck ein Benefizkonzert für den Wiederaufbau von Wohnungen türkischer Familien, die durch einen Brand obdachlos geworden waren. Im Juli und August folgten die Proben und Aufführungen des Salzburger *Fidelio*. Herbert Wernickes Inszenierung war modern und sehr stark – eine ausgezeichnete Lösung für diese berüchtigtermaßen schwer zu inszenierende Oper, die eigentlich weder Oper noch Oratorium ist. Cheryl Studer, Ben Heppner, René Pape, Ruth Ziesack und Roberto Saccà sangen ausgezeichnet. Nach dem *Fidelio* setzte ich mich während meines kurzen Urlaubs in Italien noch einmal intensiv mit Beethovens Neunter auseinander, die ich im September mit dem Chicago Symphony Orchestra bei den Proms in London aufführte. Es war mir ein Vergnügen, nach fast einem Jahr wieder mit meinem alten Orchester zusammenzuarbeiten. Ich glaube, das Vergnügen war beiderseitig. Im folgenden Monat gab ich in London konzertante Aufführungen des Pariser *Don Giovanni* in der Royal Festival Hall in London mit Bryn Terfel, der sein Debüt in der Titelrolle gab, und Renée Fleming als herausragender Donna Anna. Terfel ist eine außerordentliche Begabung, und Renée Fleming hat das stimmliche und musikalische Potential, eine der wichtigsten dramatischen Sopranistinnen der kommenden zehn Jahre zu werden.

Die Vorteile einer Tätigkeit als freier Dirigent liegen auf der Hand: Wenn man nicht Musikalischer Leiter einer größeren Einrichtung ist, muß man sich nicht mit Problemen des Personals, der Finanzen, der Programmgestaltung und der Publikumserwartungen herumschlagen. Die Nachteile einer ungebundenen Tätigkeit sind weniger augenscheinlich: Wenn ich mit nicht erstklassigen Orchestern arbeite – Jugendorchestern beispielsweise –, ist es schwierig, den Musikern die Befangenheit zu nehmen und dafür zu sorgen, daß sie keine Angst vor mir haben. Wenn ich dagegen mit erstklassigen Orchestern arbeite, habe ich stets das Gefühl, mich beweisen zu müssen. Damit meine ich nicht den Umstand, daß Orchestermusiker, die mit einem über achtzigjährigen Dirigenten arbeiten sollen, den sie vielleicht über ein Jahr nicht gesehen haben, sich höchstwahrscheinlich fragen: »Schafft er das überhaupt noch?« Ja, die Musiker sind tatsächlich immer wieder erstaunt, daß ich in meinem Alter mit vollem Elan dirigieren kann, weil ich glücklicherweise gut in Form bin. Aber dieses Staunen legt sich normalerweise im Laufe der ersten Probe. Ich meine vielmehr den Drang, mich *musikalisch* zu beweisen.

In dieser Hinsicht ist es viel anstrengender, eine oder zwei Wochen bei einem Orchester zu gastieren, als viele Wochen mit meinem eigenen Orchester zu arbeiten. Andererseits hat die Herausforderung, mich immer wieder vor einem Orchester beweisen zu müssen, viel zu meiner Entwicklung seit meinem Ausscheiden in Chicago beigetragen. Wahrscheinlich habe ich mich in den letzten fünf oder sechs Jahren mehr entwickelt als in den fünf Jahrzehnten davor. Ich habe mich mit zahlreichen Werken immer wieder neu befaßt und inzwischen festgestellt, daß ich heute viel besser arbeite als in der Vergangenheit. Mein Horizont ist weiter. Ich traue mich mehr. Anfangs war ich ein »braver Soldat«, ein treuer Gefolgsmann. Wenn Mahler, Nikisch, Furtwängler oder Toscanini etwas auf eine bestimmte Art machten, dann meinte ich, es genauso machen zu müssen. Doch heute gehe ich meinen eigenen Weg.

Bevor ich meine Einspielungen zur Veröffentlichung freigebe, höre ich sie mir immer wieder sorgfältig an. Aber ich höre mir meine Platten niemals an, bevor ich mich auf eine Aufführung oder eine Neueinspielung desselben Werkes vorbereite. Ich möchte mich nicht von meiner alten Sichtweise und Interpretation eines Werkes beeinflussen lassen. Ich möchte mich dem Werk so unvoreingenommen wie möglich annähern. Wenn ich ein Werk einstudiere, höre ich mir gelegentlich die Einspielungen anderer Interpreten an, sozusagen als Katalysator. Aber vor allem bin ich darum bemüht, meine Ideen direkt aus der Partitur zu entwickeln. Mit vierundachtzig habe ich mehr denn je das Gefühl, daß ich noch unendlich viel lernen und überdenken muß, um derjenige Musiker zu werden, der ich gerne sein möchte.

ACHTES KAPITEL

MUSIK
UND NUR
MUSIK

MEIN LEBEN LANG BESCHÄFTIGTE mich die Frage, wie man ein guter Musiker wird und was einen guten Musiker ausmacht. Weniger entscheidend war, wie ich als Musiker Karriere mache, sondern wie ich mein Talent entfalte. Als ich vor kurzem Strauss' *Also sprach Zarathustra* studierte, sagte ich zu mir: »Ich kenne dieses Stück überhaupt nicht – nach fünfzig Jahren!« Ich war regelrecht verzagt. Die meisten Menschen meinen, Dirigieren sei ganz simpel: Man fuchtelt in der Luft herum, und die Musik entsteht wie von selbst. Sie wissen gar nicht, wie viel Arbeit zu bewältigen ist, bevor etwas entsteht, das man als Interpretation bezeichnen kann.

Bei mir geht der gesamte Lernprozeß sehr langsam voran, weil ich kein visuelles Gedächtnis besitze. Ich kann eine Partitur nicht verinnerlichen, indem ich sie einfach anschaue, wie Toscanini oder Karajan es konnten; ich muß jede Note einzeln lernen. Das bedeutet nicht, daß Dirigenten mit einem ausgezeichneten visuellen Gedächtnis weniger hart arbeiten als ich, aber sie haben einen gewaltigen Vorteil gegenüber jenen Kollegen, die so viel Zeit dafür aufbringen müssen, jede Einzelnote jeder Partitur zu lernen. Als ich jünger war, studierte ich die Partituren nicht so gründlich, wie ich es heute tue. Ich beschäftigte mich damals mit Formfragen, die mich immer sehr interessiert haben, sowohl in der Symphonik als auch in der Oper. Aber ich habe mich nie so gründlich mit Details befaßt, wie ich es etwa seit meinem siebzigsten Lebensjahr tue. Heute studiere ich die Partituren sorgfältiger, als wenn ich mich auf ein visuelles Gedächtnis verlassen könnte. Ich kenne einige Dirigenten, die sich allein die Grundstruktur einer Partitur aneignen. Sie glauben, damit hätten sie genug getan, und verlassen sich darauf, daß ihr Orchester die Feinheiten herausarbeitet. Lernen und Dirigieren gehen jedoch Hand in Hand. Man wird nie ein erstklassiger Dirigent, wenn man die Partitur nicht wirklich kennt. Schließlich sollte ein Dirigent in erster Linie ein Lehrer sein. Wie soll man etwas vermitteln, was man selber nicht beherrscht? Ich denke, ich kann jedes Orchester – egal wie gut es ist – dazu bringen, so perfekt zu spielen, wie es überhaupt nur zu spielen vermag. Dies ist vermutlich meine größte Begabung. In fünfzig Jahren intensiver Orchesterarbeit, in denen ich lernte und lehrte, habe ich auch das technische Wissen und die Erfahrung erworben.

Wer sich vor ein Orchester stellt, der muß schon vorher im Kopf eine klare Vorstellung – ein präzises Klangbild – dessen haben, was er zustande bringen möchte. Dann muß diese Vorstellung verwirklicht werden. Wenn ich mit einem Satz beginne, dann kenne ich dessen Verlauf genau – vom Anfang bis zum Ende. Ich bin ein »architektonischer« Dirigent und improvisiere nicht wie Nikisch oder Furtwängler. Schon zu Beginn des ersten Satzes der *Eroica* weiß ich, wo ich im Hinblick auf das zweite Thema das Tempo verlangsame und wo ich wieder zum ursprünglichen Tempo zurückkehre. Ein Dirigent muß eine klare Vorstellung davon haben, wie er das Hauptthema hörbar herausarbeitet und wann die anderen – kontrapunktischen, harmonischen oder rhythmischen – Elemente in den Vordergrund rücken sollten. Er muß wissen, wann sekundäre Stimmen deutlicher vernehmbar sein sollten als die primären. Er muß wissen, wie er dies alles aus den Musikern herausholt. Ziel des Dirigenten ist es, durch das Orchester hörbar werden zu lassen, was er sich beim wochen- und monatelangen Studium der Partitur vorstellte. Toscanini sagte einmal zu seinen Musikern: »Ich hasse euch, denn ihr zerstört mir meine Träume.« Sicherlich übertrieb er, denn im Grunde liebte er sein Orchester. Doch sein Ausspruch trifft den Nagel auf den Kopf: Man hat einen Traum und versucht, ihn zu verwirklichen; wenn der Traum zerstört wird, leidet man. Proben dienen dazu, Träume vielleicht zu verwirklichen.

Hier stellt sich die Frage: Was machst du falsch? Wenn du deinen Traum nicht verwirklichst, dann liegt es daran, daß du ihn nicht ausreichend vermittelst. Die Unzulänglichkeiten sind sicherlich nicht technischer Art, denn im letzten halben Jahrhundert ist bei den Spitzenorchestern ein enormer technischer Fortschritt zu beobachten gewesen. Ich weiß noch, wieviel Zeit wir früher in europäischen Orchestern damit vergeudeten, uns über Intonation zu streiten. Heutzutage spielen Musikstudenten sehr viel Kammermusik. Dabei lernen sie, einander zuzuhören. In all meinen Jahren beim Chicago Symphony Orchestra mußte ich so gut wie nie die Holz- oder Blechbläser stimmen lassen, weil die Musiker eine schlechte Stimmung genauso schnell oder schneller hörten wie ich.

Amerikanische und italienische Orchester spielen *mit* dem Schlag des Dirigenten, das heißt direkt *auf* den Schlag. Das Chicago Symphony Orchestra ist wie eine Maschine – absolut synchron mit dem Dirigenten. Deutsche Orchester sowie die Wiener Philharmoniker spielen jedoch *nach* dem Schlag. Dirigenten, deren Schläge nicht klar sind, haben ein schweres Leben. Ein klassisches, wenn auch extremes Beispiel war Bruno Walter. Er war einer der ganz großen Dirigenten, doch er hatte immer wieder Schwierigkeiten, weil sein Schlag nicht präzise war. Zu guter Letzt war Walter so nervös und angespannt, daß sein Schlagarm so steif wurde, daß er ihn gar nicht mehr heben konnte. Daraufhin suchte er Dr. Freud auf, der ihm einen Monat Urlaub empfahl und meinte, danach wäre wieder alles in Ordnung. So war es auch. Abgesehen von ein paar grundlegenden technischen Anforderungen muß ein Dirigent im Grunde nur ganz genau wissen, wie ein bestimmter Akkord oder eine bestimmte Passage klingen sollten. Wenn man eine klare Vorstellung davon hat, wird man sich auch mit dem Orchester darüber verständigen können, selbst wenn man nicht über eine erstklassige Schlagtechnik verfügt. Wenn ein Dirigent überzeugt ist von dem, was er tut, wenn er nicht unschlüssig wirkt, sondern überzeugen kann, dann werden ihm die Musiker stets folgen. Für mich ist Dirigieren immer ein Ringen mit mir selbst, nicht mit dem Orchester. Wenn ich ein Interpretationsproblem auf befriedigende Weise lösen kann, dann bringe ich auch das Orchester dazu, es zu lösen.

Es ist unerklärlich und rätselhaft, was Körper, Augen und Seele eines Dirigenten auf das Orchester übertragen: Wenn ein Orchester dieselben sechzehn Takte unter verschiedenen Dirigenten spielt, klingt es jedesmal völlig unterschiedlich.

Schon früh in meiner Laufbahn, als ich hauptsächlich mit zweitklassigen Orchestern arbeitete, machte ich die Erfahrung, daß diese Klangkörper im allgemeinen unter dem Niveau spielten, zu dem sie im Grunde fähig waren. Die Musiker waren weitaus zufriedener, wenn ich alles aus ihnen herausholte, was in ihnen steckte. Das Gefühl, etwas Großartiges geleistet zu haben, ist das Beste, was ein Dirigent einem Orchester vermitteln kann.

Vor etwa zwanzig Jahren hatte ich in Chicago einen Wettbewerb für junge Dirigenten abgehalten. Es gab über hundert amerikanische Bewerber, im Alter zwischen achtzehn und fünfunddreißig. Ich habe mir sämtliche Kandidaten angeschaut und angehört, die jeweils zunächst zwei Klaviere in einem vorab festgelegten Programm dirigierten. Nach fünf Minuten konnte ich sagen, ob sie das Talent zum Dirigieren besaßen. Die meisten wußten nicht einmal, wie sie anfangen sollten, nämlich vor dem Einsatz der Musik einen Auftakt zu geben, und sobald sie angefangen hatten, führten sie nicht, sondern schwammen mit den Klavieren dahin. Von den hundert kamen nur fünfzehn in die Schlußrunden. Dies war für mich der klarste Beweis dafür, daß sich Dirigieren im Grunde nicht lehren oder erlernen läßt – entweder kann man führen, oder man kann es nicht. Ein Dirigent muß in der Lage sein, den Klang zu antizipieren und den Schlag im Bruchteil einer Sekunde vor dem Orchester zu geben. Außerdem muß man Phantasie besitzen und das Talent, das zu vermitteln, was einem in Seele und Geist vorschwebt.

Als ich an der Liszt-Akademie studierte, begannen die Dirigierkurse im Laufe des letzten Studienjahres. Wie ich schon erwähnt habe, erlernten wir eine völlig falsche Technik mit Hilfe des Handgelenks, und ich brauchte Jahre, um sie wieder loszuwerden. Wir hatten zwar nicht viele Orchester, die wir dirigieren konnten, aber an der Akademie gab es das Studentenorchester, und ich hatte das Glück, das Orchester der Post dirigieren zu dürfen – das muß katastrophal gewesen sein, doch wenigstens hatte ich diese Chance bekommen. Einmal dirigierte ich das Trio aus *Così fan tutte* – Fiordiligi, Dorabella und Alfonso. Bei den ersten beiden Takten wußte ich nicht, wie ich das Orchester dazu bringen sollte anzufangen, aber sobald die Sänger einfielen, klappte es.

Im Grunde habe ich das Dirigieren erlernt, indem ich die großen Dirigenten beobachtete, als ich in den dreißiger Jahren Korrepetitor an der Budapester Oper war: Erich Kleiber, Issay Dobrowen, Fritz Busch und Bruno Walter, für den ich bei den Klavierproben für das Verdi-Requiem spielte; später waren meine Salzburger Erfahrungen mit Toscanini eine Offenbarung für mich, wegen seiner großartigen Interpretation und der Klarheit seines Dirigierstils. Eine meiner ersten Chancen als Korrepetitor in Budapest bekam ich beim Dirigieren der Kapelle hinter der Bühne in Flotows *Martha*. Ich war damals Anfänger im zweiten Jahr, hatte die Kapelle nie zuvor dirigiert und keine Probe gehabt. Die Szene auf der Bühne stellt einen Marktplatz dar, und ich war für die Dorfkapelle verantwortlich. Damit ich meinen Einsatz nicht verpaßte, mußte ich mit einem Auge durch ein

Loch im Bühnenbild zum Orchesterdirigenten schielen und mit dem anderen Auge die Kapelle im Blick behalten, was ich bis dahin noch nie gemacht hatte. Ich paßte auf wie ein Luchs, bekam meinen Einsatz, legte los und war so fasziniert, daß es so gut klappte, daß ich gar nicht mehr zum Dirigenten hinschielte und mich völlig auf meine Kapelle konzentrierte, so daß ich am Ende dieser Episode einen ganzen Takt hinterherhinkte. »Schau, daß du so schnell wie möglich verschwindest«, empfahl mir der Chefkorrepetitor.

Die Arbeit als Korrepetitor an der Budapester Oper war ein unschätzbar wertvolles Training. Ich glaube nicht, daß jemand ohne eine derartige Erfahrung ein echter Operndirigent werden kann, auch wenn es letztlich ein Geheimnis bleibt, warum die einen dirigieren können und die anderen nicht. So wichtig Training und Erfahrung auch sind, dürfen wir Dirigenten vor allem nie unsere Rolle als Interpreten vergessen: Wir sind dazu da, mit unseren besten technischen Fähigkeiten den Wünschen der Komponisten zu dienen, denn sie sind die Schöpfer.

W ie in jedem Beruf gibt es auch beim Dirigieren körperliche Risiken: Die Gefahren reichen von Schleimbeutelentzündungen bis zu Verletzungen durch Stürze vom Podium. Zweimal habe ich mich mit meinem Taktstock verletzt. Das erste Mal – es war bei der Einspielung des *Parsifal* im Sophiensaal in Wien – stieß ich mir den Taktstock in die linke Hand. Die Spitze des Stabes brach ab und blieb unter der Haut stecken. Mein Assistent, Jeffrey Tate, Dirigent und Arzt, riet mir, die Hand sofort röntgen zu lassen. Auf dem Röntgenbild war keine Verletzung zu sehen. Der Arzt meinte, ich könne unbesorgt sein: »Wenn es nicht weh tut, lassen Sie es einfach auf sich beruhen. Das abgebrochene Stück wird ganz von selbst herauskommen.«

Und siehe da – ein paar Wochen später wandte ich mich während einer Probe in Chicago zu Valerie, die im Zuschauersaal saß, und rief: »Schau her! Es ist draußen!«

Ein ernsterer Zwischenfall ereignete sich im Jahre 1976, als ich mit dem gastierenden Ensemble der Pariser Oper an der Met eine Aufführung des *Figaro* dirigierte. Wir hatten nur eine Probe. Ich konnte mich nicht daran gewöhnen, daß das Licht am Dirigentenpult höher war als gewöhnlich. Zum Ausgleich hob ich meine Arme höher als sonst. Während der Arie des Grafen zu Beginn des dritten Aktes stach ich mir mit der Spitze des Taktstocks in den Kopf. Ich dirigierte weiter, bis ich bemerkte, daß mir Blut über das Gesicht lief. Zunächst versuchte ich, das Blut mit dem Taschentuch abzutupfen. Während des vom Cembalo begleiteten, zwanzig Sekunden langen Rezitativs im Anschluß an die Arie verließ ich den Orchestergraben, machte das Taschentuch an einem Wasserhahn hinter der Bühne naß, drückte es mir fest an den Kopf und ging zurück in den Orchestergraben. Als der Inspizient bemerkte, daß das Dirigentenpult verwaist war, gab er das Signal für den Vorhang. Doch als er mich zurückkommen sah, ließ er den bereits halbgeschlossenen Vorhang sofort wieder aufziehen. Ich kam kurz nach dem Beginn des Sextetts zurück und übernahm die Leitung wieder vom Konzertmeister. Alles geschah so schnell, daß nicht einmal Valerie bemerkte, daß irgend etwas nicht stimmte. Nach der Vorstellung verband mir der hausinterne Arzt den Kopf. Am nächsten Tag ließ ich mir die Wunde von einem anderen Arzt nähen. »Sie hatten Glück«, meinte dieser. »Wenn die Spitze einen Zentimeter weiter links eingedrungen wäre, hätte sie die große Vene getroffen. Dann hätte die Blutung nicht so leicht gestoppt werden können.« Seit diesem zweiten Zwischenfall benutze ich nur noch Taktstöcke mit abgerundeter Spitze.

Mein »Kernrepertoire« umfaßt weit über zweihundertundfünfzig Jahre Kompositionsgeschichte. Ich habe nur wenige Werke von Komponisten vor der Generation Bachs dirigiert, unter anderem ein paar Aufführungen von Purcells *Dido and Aeneas* im Markgräflichen Opernhaus in Bayreuth im Jahre 1949, aber nicht viel mehr. Johann Sebastian Bachs Werke sind eine eigene Geschichte: Als ich ganz jung war, sah man den Wert der Bachschen Musik in der Mechanik – sie war gut für die Verbesserung der Technik –, nicht aber in der Tiefgründigkeit ihres musikalischen Gehalts. Diese Auffassung herrschte wie in vielen anderen Ländern auch in Ungarn. Ich studierte Teile des *Wohltemperierten Claviers* und der Zwei- und Dreistimmigen Inventionen, das *Italienische Konzert* und später die C-Moll-Partita. Aber ich hatte im Grunde gar keine Ahnung, was diese Musik eigentlich bedeutete. Ich verstand ihren Aufbau und die Art, in der die Stimmen sich ineinanderfügen, aber ich hatte nichts von ihrem Gehalt begriffen; ich spielte sie ganz mechanisch.

Die *Matthäus-Passion* war die erste größere Komposition von Bach, die ich in München dirigierte. Seither habe ich diese Passion viele Male aufgeführt. Für mich ist sie nicht nur ein religiöses Werk. Mir kommt die *Matthäus-Passion* vor wie eine unopernhafte Oper, die ganz lebhaft die tragische Geschichte des menschlichen Leids darstellt. Sie zählt zu den größten Meisterwerken, die je geschrieben wurden. Die musikalische Darstellung Christi übertrifft jede musikalische Charakterschilderung bei Wagner. Mittels einfachster Instrumentierung wird ein Höchstmaß an dramatischen Wirkungen erzielt.

Die Messe in h-Moll hat einen religiöseren Charakter, ist aber nicht weniger meisterhaft als die *Matthäus-Passion*. Ich bedaure, daß ich die h-Moll-Messe nur zweimal aufgeführt habe. Im Laufe der Jahre dirigierte ich auch die *Brandenburgischen Konzerte* sowie einige der anderen Konzerte und Suiten, aber ich kenne nur sehr wenige der Kantaten und finde es bedauerlich, daß es so viele großartige Beispiele gibt, die ich nie mehr kennenlernen werde. Es ist schade, daß ich sterben werde, ohne mich mit vielen der Bachschen Werke je befaßt zu haben.

Wie Bach hat auch Händel ein riesiges und erstaunliches Œuvre hinterlassen, von dem ich nur einen geringen Teil aufgeführt habe. Von den Oratorien habe ich nur den *Messias*, von den Opern keine einzige dirigiert. Ich kenne lediglich eine kleine Anzahl seiner Concerti grossi und einige der anderen Konzerte. Für mich bilden Bach und Händel in vielerlei Hinsicht ganz klare Gegensätze. Bei Bach enthalten selbst die weltlichen Werke eine spirituelle Dimension, wohingegen bei Händel sogar die biblischen Oratorien etwas Opernhaftes haben. Händel war Opernkomponist par excellence, doch er war kein so bedeutender Komponist wie Bach.

Der nächste Komponist, der chronologisch gesehen in meinem Repertoire eine größere Rolle spielt, ist Gluck, obwohl ich nur zwei seiner Opern, *Orfeo ed Euridice* und *Iphigénie en Tauride* dirigierte. Da Glucks Musik bisweilen statisch wirkt, erfordern Inszenierungen seiner Opern nicht nur exquisiten Gesang und virtuoses Musizieren, sondern auch eine lebendige, einfallsreiche Bühnenregie und ausgezeichnete Ballettensembles. Ich würde den *Orfeo* gerne noch einmal einstudieren, denn ich bin sicher, ich würde mich sofort wieder in das Werk verlieben.

In meiner Jugend war Haydn ein großer Favorit bei ungarischen Klavierlehrern, vielleicht wegen seiner langjährigen Verbindung zum Fürstenhaus der Eszterházy, die jahrelang Haydns Mäzene waren. Als Junge spielte ich weit mehr Haydn als Mozart. Ich bewundere Haydn sehr. Leider habe ich von seinen weit über hundert Symphonien nur etwa fünfzehn dirigiert. Aufgeführt habe ich auch mehrere seiner Konzerte, die »Sinfonia concertante« für Violine, Cello, Oboe, Fagott und Orchester sowie die beiden großen Oratorien *Die Schöpfung* und *Die Jahreszeiten*. Für mich ist die *Schöpfung* eines der größten Meisterwerke der gesamten Oratorienliteratur. An Haydn bewundere ich seine Großzügigkeit und die selbstlose Bewunderung, die er Mozart zollte. Haydn schrieb bekanntlich an Leopold Mozart:

»So wahr ich ein Ehrenmann bin, schwöre ich bei Gott, daß Euer Sohn der größte Komponist ist, den ich kenne und der mir begegnet ist.«

Der Musik Mozarts bin ich bereits in jungen Jahren begegnet. Sie hat mich mein ganzes Leben lang begleitet. Während meiner Zeit an der Budapester Oper führten wir alle drei Da-Ponte-Opern sowie *Die Entführung aus dem Serail* und *Die Zauberflöte* auf. Das Niveau dieser Aufführungen war jedoch nicht sehr hoch; die Opern wurden in ungarischer Übersetzung gesungen. Ich war noch recht jung und erkannte gar nicht, wie großartig diese Werke sind. Dann kam ich nach Salzburg. Dort erlebte ich, wie Bruno Walter *Don Giovanni* mit Ezio Pinza in der Titelrolle dirigierte, und arbeitete mit Toscanini an der *Zauberflöte*. Zum ersten Mal in meinem Leben erkannte ich die Größe und Bedeutung dieser Opern. Die Zusammenarbeit mit Toscanini rückte die Oper voll ins Zentrum meiner Aufmerksamkeit. Damals war seine *Zauberflöte* für mich das Größte und Wunderbarste auf der Welt. Als ich dreißig Jahre später in Amerika eine Raubpressung jener Aufführung hörte, kamen mir die Tempi eher sonderbar vor: Die schnellen Tempi waren viel zu langsam und die langsamen viel zu schnell – alles klang ein bißchen verquer. Trotzdem wirkte das Ganze ausgesprochen glaubwürdig. Man spürt, Toscanini war in jenem Augenblick vollkommen überzeugt von dem, was er tat. Dasselbe galt für uns, die wir mit ihm zusammenarbeiteten, und für das Publikum. Der Geschmack ändert sich mit der Zeit, aber meine große Bewunderung für das Werk blieb unverändert.

Ich lese manchmal, ein bestimmter Dirigent habe ein Werk in einem bestimmten Tempo dirigiert. Auf solche Aussagen sollte man gar nichts geben. Wenn ich eine Einspielung einer Aufführung höre, an die ich mich meiner Meinung nach gut erinnere, muß ich oft staunen, wie anders das Ganze bisweilen klingt. Im Grunde weiß man später nur noch, ob die Aufführung einen bewegte. Von der Aufführung selbst weiß man so gut wie nichts. Das beste Beispiel dafür ist für mich Toscaninis *Zauberflöte*.

Als ich meine ersten Mozart-Opern dirigierte, fühlte ich mich sofort darin heimisch. Ich dachte immer, ich hätte klare Vorstellungen von diesen Werken, das heißt aber nicht, daß sie mir auch wirklich gelungen wären. Diese frühen Interpretationen können stilistisch gesehen gar nicht gut gewesen sein, denn zu jener Zeit besaßen durchschnittliche Profiorchester – wie etwa die Opernorchester in München oder Frankfurt – zu viele Streicher und verfügten noch nicht über die entsprechende Leichtigkeit im Klang beziehungsweise über das technische Geschick, um ein Stück wie die Ouvertüre zur *Zauberflöte* adäquat spielen zu können. Allmählich kam ich dahinter: *Andante* heißt nicht »langsam«, sondern »wie im natürlichen Schritt gehend«. Bei Mozart darf nichts schwer oder langsam sein. In München und Frankfurt hatte ich großen Erfolg mit Mozarts Opern, aber als ich nach Covent Garden kam, bekrittelte man meine Interpretation der *Hochzeit des Figaro* von 1964 als zu schnell. Doch heute ist beinahe jeder zu raschen Tempi übergegangen.

Die Stilistik bei Mozart interessiert mich immer sehr. Meine derzeitige Sichtweise entstammt der Beschäftigung mit vielen seiner Werke, die ich im Laufe der Jahre dirigiert habe: ungefähr zehn der siebenundzwanzig höchst unterschiedlichen Klavierkonzerte, mindestens ein halbes Dutzend der Konzerte für andere Instrumente, die »Sinfonia concertante« für Violine und Viola, viele Symphonien, das Requiem, die Messe in c-Moll, zahlreiche andere Stücke sowie sechs seiner Opern (alle ab *Idomeneo* außer *La Clemenza di Tito*). So kam ich zu dem Schluß, daß es bei Mozart – wie auch bei Bach, Haydn und Beethoven – für jedes Stück nur ein einzig richtiges, »natürliches« Tempo gibt. Jedes andere Tempo klingt falsch. Bei Werken von Wagner, Bruckner, Mahler, Strauss und vielen anderen romantischen und nachromantischen Komponisten sind hingegen viele verschiedene Tempi möglich. Bei der Musik des 18. Jahrhunderts ist die Frage des Tempos nach meiner festen Überzeugung entscheidender als bei der des 19. Jahrhunderts.

Die Frage der Textur liegt parallel zur Tempofrage: Ich bin ein Erbe der Tradition des 19. und frühen 20. Jahrhunderts, der zufolge die Musik des 18. Jahrhunderts mit einem vollen Streicherapparat (sechzehn erste Violinen und so weiter) gespielt wurde – eine Praxis, die auch lange nach dem Zweiten Weltkrieg noch herrschte. Ich hielt jeden anderen Ansatz für ein Sakrileg. Ich vertrat die irrige Ansicht, ein verkleinerter Streicherapparat würde in einem großen Saal nicht »klingen«. Nach Jahren praktischer Erfahrung erkannte ich allmählich, daß dies gar nicht stimmt. Wie sollten die Blasinstrumente all diese Streicher aufwiegen? Man muß also entweder die Zahl der Bläser verdoppeln oder die der Streicher verringern – und ich kam zu dem naheliegenden Schluß, daß man die Streicher reduzieren muß. Bei Mozart-Opern sollte diese Verkleinerung ziemlich drastisch ausfallen: Abhängig von der Größe der Theater sollte man im *Don Giovanni* nicht mehr als zwölf erste Violinen einsetzen und bei Opern wie *Figaro* oder *Così* sogar noch weniger, vielleicht zehn. Dies begünstigt nicht nur das Gleichgewicht zwischen Bläsern und Streichern, es macht auch die Textur insgesamt viel durchsichtiger. Doch auch in dieser Frage gelten keine absoluten Regeln. Als ich vor kurzem *Die Schöpfung* dirigierte, verwendete ich in den großen Chorpartien eine vollständige Streicherbesetzung, reduzierte diese jedoch bei den Arien und den anderen sparsamer instrumentierten Passagen um die Hälfte oder sogar noch mehr.

Die Originalklangbewegung mag dazu beigetragen haben, daß wir die Musik des 18. Jahrhunderts »leichter« angehen. Aber ich habe mir nie etwas von diesen »authentischen« Ensembles angehört. Zu meiner Überzeugung kam ich allein durch praktische Erfahrung. Ich sehe durchaus den Sinn und den Zweck der Forschung und weiß die guten Absichten zu schätzen, aber ich verstehe nicht, weshalb man alte Instrumente nachbauen und spielen will, die furchtbar schwer zu stimmen sind, wo doch moderne Instrumente ganz leicht richtig zu stimmen sind. Ich gebe zu, daß Beethovens Klaviermusik nicht mit übermäßigem Pedal oder zu starkem Anschlag gespielt werden sollte, aber ich sehe keinen Grund, weshalb man die »Hammerklavier«-Sonate auf einem alten Fortepiano spielen sollte, das bereits zu Lebzeiten des Komponisten als unzulänglich galt, anstatt auf einem herrlichen modernen Flügel. Weshalb sollte man die Hornsoli in Leonores Arie und Kavatine in *Fidelio* oder auch am Ende des dritten Satzes der Neunten Symphonie auf einem alten Instrument blasen anstatt auf einem modernen, das seine Aufgabe um so vieles zuverlässiger und um nichts weniger ansprechend meistert?

Nachdem ich Beethoven schon erwähnt habe, möchte ich kurz auf seine Werke eingehen, weil sie den Hauptteil meines Instrumentalrepertoires ausmachen. Wenn man berücksichtigt, welchen Weg Beethoven von den spielerischen einleitenden Takten der Ersten Symphonie bis zum jubilierenden Finale der Neunten zurücklegte, kann man kaum glauben, daß solch eine Entwicklung im Rahmen eines einzigen Menschenlebens liegt. Ein ähnliches Wachstum ist unter den großen Komponisten lediglich bei Verdi zu beobachten. Wie ist es möglich, daß ein und derselbe Mensch *Oberto* und *Falstaff* geschrieben hat?

Das erste Klavierstück von Beethoven, das ich als Kind spielte, war die Sonatine in G. Später lernte ich viele Sonaten und die ersten beiden Klavierkonzerte. In Leó Weiners Klasse spielte ich sehr viel von Beethovens Kammermusik – mindestens drei der Sonaten für Violine und Klavier, einige Trios sowie das Bläserquintett. *Fidelio* wurde während meiner Zeit als Korrepetitor an der Staatsoper aufgeführt. Ich erlebte, wie Toscanini dieses Werk in Salzburg probte und aufführte. Es war die erste Oper, die ich – in Stuttgart und München – nach dem Krieg dirigierte. Damals hatte ich auch schon die eine oder andere Symphonie im Repertoire.

Ich bitte hier um Nachsicht, daß ich auf den folgenden Seiten gelegentlich Fachausdrücke verwende, weil ich es für wichtig halte, daß erfahrene

216

Musiker ihre praktischen Erfahrungen an jüngere Musiker von heute und morgen weitergeben. Ich hoffe, daß auch Musikliebhaber, die keine professionellen Musiker sind, diese Zeilen interessant finden werden.

Bereits Beethovens Erste Symphonie unterscheidet sich unverkennbar von sämtlichen Symphonien, die zur Zeit Haydns oder in der Tradition Haydns geschrieben wurden, obwohl Haydn einer von Beethovens Lehrern war. Hat die Erste Symphonie noch etwas von der Leichtigkeit Haydns, so ist die Zweite bereits ganz anders. Der Überschwang im ersten, dritten und vierten Satz und die zarte Lyrik im zweiten weisen dieses Werk als erste »echte« Beethoven-Symphonie aus.

Die beiden Einleitungstakte der Dritten Symphonie, der *Eroica*, zeugen von Beethovens eigener Tonsprache. Wie bei vielen anderen Werken, die ich in den letzten Jahren dirigierte, habe ich auch bei diesem ersten Satz ein immer schnelleres Tempo gewagt. Inzwischen glaube ich, daß Beethovens Metronomangabe für diesen Satz mehr oder weniger richtig ist. Beethoven interessierte sich sehr für das Metronom von Mälzel, den er persönlich kannte. Beethoven machte zu Beginn eines jeden Satzes in seinen Werken eine Tempoangabe in Form einer Metronomzahl. Lange Zeit und sogar noch während meiner Studienzeit in den 1920er Jahren hielt man Beethovens Metronomzahlen für falsch: Als Erklärung für die angebliche Ungenauigkeit hieß es, Mälzels frühes Metronom hätte nicht richtig funktioniert. Inzwischen komme ich jedoch immer mehr zu der Überzeugung, daß dies ein Märchen ist. Beethovens Zahlenangaben bezeichnen durchaus das Tempo, das ihm vorschwebte.

Bei der Platteneinspielung folgte ich der Wiederholungsangabe in der Exposition des ersten Satzes der *Eroica*, doch bei Live-Aufführungen halte ich mich nicht daran, weil der Satz dann zu lang wird und die Proportionen der Symphonie verzerrt. Ansonsten befolge ich sämtliche Wiederholungszeichen in Beethovens Symphonien. Die Metronomzahl 80 pro Achtelnote, die Beethoven für den zweiten Satz der *Eroica* festlegte, ist für einen Trauermarsch im Grunde viel zu schnell. Doch weist sie darauf hin, daß der Satz nicht zu langsam angegangen werden darf. Bei 50, wie er oft zu hören ist, wird der Satz endlos und schleppend. Es ist wichtig zu erkennen, daß der Satz durchaus mit zwei Schlägen pro Takt anstatt mit vier dirigiert werden kann. Die einleitenden Verzierungen den Kontrabässen anzuvertrauen war sicherlich ein kühner Streich. Beethovens Metronomzahl 116 für einen Takt im dritten Satz ist schon recht schnell, doch die 152, die er für die Viertel im Finale vorschreibt, ist regelrecht furios. Ich bemühe mich, den Satz in diesem Tempo zu spielen.

Die Vierte Symphonie steckt voller Tücken. Die Einleitung zum ersten Satz muß geheimnisvoll klingen, darf aber nicht zu langsam sein. Der zweite Satz sieht simpel aus, doch wenn der Dirigent nicht ganz klar die Struktur beachtet, kann das Ganze sehr schnell abgehackt und zusammenhanglos klingen. Der Satz darf nicht zu langsam sein. Der vierte Satz der Symphonie bietet keine großen technischen (im Gegensatz zu rein musikalischen) Schwierigkeiten, vorausgesetzt, man verfügt über einen ausgezeichneten Fagottisten, der das heikle Solo meistert. Es ist besser, diese Stelle in einem etwas langsameren Tempo gut zu spielen, als sie durch eine zu große Eile zu verderben.

Der Sprung von der Vierten zur Fünften Symphonie ist genauso bemerkenswert wie der von der Zweiten zur Dritten. Die ersten Takte der Fünften sind wahrscheinlich die berühmtesten Takte in der gesamten Musikliteratur. Woher stammen sie nur? Wie kam Beethoven auf diese nackten Unisoni und Oktaven? Traditionell wurden die ersten fünf Takte immer in einem sehr langsamen Tempo gespielt und der sechste Takt dann im Tempo. Das schien mir irgendwie falsch zu sein, aber über vierzig Jahre lang wußte ich nicht, wie ich diese Einleitung dirigieren sollte. Dann wurde mir klar, daß ich mir den ersten Takt mit seinen drei Noten als den letzten Takt einer viertaktigen Phrase vorstellen mußte. So funktionierte die Einleitung. Indem ich die ersten fünf Takte im selben Tempo spielen ließ wie den sechsten Takt, konnte ich dem Orchester ganz leicht klarmachen, was ich wollte. Die lange Erfahrung lehrte mich auch, den ganzen Satz über ein ziemlich striktes Tempo beizubehalten, außer in der Oboenkadenz und vielleicht in der letzten leisen Passage vor dem abschließenden Ausbruch. Der holländische Dirigent Willem Mengelberg brach einmal eine Probe ab und hielt einem Oboisten einen langen, tiefschürfenden Vortrag über die Phrasierung jener Oboenkadenz. Er erklärte, er habe die Phrasierung von einem Schüler von Liszt gelernt, der sie wiederum von dem Beethoven-Freund Schindler gelernt habe, welcher sie vom Meister persönlich erlernt habe. Als Mengelberg seine Ausführungen beendete, fragte der Oboist: »Dr. Mengelberg, soll ich sie jetzt forte spielen oder piano?« Es gibt keine bessere Lektion für einen Dirigenten: Verliere nicht zu viele Worte.

Der zweite Satz der Fünften, *andante con moto*, muß flüssig, aber nicht langsam sein. Das wiederholte Ritardando, das zum ersten Mal gleich nach dem Beginn des dritten Satzes auftaucht, darf weder zu stark sein noch zu früh einsetzen. Das Grundtempo sollte auch im Trio beibehalten werden. Das ist schwierig für die Bässe, aber wenn sie gut sind, schaffen sie es. Beethoven gab an, daß das Finale fast durchweg kraftvoll klingen, aber nicht zu schnell gespielt werden sollte, wohingegen die Coda ein extrem schnelles Tempo verlangt. Ich scheue mich nicht, diese Anweisungen zu befolgen.

Keine Beethoven-Symphonie ist so schwer vollendet auszuführen wie die Sechste, die *Pastorale*. Die Struktur erscheint einfach und natürlich, aber im Grunde handelt es sich um eine symphonische Tondichtung. Es ist die erste Programmsymphonie mit kurzen verbalen Beschreibungen der Satzinhalte – einer Methode, die später unter anderem von Berlioz, Liszt, Wagner und Strauss aufgegriffen wurde. Das gesamte Werk steckt voller Stolpersteine für Orchester und Dirigent. Für die einleitende Phrase des ersten Satzes ist ein leicht verlangsamtes Tempo möglich, aber genauso wirkungsvoll kann sie auch im vorgeschriebenen Tempo gespielt werden. Die Metronomangabe 66 pro Takt ist zu schnell, deutet aber darauf hin, daß das Tempo eher flüssig als langsam sein sollte. Entsprechend der heiteren Stimmung des Satzes sollte durchweg ein wunderschön lyrischer Ton beibehalten werden, besonders in den Streichern. Die Forte-Akkorde müssen stets *dolce*, niemals dramatisch oder wuchtig klingen. Der zweite Satz weist dasselbe leichte Tempo auf und sollte dahinfließen wie ein Bach – so lautet auch die szenische Beschreibung dieses Satzes. Die Metronomzahlen für den dritten Satz, »Lustiges Zusammensein der Landleute«, geben ein schnelles, allerdings kein unerhört rasches Tempo an, selbst im Trio mit 108. Im vierten Satz ändert sich die Stimmung abrupt: Ein Gewitter naht. Auf erste Regentropfen folgen Blitz und Donner. Das heftige Gewitter dauert indes nicht lange. Die Zartheit des fünften Satzes macht es sehr schwer, die richtige Balance zwischen Tempo und Dynamik zu finden und dafür zu sorgen, daß alles im richtigen Verhältnis zueinander steht. Die letzten Akkorde müssen leicht betont werden, aber nicht übertrieben; sie dürfen weder zu abrupt noch zu emphatisch klingen.

In der Siebenten Symphonie sind Beethovens Metronomzahlen durchweg ideal oder annähernd ideal. Man muß wie immer flexibel sein, doch als grobe Richtlinie sind die Angaben recht zuverlässig. Viele Dirigenten haben sich am zweiten Satz versündigt, indem sie das Allegretto wie ein Adagio oder sogar wie einen Trauermarsch spielten. Die Lösung liegt indes in der Phrasierung, die selbst bei einem relativ raschen Tempo etwas Geheimnisvolles haben muß: Die kurzen Noten dürfen nicht zu kurz sein. Ich sage den Orchestern immer, sie sollen sich einen mysteriösen buddhistischen Fackelzug bei Nacht vorstellen. Das Fugato ist brillant, aber auch sehr heikel, und erfordert virtuoses Musizieren, *sempre pianissimo*. Vor dem Crescendo zum Höhepunkt sollte das Tempo nicht zurückgenommen werden. Ein erstklassiges Orchester wird diesem Satz Flüssigkeit wie auch Erhabenheit verleihen. Das Trio des dritten Satzes darf nicht allzuviel langsamer sein als der Hauptteil des Satzes. Die ersten vier Takte des Finales werden oft mit halbem Tempo gespielt, doch ich sehe keinen Grund dafür. Es ist wichtig, daß die Schockwirkung des Grundrhythmus sofort einsetzt.

Die Achte ist die einzige Beethoven-Symphonie, die vom Anfang bis zum Ende froh und heiter gestimmt ist. Sie ist so kurz und bündig wie eine Symphonie von Haydn oder Mozart, doch ihre Ausgelassenheit erinnert eher an Haydn als an Mozart. Ihr Aufbau ist absichtlich altmodisch, aber ihr Inhalt ist geprägt von brillantem Einfallsreichtum. Sehr schwer zu gestalten ist das Pianissimo-Staccato der Bläser im zweiten Satz wie auch das gesamte Trio im dritten Satz, denn die Hörner pflegen mit ihrer Melodie in der Regel so davonzujagen, daß man leicht den Eindruck gewinnt, die Celli hinkten mit ihrer Begleitung hinterher. Auch das Finale ist schwierig, denn es verbindet in den charakteristischen scharfen Dissonanzen virtuose Feinheit und sprühenden Humor.

Bei Struktur, Harmonik und Instrumentierung stößt die Neunte Symphonie auf gänzlich neues Gebiet vor. Der erste Satz ist der schwerste Teil dieses ungeheuer schwierigen Werkes. Allein in den ersten sechzehn Takten treten bereits zahlreiche Probleme auf: Die Symphonie beginnt mit einer Reihe von Quinten und Quarten in den Violinen, mit denen Beethoven die melodischen Grundelemente des Satzes vorstellt. Die Metronomzahl gibt für diesen Satz ein sehr schnelles, aber kein übertrieben schnelles Tempo an. Ich kenne keinen anderen symphonischen Satz, in dem so viele Unisoni und Oktavverdoppelungen vorkommen. Das Hauptthema klingt machtvoll wuchtig, aber auch das lyrischere zweite Thema wird von heftigen Ausbrüchen unterbrochen. Ich erfuhr erst vor kurzem, daß Beethoven auf einer der Skizzen zu diesem Satz das Wort »Verzweiflung« schrieb. Dies erklärt vielleicht, was er mit diesem Aufbrausen ausdrücken wollte. Wie üblich baut Beethoven ein riesiges Gebilde, indem er ein paar Motive und rhythmische Muster immer wieder aufgreift und in unterschiedlichster Weise verwendet. Die Aufgabe des Dirigenten besteht bei diesem Satz darin, aus diesen Fragmenten eine homogene Form und ein einheitliches Tempo zu schaffen. Mir scheint Furtwänglers Live-Mitschnitt von der Neunten bei der Wiedereröffnung der Bayreuther Festspiele im Jahre 1951 viel zu langsam zu sein. Seine Witwe erzählte mir folgende Anekdote: Als sie Furtwängler am Tag darauf nach Hause fuhr, bat er sie anzuhalten, damit er frische Luft schnappen und die »schreckliche Aufführung« vom Vorabend vergessen konnte. Diese Geschichte lehrt uns, daß alle ernsthaften Künstler mit ihrem Werk unzufrieden sind. Der erste Satz endet in einer langen

Coda, die das Leid dieser Welt thematisiert. Der letzte Teil der Coda endet ohne Hoffnung in einem Trauermarsch. Es darf keine Verlangsamung am Ende des Satzes geben; er muß abrupt, schroff und heftig enden.

Ein gutes Orchester hat keine Schwierigkeiten, das herrliche Scherzo, den zweiten Satz, genau im Tempo der Metronomangabe zu spielen oder sogar noch schneller. Für das Trio ist die Angabe 116 jedoch unwahrscheinlich langsam; ich spiele es mit 164.

Der dritte Satz muß fließen wie der zweite Satz der *Pastorale*. Die Metronomangabe kommt mir ein wenig schnell vor, doch sie weist in die richtige Richtung. Im Finale sollte das Rezitativ, das dem ersten großen Ausbruch des Orchesters folgt, durchaus stürmisch klingen. Der Ton wird nur allmählich wieder leichter. Beethoven führt jedes größere Thema immer wieder neu ein, eins nach dem anderen, überprüft es und verwirft es wieder, so als sei es nicht das, wonach er suchte. Dann bringt er das Thema der Ode »An die Freude« vor und bekräftigt im letzten Teil des Rezitativs, daß dies das Motiv ist, das er hören will. Ich kann mir vorstellen, daß Beethoven im Finalsatz deswegen Singstimmen einführte, weil der dritte Satz ein endloses Cantabile ist, in dem verschiedene Instrumente bis an die Grenzen ihrer Möglichkeiten »vokal« eingesetzt werden. Der Komponist wurde durch die Musik dazu gezwungen, die menschliche Stimme einzubeziehen, um seine Idee voll zum Ausdruck zu bringen. Schillers Gedicht ist etwas schwülstig; trotzdem hat es den Komponisten zu diesem erstaunlichen Werk inspiriert. Vielleicht mit Ausnahme der *Jupitersymphonie* von Mozart ist dies die erste Symphonie, in der das Gewicht vom ersten auf den letzten Satz verlagert wird. Das Finale der Neunten dauert ungefähr so lang wie die gesamte Achte. Die Vokalpartien sind durchweg riskant. Manche Passagen beschwören ein Debakel regelrecht herauf. Beethoven verwendet die Singstimmen – Solisten und Chor – gleichsam wie Instrumente.

Ich habe – ob zu Recht oder zu Unrecht, sei dahingestellt – das Gefühl, daß der Abschnitt Alla marcia mit dem Tenorsolo im Finale etwas von der revolutionären, befreienden Stimmung der *Marseillaise* vermitteln soll. In dem reinen Instrumentalteil, der dem Marsch folgt, sollte das Tempo, das mit 84 pro Halbe angegeben ist, schneller sein – bis zu 120 pro Halbe. Auch in der Doppelfuge, die dem »Seid umschlungen, Millionen« folgt, kommt mir die Metronomangabe unwahrscheinlich langsam vor. Diese Tempoangabe funktioniert einfach nicht. Durchaus funktionieren kann das flüssige Tempo von 120 pro Halbtakt im zweitletzten Abschnitt mit dem Solistenquartett, wenn man entsprechend aufpaßt. Die Neunte ist sowohl ein klassisches als auch ein romantisches Werk. Sie wurzelt, wie Beethoven selbst, im 18. Jahrhundert, weist aber bereits auf das Ende des 19. Jahrhunderts und gar zum 20. Jahrhundert voraus – die Dissonanzen des Stückes sind wirklich überraschend.

Wenn man Beethovens Symphonien insgesamt betrachtet, so ist man erstaunt, wie unterschiedlich sie ihrem Charakter nach sind. Obwohl sie die geistige Frucht eines einzigen Genies sind, gleicht keine der anderen. Jede ist so großartig, daß keine Aufführung sie annähernd vollständig ausschöpfen könnte.

Und nach Beethoven? Schubert ist für mich die tragischste Gestalt der Musikgeschichte. Er schuf so viele wunderbare Werke und starb früh, ohne ein nennenswertes Maß an öffentlicher Anerkennung gefunden zu haben. Selbst wenn er nur seine Lieder geschrieben hätte, wäre er einer der bedeutendsten Komponisten, nicht nur wegen der Singstimmenführung, sondern auch wegen der Gestaltung des Klavierparts und der Verschmelzung beider Elemente. Weder kenne ich seine Opern, noch habe ich seine ersten vier Symphonien dirigiert, doch die letzten vier habe ich im Repertoire. Besonders schätze ich die *Unvollendete* und die »Große C-Dur-Symphonie«.

Berlioz bewundere ich sehr. Es beschämt mich, daß ich nur wenige seiner Werke dirigiert habe. Berlioz war der erste bedeutende Komponist, dessen Begabung auf dem Gebiet der Instrumentierung sein rein musikalisches Talent wahrscheinlich noch überstieg. Was auch immer er Neues fand – etwa eine Systematik der Klangfarben –, es war immer revolutionär. Die *Symphonie phantastique* habe ich viele Male aufgeführt und zweimal eingespielt. *La damnation de Faust* – ein einzigartiges Werk, das weder Vorläufer noch »Nachfahren« zu haben scheint – habe ich ebenfalls aufgeführt und aufgenommen. Auch Ausschnitte aus der Symphonie *Roméo et Juliette* habe ich im Repertoire, doch ich hätte mir die Zeit nehmen sollen, das gesamte Werk zu spielen. Berlioz' Oper *Benvenuto Cellini* ist eines der Werke, die in mir den Wunsch wecken, noch zwanzig weitere Arbeitsjahre vor mir zu haben.

Liszt ist ein Komponist, den ich zutiefst bewundere. Früher spielte ich einige der Stücke aus *Les Années de pèlerinage*, wenn auch nicht die allerschwierigsten wie etwa *Campanella*. Am Ende meiner Pianistenlaufbahn spielte ich die Sonate in h-Moll und den *Mephisto-Walzer*. (Die Klavierversion des *Mephisto-Walzers* ist wahrscheinlich besser als die Orchesterfassung.) Die *Dante-Symphonie* habe ich nie dirigiert. Sehr häufig aufgeführt habe ich indes die *Faust-Symphonie*, die Berlioz gewidmet ist und die ich für ein vernachlässigtes Meisterwerk halte. Auch *Les Préludes* habe ich viele Male dirigiert. Ich finde es erstaunlich, daß Liszt, der gefeiertste Klaviervirtuose aller Zeiten, auch ein absoluter Meister der Instrumentierung war. Seine Orchesterkompositionen haben überhaupt nichts Pianistisches an sich.

Von Mendelssohn habe ich nicht übermäßig viel dirigiert, lediglich die beiden Klavierkonzerte, das Violinkonzert, die Ouvertüre sowie die Bühnenmusik zu *Ein Sommernachtstraum*, die *Hebriden-Ouvertüre*, die Dritte Symphonie (die *Schottische*) und die Vierte (die *Italienische*). Diese beiden Symphonien gehören mit zu den schönsten Werken für Orchester überhaupt. Ihre Form ist klassisch, sie sind sowohl transparent in ihrer Instrumentierung als auch üppig in ihrem Melodienreichtum. Die Fünfte (die *Reformationssymphonie*) habe ich nie dirigiert.

Robert Schumanns bedeutendste Werke sind seine Lieder und Kompositionen für Klavier solo. Als Student spielte ich zahlreiche seiner Klavierstücke und begleitete viele der Lieder. Unter den Liedkomponisten schuf nur Hugo Wolf solch komplex verwobene Gebilde für Gesang und Klavier wie Schumann. Doch Schumann war auch ein hervorragender Schöpfer von Orchestermusik. Viele Musiker haben sich mit seinen Orchesterwerken befaßt und versucht, seine Instrumentierung zu verbessern; sogar Gustav Mahler, der alle vier Symphonien Schumanns neu instrumentierte. Ich dirigierte das Klavierkonzert, das Cellokonzert und alle Symphonien, doch ich habe nie Veränderungen an Schumanns Instrumentierung vorgenommen und hatte auch nie das Gefühl, daß dies in irgendeiner Weise nötig wäre. In den fünfziger Jahren sollte ich in der Hollywood Bowl einmal die Dritte Symphonie aufführen. Bei der ersten Probe fing das Orchester an, etwas zu spielen, das ich weder erwartete noch erkannte. Es war Mahlers Neuinstrumentierung, die historisch gesehen interessant sein mag, aber völlig falsch ist; sie klingt wie Mahler, nicht wie Schumann. Ich bestand darauf, daß das Orchester zur zweiten Probe die Originalnoten mitbrachte. Schumanns Instrumentierung fehlt zweifellos etwas Brillanz, doch das macht sie gerade aus. Ich bin unbedingt der Meinung, Dirigenten sollten die Werke so spielen, wie sie geschrieben wurden, auch wenn dies ungewöhnliche Erschwernisse für die klangliche Balance bedeutet. Der Gewinn ist enorm, denn diese Kompositionen sind so gut wie jede der vier Brahms-Symphonien.

Schumanns Erste Symphonie ist ein wunderbares Werk. Ich habe sie allerdings nicht oft dirigiert. Die Zweite hatte ich weit häufiger im Programm.

Um in der Einleitung des ersten Satzes die richtige fließende Atmosphäre zu schaffen, muß der Rhythmus absolut präzise sein. Wenn der Rhythmus nicht exakt ist, kann man die einzelnen Motive nicht voneinander unterscheiden und den Fluß nicht nachempfinden. Der zweite Satz erfordert einen ausgezeichneten Streicherapparat, nicht nur wegen des schnellen Tempos, sondern auch wegen der unbequemen Lagen für die Musiker. Die verminderten Septakkorde sind weniger geigerisch, sondern eher klavieristisch. Für mich ist der dritte Satz ein Lied ohne Worte. Als solches darf er nicht so langsam gespielt werden, daß er nicht auf natürliche Weise gesungen werden könnte. Schumanns Dritte Symphonie (die *Rheinische*) ist die letzte und wohl beste seiner Symphonien. (Die Vierte hatte er früher komponiert und nur nach Vollendung der Dritten revidiert.) Ich bin oft gefragt worden, ob ich beim Einstudieren oder Dirigieren der *Rheinischen* spüre, daß der Komponist dieses Werkes am Rand von Depression und Wahnsinn stand. Die Antwort lautet – nein: Die ersten drei Sätze sind voller Lebensfreude. Der vierte Satz ist eher feierlich-ernst als düster-traurig. Tschaikowsky sagte, dies sei die schönste Komposition, die man sich nur vorstellen könne. Die Anregung zu diesem Satz gab der Kölner Dom. Die Musik vermittelt die Majestät eines Gotteshauses wie auch die feierliche Kardinalsweihe des Bischofs, der Schumann 1850 beigewohnt hatte. Fünf Jahre später versuchte Schumann, seinem Leben ein Ende zu setzen, indem er sich in den Rhein stürzte; doch er überlebte und wurde in eine Irrenanstalt eingewiesen, wo er zwei Jahre später starb.

In klanglicher Hinsicht sind die Brahms-Symphonien nicht nur leichter als die von Schumann, sondern auch als die von Beethoven. Die grundlegenden Unterschiede zwischen den Beethoven-Symphonien sind gewaltig. Auch bei Brahms hat jede Symphonie zwar einen eigenen Charakter, doch kann man sicherlich von einem typischen »Brahms-Sound« sprechen. Es liegt eine gewisse Schwere im Brahmsschen Orchesterklang, der sich von seiner Klaviermusik herleitet. Seine Klaviermusik weist in der Regel eine eher dichte Textur auf. Ich fand sie als Student außerordentlich schwer, denn Brahms verwendete riesige Intervalle, und ich habe kleine Hände. Doch von seiner Kammermusik habe ich einiges gespielt. Seine größten Klavierkompositionen sind für mich die beiden Konzerte, die zweifellos zu den bedeutendsten Beispielen dieser Gattung überhaupt gerechnet werden müssen. Die Verschmelzung von Soloinstrument und Orchester ist so brillant, daß diese Klavierkonzerte genausogut als Symphonien mit obligatem Klavier bezeichnet werden könnten. Nicht minder liebe ich das Violinkonzert und das Doppelkonzert.

Das unentwegte »Ringen« in Brahms' Klaviermusik ist auch in seinen Symphonien zu hören, nirgends jedoch so deutlich wie in der Ersten, seinem revolutionärsten Werk: Die Einleitungsmelodie im Sechsachteltakt wird von Pauken begleitet, die Harmonien wechseln wild, und die Themen modulieren in Tonarten, die sich weit von der Tonika c-Moll entfernen. Diesen ersten Satz darf man nicht zu laut beginnen: Brahms schrieb lediglich ein Forte vor und sparte sich das Fortissimo für einen späteren Zeitpunkt auf. Viele Fragen bleiben offen, egal wie oft man diesen Satz dirigiert. Sollte das Tempo der Einleitung dasselbe sein wie in der Coda? Wieviel Temposchwankung ist wünschenswert? Sollte das Bratschenmotiv langsamer sein als das Grundtempo? Sollte der letzte Akkord der Bläser mit oder nach dem Pizzicato der Streicher enden? (Dieselbe Frage stellt sich am Ende des dritten Satzes.) Echte Flexibilität ist im zweiten Satz gefordert, besonders in jenen Abschnitten, in denen Spannung und Entspannung in ständigem Kontrast zueinander stehen. Die Unisono-Passage von Oboe, Horn und Solovioline ist schwierig. Normalerweise hört man nur das Horn und die Violine, die nötigenfalls zurückgenommen werden müssen, so daß die Oboe deutlich zu hören ist. Der Dirigent muß darauf achten, im Choralabschnitt in der Einleitung des Finales keinen zu großen Höhepunkt zu setzen. Es sollte ein Forte sein, kein Fortissimo, da der Satz sonst zu viele Steigerungsmomente enthält. Furtwängler und viele andere Dirigenten vor ein oder zwei Generationen hatten die Angewohnheit, das Hauptthema langsam zu beginnen und das Tempo allmählich zu steigern. Früher mag das vielleicht richtig geklungen haben, doch heute sieht man das anders. Die Animato-Anweisungen müssen befolgt werden.

Es gibt wohl keinen größeren Kontrast als zwischen der turbulenten Ersten und der sonnigen Zweiten Symphonie, doch auch der Sprung von der Zweiten zur Dritten ist gewaltig. Die Dritte ist sehr problematisch. Ich habe mich immer damit geplagt und stets das Gefühl gehabt, sie nicht richtig gemeistert zu haben. Deswegen habe ich sie seit etlichen Jahren gemieden. Technische Schwierigkeiten entstehen bereits beim Zusammenhalten des ersten Satzes: Der Dirigent muß zwei Schläge pro Takt machen, denn bei sechs Schlägen wäre das Tempo viel zu langsam, mit zweien ist es jedoch schwierig vorwärtszutreiben. Während es in der Zweiten Symphonie freigestellt bleibt, die Exposition des ersten Satzes zu wiederholen, ist die Wiederholung in der Dritten absolut notwendig. Der offensichtliche Grund ist, daß die Exposition der Dritten relativ kurz ist. Doch für mich gibt es noch einen anderen praktischen Grund: Ich hoffe immer, es beim zweiten Mal besser hinzukriegen. Die beiden Mittelsätze gehören zum Schönsten, was Brahms je geschrieben hat, und bereiten dem Dirigenten nicht ganz so viele technische Probleme. Das wichtigste ist, sie fließen zu lassen. Der letzte Satz beginnt recht einfach für den Dirigenten, doch die etwas langsamere Coda ist schwer zu steuern.

Die Vierte Symphonie habe ich seit fünfzig Jahren im Repertoire. Neben Beethovens Fünfter und Siebenter habe ich keine Symphonie so oft dirigiert wie diese. Früher begann ich den ersten Satz etwas langsamer und beschleunigte allmählich bis zum Grundtempo, doch heute setze ich sofort im Tempo ein. Früher habe ich das Tempo beim *Poco meno presto* im dritten Satz deutlich zurückgenommen, doch inzwischen bin ich der Meinung, daß der Komponist nur eine geringfügige Verlangsamung des Tempos wollte. Das Finale ist eine der genialsten Schöpfungen von Brahms: Aus einer Sequenz von acht Noten entwickelte er eine unglaubliche Reihe von Variationen. Ich habe allerdings beschlossen, die Vierte eine Zeitlang ruhen zu lassen, um Distanz zu ihr zu gewinnen und um zu vergessen, wie ich sie einst dirigierte.

Trotz aller gegenteiligen Beweise hört man auch heute noch immer wieder, Brahms habe nicht gut instrumentiert. Ich denke, die »Variationen über ein Thema von Haydn« widerlegen diese Behauptung eindeutig. Brahms interessierte sich nicht für virtuose Instrumentierung, dennoch weist dieses Werk einige Virtuosität auf. Manches davon ist schwierig für das Orchester, manches für den Dirigenten. Ich schätze das Werk wegen seiner Brillanz und weil es ohne die Schwere auskommt, die Brahms' Stil bisweilen kennzeichnet. Ebenso schätze ich das *Deutsche Requiem*, das ich ein paar Mal dirigiert habe. Die »Akademische Festouvertüre« und die »Tragische Ouvertüre« gehören nicht zu Brahms' erfolgreichsten Werken, doch die *Tragische* schlägt ungeheuer ein, wenn sie gut dargebracht wird.

Von den norddeutschen Komponisten, die in Wien landeten, scheint mir Brahms der einzige zu sein, dessen Musik ganz und gar norddeutsch geblieben ist – trotz solch bewußt »österreichisch-ungarischer« Stücke, wie es die *Liebeslieder* und andere Walzer und die »Ungarischen Tänze« sind.

Wenn ich eine Liste meiner zehn Lieblingskomponisten aufstellen müßte – und ich hoffe, diese Auswahl nie treffen zu müssen –, dann wäre mit Sicherheit auch Verdi darunter. In meiner Budapester Zeit kannte ich nur die am häufigsten aufgeführten Verdi-Opern: *Rigoletto, Il trovatore, La traviata, Un ballo in maschera, Aïda* und den gelegentlich gespielten *Otello. Falstaff* hörte ich erstmals 1936 in Salzburg; Toscanini dirigierte und Mariano Stabile sang die Titelrolle. Es war ein wunderbares Erlebnis. Im folgenden Winter haben Annie Fischer und ich das Werk oft auf dem Klavier durchgespielt. So kannte ich es gut, als ich 1937 wieder nach Salzburg kam. Toscanini offenbarte mir das Wunder *Falstaffs* und der Musik Verdis.

Verdis Korrespondenz mit Arrigo Boito, seinem letzten Librettisten, gehört zu den bedeutenden Dokumenten der Musikgeschichte. Ich bewundere Verdis Bescheidenheit und sein Engagement für seine Mitmenschen. Verdi wurde viel reicher als sein Zeitgenosse Wagner, aber selbst wenn es umgekehrt gewesen wäre, kann man sich kaum vorstellen, daß Wagner jemals ein Krankenhaus für einheimische Bauern erbaut, ein Altenheim für pensionierte Musiker gestiftet oder Interesse an der Landwirtschaft gezeigt hätte.

Immer wieder erstaunt mich Verdis außergewöhnliche Entwicklung in künstlerischer Hinsicht. Es gibt wunderbare Augenblicke in seinen frühen Opern – besonders die Chorpartien –, doch der Sprung von *Oberto* zu *Falstaff* ist erstaunlich. Ich liebe *Un ballo in maschera* – man findet kaum eine vollkommenere Oper; ich liebe *La forza del destino* und *Simone Boccanegra* sowie *Don Carlos*; ich liebe das Requiem und Verdis letztes Werk, *Quattro pezzi sacri*. Ich bewundere die Ökonomie in Verdis Kompositionsstil. Er kann in zwanzig Minuten etwas ausdrücken, wofür andere Komponisten eine Stunde oder länger brauchen. Dies gilt insbesondere für das Te Deum aus den *Quattro pezzi sacri*. Es dauert nur fünfzehn Minuten, aber wie viel Tiefgründigkeit steckt darin. Es ist fast schon surrealistisch. Kein anderer Komponist in Verdis Generation war so modern wie er. Verdis Instrumentierung ist meisterhaft auf den Gesang abgestimmt. Kein Dirigent mit einem Mindestmaß an gesundem Menschenverstand braucht Angst davor zu haben, die Sänger zu übertönen (in *Otello* können die Blechbläser allerdings zur Gefahr werden, wenn man nicht aufpaßt). Manchmal kommt mir Verdi wie ein mediterraner Mozart-Schüler vor. Vor allem *Falstaff* sollte so gespielt werden, als hätte Mozart ihn geschrieben. (In *Falstaff* bietet die Instrumentierung nur insofern ein Problem, als brillante Holzbläser erforderlich sind, über die nur wenige Opernhäuser verfügen.)

Verdi verlangt ausgesprochen musikalische Sänger, die ihre Rollen auch gestalten können. Wir wissen aus Verdis Briefen, daß er eine überzeugende Darstellung wichtiger fand als stimmliche Schönheit und daß er rhythmische Eigenwilligkeiten ablehnte. Sänger brauchen ein gewisses Maß an Freiheit, doch sie dürfen nicht endlos lang hohe Töne halten, nur um ein weniger anspruchsvolles Publikum zu beeindrucken. Bis zum heutigen Tag ist ein hohes Maß an differenzierter musikalischer Bildung erforderlich, um Werke wie *Simone Boccanegra*, *Don Carlos* und *Falstaff* zu würdigen.

Puccini gehört einer ganz anderen Kategorie an: Er war zwar ein ausgesprochen anspruchsvoller Komponist, aber trotzdem sind all seine Werke eingängig und beliebt. Dreißig Jahre gelang ihm ein Supererfolg nach dem anderen. Selbst die Opern, die anfänglich auf ein lauwarmes Echo stießen, fanden nach relativ kurzer Zeit Anklang. Von seinen Werken dirigierte ich *La bohème, Tosca, Il tabarro, Gianni Schicchi* und *Turandot* – alle mit großem Vergnügen. Puccini war ein bedeutender Komponist, und sein Rang in der Operngeschichte ist unbestreitbar. Trotzdem muß ich gestehen, daß ich mir aus *Madame Butterfly* und *Fanciulla* nicht viel mache – und zwar wegen des aufgesetzten japanischen beziehungsweise amerikanischen Ambientes weniger wegen der Musik. Die meisten anderen Puccini-Opern mag ich jedoch sehr: *Gianni Schicchi* – die »mozartischste« aller Puccini-Opern, ist eine meiner Lieblingsopern.

Dann gibt es natürlich noch Tschaikowsky: Ich dirigierte alle seine Symphonien, *Eugen Onegin*, das Erste Klavierkonzert und das Violinkonzert, Suiten aus verschiedenen Balletten sowie diverse andere Stücke und plane, in naher Zukunft *Pique Dame* zu dirigieren. Überflüssig zu betonen: Tschaikowsky ist einer der größten Melodiker und ein Meister der Instrumentierung. Das Geheimnis, als Dirigent seine Größe zu offenbaren, liegt im Gleichgewicht: Der ausführende Musiker muß jede Zügellosigkeit und jede übertriebene Strenge vermeiden. Tschaikowskys Werke sollten mit einem Mindestmaß an klassischer Zurückhaltung gespielt werden und auf keinen Fall zu lieblich klingen.

Von Wagner, Bruckner, Mahler und Strauss habe ich bereits gesprochen. Ihr musikalischer Erbe Arnold Schönberg spielte eine relativ große Rolle in meinem Repertoire, das die Opern *Erwartung* sowie *Moses und Aaron* beinhaltet. Die *Variationen für Orchester* – wohl sein schwierigstes Orchesterwerk – dirigierte ich zum ersten Mal in den fünfziger Jahren in Los Angeles. Dieses Wagnis bereitete mir damals großes Kopfzerbrechen. Bei einer späteren Aufführung mit dem Chicago Symphony Orchestra, das alles spielen kann, klappten die *Variationen* viel leichter. Für mich sind die *Variationen* weit revolutionärer als *Moses und Aron*. Ich habe auch die erschreckend schweren Konzerte für Violine beziehungsweise für Klavier dirigiert. Eines Tages möchte ich gerne *Ein Überlebender aus Warschau* machen.

Ich gestehe jedoch, daß mich andere »klassische« Komponisten des 20. Jahrhunderts unmittelbarer ansprechen als Schönberg. An der Budapester Akademie studierten wir etliches von Debussy, den ich sehr schnell schätzen lernte. Debussy zu spielen war eines der großen Vergnügen beim Klavierstudium. Wenn ich inzwischen bedaure, nicht mehr viel Klavier zu spielen, dann weil mir dieses Debussy-Vergnügen fehlt. Der beste Debussy-Pianist war Walter Gieseking, ein Deutscher – so viel zum nationalen Charakter von Debussys Musik. Ich habe viele Orchesterwerke Debussys dirigiert: *La mer*, die drei *Nocturnes*, »Ibéria« aus *Images* und *Prélude à l'après-midi d'un faune*. Leider habe ich nie *Pelléas et Mélisande* dirigiert – dies gehört zu meinen wichtigsten Zielen der Zukunft. Zu den Werken, die ich bereits dirigiert habe, zählen auch etliche von Ravels Orchesterwerken sowie die Oper *L'heure espagnole*, die ich alle sehr bewundere.

Ich sprach bereits davon, wieviel Ehrfurcht ich während meiner Studienzeit an der Akademie für Bartók empfand, aber ich möchte noch ein paar Worte zu seiner Musik sagen. Für mich ist Bartóks *Mikrokosmos* nicht weniger bedeutsam als Bachs *Wohltemperiertes Clavier*. Beides sind Anleitungen zum guten Klavierspiel, wobei exzellente Musik als Vehikel dient. Jedes Stück lehrt etwas Neues und verstärkt dabei das Alte. Als Pianist war ich nie gut genug, um Bartóks Klavierkonzerte zu spielen: Das Erste ist sehr schwer, das Zweite außergewöhnlich schwer. Als das etwas leichtere Dritte Klavierkonzert erschien, hatte ich meine Pianistenlaufbahn bereits aufgegeben, um mich ganz dem Dirigieren zu widmen. Gespielt habe ich indes die Sonate für zwei Klaviere und Schlagzeug und das *Allegro barbaro*. Ganz besonders gefallen mir Bartóks sechs Streichquartette. Für mich sind die beiden letzten mit die bedeutendsten Beispiele dieser Gattung seit Beethoven und mit Sicherheit die bedeutendsten seit Brahms.

Von seinen Orchesterwerken habe ich die frühe symphonische Dichtung *Kossuth* und das Ballett *Der holzgeschnitzte Prinz* nie dirigiert; letzteres zählt zu den Werken, die ich noch in mein Repertoire aufnehmen möchte. Dirigiert habe ich die Suite aus *Der wunderbare Mandarin*, die Oper *Herzog Blaubarts Burg*, alle drei Klavierkonzerte, die beiden Violinkonzerte und die zwei Rhapsodien für Violine, *Zwei Porträts*, die *Cantata profana*, die *Tanzsuite*, das *Divertimento*, die *Musik für Saiteninstrumente, Schlagzeug und Celesta* und natürlich das *Konzert für Orchester*. Viele dieser Werke habe ich auch für die Platte eingespielt. Wegen seiner dichten Textur und der komplizierten Rhythmik ist *Der wunderbare Mandarin* meiner Meinung nach eines der technisch schwierigsten Orchesterwerke Bartóks. Ein Alptraum für den Dirigenten ist auch das Erste Klavierkonzert, das zahllose Probleme mit der Balance, Rhythmik und mit Tempowechseln bietet. Wenn Pianist und Dirigent in den Achtel- und Viertelnoten nicht absolut synchron sind, ist die Lage hoffnungslos. Klavier und Orchester zusammenzuhalten ist auch im Zweiten Klavierkonzert nicht leicht, weil der Dirigent das Soloinstrument nicht immer aus dem Orchester heraushören kann. In solchen Momenten muß der Dirigent das Tempo absolut konstant halten, das Beste hoffen und sich auf das Schlimmste einstellen. Ich hatte das Vergnügen, dieses Konzert in London mit Andras Schiff aufzuführen. Es gelang uns, haargenau im selben Tempo zu bleiben.

Wer Bartók spielt, muß unbedingt dessen Metronomangaben befolgen. Diejenigen Musiker, die mit dem ungarischen Idiom vertraut sind, wissen, daß man nichts falsch machen kann, wenn man diese Angaben beachtet. Als ich in Chicago das *Konzert für Orchester* einspielen sollte, faßte ich den Entschluß, die Metronomzahlen sklavisch zu befolgen. Das war kein Problem, außer in dem Satz mit der Bezeichnung »giuoco delle coppie«, der in einem Tempo von 74 pro Viertelnote äußerst schleppend klingt. Als ich den Satz bei den Proben in diesem Tempo spielen wollte, sahen mich die Musiker an, als sei ich verrückt. »Bartók hat es so vorgeschrieben«, erklärte ich, »und ich möchte es wenigstens einmal in meinem Leben so machen, wie er es wollte.«

»Maestro, in meinen Noten steht 94«, erwiderte Gordon Peters, der Soloschlagzeuger. Ich traute meinen Augen nicht, als er mir seine Noten zeigte. Ich erkundigte mich bei der Library of Congress, die das Originalmanuskript besitzt, und 94 wurde als richtig bestätigt. 74 war ein Druckfehler, der über fünfzig Jahre lang gedruckt und immer wieder nachgedruckt wurde. Mit 94 geht der Satz etwas schneller, als er normalerweise gespielt wird. Dies ist ein natürlich fließendes Tempo – und so habe ich es denn auch dirigiert. Was für die Metronomzahlen gilt, das gilt auch für die Dynamik: Bartóks Angaben passen in der Regel ideal und müssen befolgt werden.

Strawinsky ist und bleibt eines meiner großen Idole. Ich bedaure, daß ich so wenig von seinem Landsmann und Zeitgenossen Prokofjew dirigiert habe, lediglich das Zweite und Dritte seiner fünf Klavierkonzerte, die beiden Violinkonzerte, die *Symphonie classique* sowie Ausschnitte aus *Romeo und Julia*. Ich würde gerne zumindest die Fünfte und die Sechste Symphonie einstudieren.

Über viele Jahre habe ich nur wenig von Schostakowitsch dirigiert, weil ich überzeugt war, jemand, der in der Sowjetunion solch progressive Musik schreiben konnte, mußte sich mit dem politischen Regime arrangiert haben. Erst als Solomon Volkov seine Erinnerungen an Gespräche mit Schostakowitsch veröffentlichte, begann ich zu verstehen, unter welch ungeheurem Druck Schostakowitsch gearbeitet hatte. Als mir klar wurde, wie sehr ich mich geirrt hatte, dirigierte ich mehr Musik von ihm, zunächst die beiden »heiteren« Symphonien, die Erste und die Neunte, dann die Achte, Zehnte, Fünfte, Dreizehnte und vor kurzem erst die Fünfzehnte Symphonie. Diese Werke haben mir große Freude bereitet, und ich würde gern noch die restlichen acht Symphonien einstudieren.

Besonders gern würde ich noch einmal die Dreizehnte Symphonie, die *Babij Jar* dirigieren, die aus vertonten Gedichten von Jewgeni Jewtuschenko besteht, welche gegen Diktatur und staatliche Unterdrückung gerichtet sind. Die Welturaufführung dieser Symphonie fand 1962 in Moskau ausschließlich vor geladenem Publikum statt. Ein Polizeikordon umgab das Theater, weil die Behörden befürchteten, die Studenten würden für Jewtuschenko demonstrieren. Am nächsten Tag war das Ereignis der Prawda nur einen einzigen lapidaren Satz wert – die Uraufführung von Schostakowitschs Dreizehnter Symphonie habe stattgefunden. Was für eine ewige Schande, daß die politische Bedeutung dieses Meisterwerks damals ignoriert wurde!

D ie *Babij Jar* hat mir mehr als alles andere klargemacht, daß ein Musiker die Verantwortung hat, trotz politischer Unterdrückung nicht zu schweigen. Man darf nicht einfach die Augen vor dem verschließen, was im eigenen Land und auf der ganzen Welt passiert. Bartók war das leuchtende Beispiel eines Musikers, der das große Opfer brachte, sein Heimatland zu verlassen – das er liebte und das ihn zu seiner Musik inspirierte. Es war seine Art, gegen das totalitäre Regime aufzubegehren. Auch Toscanini hatte den Mut, Mussolini und dem Faschismus die Stirn zu bieten und dann die geliebte Heimat zu verlassen.

Als Jude, der im österreichisch-ungarischen Kaiserreich der Habsburger geboren wurde und aufwuchs, dann den frühen Kommunismus in Ungarn, den Faschismus, die Teilung Europas im Zweiten Weltkrieg, die Militärregierung im Nachkriegsdeutschland und schließlich die Demokratien von Westeuropa und den USA erlebt und mit Kollegen aus allen Nationen, aller Rassen und Glaubensbekenntnisse zusammengearbeitet hat – als ein Mensch mit einer derart komplexen Biographie glaube ich ganz entschieden, daß rassistische Verfolgung und Diskriminierung Kräfte des Bösen sind, die den Fortschritt der Menschheit behindern. Alle Menschen dieser Welt kommen nur weiter, wenn sie lernen, einander zu respektieren und miteinander zu leben, und wenn sie auf demokratische Prinzipien wie Redefreiheit und Gleichheit bauen. Auch wenn ich der Meinung bin, daß die besonderen Qualitäten und die Identität von einzelnen Nationen nicht verlorengehen sollten, bin ich doch ein engagierter Europäer. Europa sollte gewiß ein vereinter Kontinent werden und ein für allemal die Vorurteile und die religiösen und territorialen Auseinandersetzungen der Vergangenheit überwinden, die im Laufe der Geschichte so sinnlos Menschenleben zerstört haben.

Ich habe in meinem Leben ungeheuer Glück gehabt. Viele Male habe ich gesagt und glaube es jeden Tag mehr, daß ich einen Schutzengel habe. Wenn ich so zurückschaue, hat es zwar Enttäuschungen und unerfüllte Ambitionen gegeben, aber alles in allem ist es mir doch großartig ergangen. Ich habe nicht die Absicht, mich zu bremsen: Ich gebe das Tempo selbst vor, aber ich will nicht langsamer werden. Ich bin noch immer in der Lage zu arbeiten, weil ich glaube, daß ich mich weiterhin als Musiker entwickle und daß ich noch viel zu geben habe. In den letzten fünfzehn Jahren habe ich meine Arbeitsmethode völlig verändert und eine neue Lerntechnik entwickelt, und ich meine, daß dies meiner musikalischen Entwicklung und meinem Interpretationsstil sehr zugute gekommen ist.

Früher habe ich ein Stück einstudiert, indem ich die Partitur durchging und mit dem Rotstift alle Tempi, Dynamiken und Details markierte, die ich für die Aufführung brauchte. Auf einer zweiten Stufe las ich die Partitur, während ich mir gleichzeitig meine eigene Aufnahme anhörte, falls eine existierte, oder eine Aufnahme des Komponisten oder eines Dirigenten, dessen Interpretation ich bewunderte. Inzwischen hat sich all das geändert. Zunächst einmal wiederhole ich keine Werke mehr, die ich schon viele Male dirigiert habe. Ich stelle sie für mehrere Jahre zurück, und nach einer angemessenen Zeit studiere ich sie wieder neu ein, aber nicht mit Hilfe meiner alten Partituren mit den Markierungen. Statt dessen kaufe ich neue Partituren und lasse davon vergrößerte Kopien anfertigen, damit ich die Noten ohne Brille sehen kann. Mit gespannter Erwartung setze ich mich an meinen Schreibtisch, öffne die neue, saubere Partitur und lasse mich von den Noten zum Komponisten hinführen. Von nun an spielt sich ein Dialog zwischen uns beiden ab, zwischen dem Herrn und dem Diener. Für mein Gefühl führt das zu größerem musikalischen Verständnis als je zuvor.

Die Liszt-Akademie hat mir harte Disziplin beigebracht, die mein ganzes Berufsleben bestimmt hat. Noch immer stehe ich morgens früh auf, mache mir zwei Tassen Kaffee (die einzige häusliche Arbeit, die ich zu leisten vermag) und beschäftige mich dann mit meinen Noten. So fängt der Tag gut an.

Am Ende dieses Buches möchte ich mich noch an die jungen Musiker wenden. Mein Leben ist der eindeutige Beweis dafür, daß man den Durchbruch schafft, wenn man Talent, Entschlossenheit und Glück hat. Mein Motto lautet: »Nie aufgeben!«

Dies also ist die Geschichte meines Lebens. Vor kurzem bin ich für eine Woche nach Ungarn gefahren, um eine Aufnahme von Bartóks *Cantata profana*, Kodálys *Psalmus Hungaricus* und Weiners Serenade in f-Moll zu machen, als eine Geste der Dankbarkeit gegenüber meinen Lehrern. Eines Tages schlug meine alte Freundin Zsuzsi Dancs nach der Vormittagssitzung vor, wir sollten einen Ausflug zum Dorf Balatonfökajár machen, wo mein Vater geboren war. Ich war müde, und die Vorstellung, stundenlang im Auto zu sitzen, gefiel mir gar nicht. Aber Zsuzsi ließ nicht locker, und so fuhren wir nach dem Mittagessen von Budapest los. Ich wußte allerdings nicht, daß Zsuzsi eine Überraschungsparty für mich arrangiert hatte. Als wir ankamen, sah ich eine große Gruppe von Menschen auf dem Dorfplatz stehen, und während ich aus dem Auto ausstieg, begann eine Schar Kinder einige ungarische Volkslieder auf Kassettenrecordern zu spielen. Zsuzsi hatte veranlaßt, daß anläßlich meiner Heimkehr in das Dorf meiner Vorfahren ein Baum gepflanzt werden sollte. Daneben stand ein Stein mit einer kleinen Bronzetafel, auf der der Besuch von Stern György, dem heutigen Dirigenten Georg Solti, festgehalten war. Der junge Bürgermeister hielt eine Rede, ich pflanzte den Baum an, und die Kinder sangen und trugen Gedichte vor.

Als die Zeremonie vorüber war, führte uns der Bürgermeister auf einem schmalen Feldweg zum alten jüdischen Friedhof. Dort sah ich zum erstenmal die Gräber meiner Großeltern Solomon und Fanny Stern sowie das Grab meines Onkels Lipot, des Vaters meiner Cousine Elisabeth. Es war ein Wunder, daß der Friedhof noch existierte, denn er hatte am Ende des Zweiten Weltkriegs an der Frontlinie zwischen der vorrückenden Roten Armee und den auf dem Rückzug befindlichen Deutschen gelegen. Nach dem Krieg war meine Cousine Elisabeth ins Dorf zurückgekehrt und hatte all die vielen, zum Teil sehr alten Grabsteine wieder aufrichten lassen, und allein ihrer Initiative ist es zu verdanken, daß sie noch heute im hohen Gras stehen.

Als ich da im Schein der Nachmittagssonne stand, inmitten der Gräber meiner Vorfahren, und später von einem Hügel auf den Plattensee schaute, empfand ich zum erstenmal seit sechzig Jahren so etwas wie ein Gefühl der Zugehörigkeit. Mir ging auf, daß Ungarn wieder ein Teil von Europa wurde – die Grenzen waren verschwunden. Der Hirsch war heimgekehrt, sein Geweih war durch die Tür gegangen, weil die Tür während seiner Abwesenheit höher und breiter geworden war.

DANKSAGUNG

EIGENTLICH HATTE ICH NIE vorgehabt, meine Memoiren zu schreiben, da ich als Musiker stets der Meinung gewesen war, nur das Leben eines bedeutenden Komponisten sei so interessant oder wichtig, daß es sich lohne, darüber zu schreiben. Doch zwei Faktoren haben mich veranlaßt, meine Meinung zu ändern. Erstens bin ich mir vor nicht allzu langer Zeit darüber klargeworden, daß ich einer der letzten Musiker bin, die zwei Weltkriege, den Kommunismus, den Faschismus, das Erscheinen Stalins und Hitlers und den anschließenden Massenmord an oder die Vertreibung von vielen Millionen unschuldiger Menschen aller Rassen auf der ganzen Welt miterlebt haben. Und zweitens hat eines Tages – nachdem ich die Bitte eines anderen Verlegers, über mein Leben zu schreiben, abgeschlagen hatte – meine Frau Valerie gemeint: »Wenn du kein Buch schreibst, wird's ein anderer tun, und das wird dir nicht gefallen!«

Ich habe versucht, aufrichtig zu sein, sofern dies überhaupt möglich ist, wenn man über sich selbst und andere lebende Menschen schreibt. Fast fünfundachtzig Jahre sind eine lange Zeit, wenn man darüber Bilanz ziehen will, und diese Aufgabe hat sich als weitaus schwieriger erwiesen, als ich zunächst wahrhaben wollte. Ich konnte mir nicht den Luxus leisten, mich hinzusetzen und jeden Tag ein paar Stunden lang konzentriert zu arbeiten, und dies über mehrere Monate hinweg. Das Buch mußte sich einen Platz in meiner täglichen Routine erkämpfen, und es ist mit mir von Chicago nach Cleveland, New York, Salzburg, Paris, Antibes, Roccamare, Villars und London gereist.

Ich hätte dieses Buch nie vollenden können ohne Harvey Sachs, der in den letzten beiden Jahren mein Schatten gewesen ist, in persona, übers Telefon und per Fax. Er hat Erinnerungen aus meinem Hinterkopf herausgeholt, recherchiert und meine anglo-magyarisch-teutonische Sprechweise in ein verständliches Schriftenglisch umgewandelt. Vor allem aber haben wir die Zeit, die wir miteinander verbracht haben, sehr genossen.

Meine Familie hat sich bei diesem Projekt sehr engagiert. Meine Frau Valerie ist mir dabei unerschütterlich zur Seite gestanden, von frühmorgens bis spätabends, sie hat meinem Gedächtnis auf die Sprünge geholfen und sich an Geschichten alter Freunde erinnert oder an solche, die ich ihr erzählt hatte. Ohne sie würde es dieses Buch der Erinnerungen niemals geben. Wertvolle Kommentare haben meine Töchter Gabrielle und Claudia geliefert. Insbesondere Gabrielle hat den Text mit ihren kritischen Historikerinnenaugen überprüft, beim Abschreiben geholfen und sich mit den unglaublichen technischen Problemen herumgeschlagen, Kopien an Roger Cazalet über das »Heath-Robinson«-Faxgerät zu senden, das wir in Roccamare haben.

Dankbar bin ich meiner neunundneunzigjährigen Cousine Elisabet Pogány, die in Budapest lebt und mir unschätzbare Informationen über die Familie meines Vaters gab. Meine liebe Freundin Zsusi Dancs und ihr Mann István haben mir bei der Rekonstruktion meiner Jahre in Ungarn geholfen. Meine rechte Hand, Charles Kaye, ist mir eine ständige Stütze gewesen und hat das Projekt am Laufen gehalten, wenn ich schon daran zweifelte, daß es je fertig würde. Und das tat auch Deborah Rogers, meine außerordentlich geduldige literarische Agentin.

Danken will ich auch meinen Lektoren Jonathan Burnham und Roger Cazalet bei Chatto & Windus in London sowie Jonathan Segal und Ida Giragossian bei Alfred A. Knopf in New York. Insbesondere bewies Roger bemerkenswerte Geduld und viel Humor während der langen Stunden, in denen er mit mir das Manuskript bearbeitete. Mein Dank gilt auch Heather Gessino in Cleveland und Caroline Loeb in London, die einen Großteil des Textes abgetippt haben; Ben Shaw für seinen Beitrag, die Legende der sieben Hirsche; Pat Hughes für die Koordinierung von Terminen; meinem Freund Adolf Wood für seine Objektivität und seine Kommentare in einem kritischen Augenblick; David Monod, der mir Dokumente hinsichtlich meiner Münchener Jahre geschickt hat; und der Presseabteilung der Decca Record Company für ihre Hilfe bei den Abbildungen.

Harvey Sachs wurde bei seinen Recherchen unterstützt von James O'Connor vom Boston Symphony Orchestra; Brenda Nelson-Strauss und Frank Villella vom Chicago Symphony Orchestra; Christina Putnam von Colbert Artists Management, New York; Victor Marshall vom Dallas Symphony Orchestra; Didier de Cottignies, Chrissie Wild und Emma Ansell von der Decca Record Company; Anthony C. Pollard von The Grammophone;

Franco Fisch vom Internationalen Musikwettbewerb in Genf; Frances Cook vom London Philharmonic Orchestra; Jon Millington vom London Symphony Orchestra; Orrin Howard vom Los Angeles Philharmonic Orchestra; Julie Griffin-Meadors von der Lyric Opera Chicago; Barbara Haws vom New York Philharmonic Orchestra; Nicholas Payne von der Royal Opera, Covent Garden; Claudia Mayr von den Salzburger Festspielen; Kathy Brown vom San Francisco Symphony Orchestra; Richard Warren vom Toronto Symphony Orchestra; und ungenannten Archivaren an der Bayerischen Staatsoper München und an der Frankfurter Oper. Mein besonderer Dank gilt Maria Cristina Reinhart, die Harvey bei seinen Recherchen half, viele Stunden mit ihm am Computer verbrachte und eine Menge nützlicher Tips zum Text gab.

Ich danke auch mehreren schwergeprüften Freunden – Paul und Françoise Findlay, Brian und Marge Eagles, Peter Grandell, Irene Pritzker, Michael Szell sowie George und Felicity Tullis –, die alle den Text gelesen und wertvolle Hinweise dazu gegeben haben.

Schließlich möchte ich mich gern bei allen bedanken, die mir in den vergangenen fünfundachtzig Jahren geholfen und mich unterstützt haben. Ohne sie hätte es nichts zu erzählen gegeben.

Roccamare, August 1997   Sir Georg Solti

NACHWORT

Völlig unerwartet verstarb am 5. September 1997 in Südfrankreich unser
geliebter Gyrni und Vater. Wenige Stunden vor seinem Tod hatte er die
Korrekturen an diesem Buch abgeschlossen. Wir hoffen, daß es Einblicke
in das Leben eines wunderbaren Mannes und einer außergewöhnlichen
Persönlichkeit gibt. Mehr, als Worte ausdrücken können, hat er unser Leben
bereichert und gesegnet. Er war ein liebevoller, großzügiger und weiser
Ehemann und Vater.

Valerie, Gabrielle und Claudia Solti

ANHANG

von Harvey Sachs

Auf den folgenden Seiten werden sämtliche Werke aufgeführt, die Sir Georg Solti je in Opernhäusern und Konzertsälen dirigiert hat. Einige Daten waren leider nicht mehr zu ermitteln.

Die Angaben werden in folgender Reihenfolge aufgeführt: Datum der Erstaufführung, Name des Komponisten, Titel des Werkes, wichtigste Interpreten, Regisseur.

1. Bayerische Staatsoper München, 1946 bis 1952

9. 4. 1946	Beethoven, *Fidelio*;	Braun, Hotter, Völker; Rennert
1. 1. 1947	Bizet, *Carmen*;	Braun, Kupper, Fehenberger, Hotter; Hamel
29. 4. 1947	Wagner, *Die Walküre*;	Schlüter, Schech, Barth, Völker, Hotter, Dalberg; Hofmüller
6. 11. 1947	Wagner, *Tristan und Isolde*;	Braun, Seider, Dalberg, Hager, Barth; Georg Hartmann
6. 1. 1948	Verdi, *La forza del destino (Die Macht des Schicksals)*	
13. 3. 1948	Hindemith, *Mathis der Maler*;	Schech, Sommerschuh, Barth, Reinmar, Kusche, Kuen, Klarwein, Fehenberger, Dalberg; Hartmann
4. 9. 1948	Strauss, *Salome*;	Kupper, Barth, Fehenberger, Klarwein, Reinmar; Hartmann

21. 10. 1948	Verdi, *Aida*;	Cunitz, Barth, Fehenberger, Reinmar, Dalberg; Hartmann
26. 2. 1949	Mozart, *Don Giovanni*;	Kupper, Holm, Sommerschuh, Reinmar, Proebstl, Reich, Kusche, Peter; Hartmann
30. 4. 1949	Sutermeister, *Raskolnikoff*;	Lindermeier, Barth, Klarwein, Kusche; Hartmann
11. 6. 1949	Strauss, *Der Rosenkavalier*;	Braun, Cunitz, Sommerschuh, Hann; Hartmann
2. 7. 1949	Purcell, *Dido und Aeneas*	
28. 10. 1949	Haas, *Tobias Wunderlich*;	Peter, Kupper, Sabo, Schmidt; Hartmann
31. 1. 1950	Mussorgsky, *Boris Godunow*;	Sommerschuh, Lindermeier, Barth, Hopf, Kuen, Klarwein, Reinmar, Kusche, Hann; Hartmann
9. 4. 1950	Verdi, *Rigoletto*;	Reinmar, Hopf, Nentwig, Proebstl, Sabo; Schröder
29. 5. 1950	Wagner, *Tannhäuser*;	Söderström, Cunitz, Schech, Hann, Schmitt-Walter; Hartmann
22. 10. 1950	Wagner, *Der fliegende Holländer*;	Frantz, Braun, Proebstl, Holm; Hartmann
10. 1. 1951	Orff, *Antigonae*;	Goltz, Uhde, Haefliger, Schech, Barth, Kusche; Arnold
1. 4. 1951	Mozart, *Così fan tutte*;	Kupper, Cunitz, Schmitt-Walter, Holm, Nentwig, Kusche; Arnold
22. 6. 1951	Strauss, *Ariadne auf Naxos*;	Kupper, Fehenberger, Nentwig, Cunitz, Schmitt-Walter, Sommerschuh; Arnold
14. 10. 1951	Verdi, *Don Carlos*;	Hotter, Cunitz, Hopf, Schmitt-Walter, Höngen, Böhme; Arnold
15. 1. 1952	Strauss, *Elektra*;	Borkh, Kupper, Fischer, Klarwein, Frantz; Arnold
22. 5. 1952	Wagner, *Das Rheingold*	

2. Oper Frankfurt am Main, 1952 bis 1961

7. 3. 1952	Bizet, *Carmen*;	Zapf, Gonszar, Ludwig
25. 9. 1952	Verdi, *Othello*;	Aldenhoff, Gonszar
18. 10. 1952	Mozart, *Don Giovanni*;	Kupper, Eipperle
18. 3. 1953	Hindemith, *Cardillac*;	Wolff, Schlemm, Zapf, Dahmen; Rennert
29. 5. 1953	Strauss, *Salome*;	Borkh, Aldenhoff, Zapf, Gonszar; Arnold
24. 6. 1953	Wagner, *Tristan und Isolde*;	Braun, Ernest, von Rohr, Gonszar; Tietjen
2. 9. 1953	Mozart, *Così fan tutte*;	Lorand, Schmidt, Schlemm, Wolinski, Wolff, Adam; Berger
25. 12. 1953	Strauss, *Arabella*;	Richter, Schlemm, Gonszar; Gielen
7. 4. 1954	Strawinsky, *Oedipus Rex*;	Marva, Renard; Rennert
15. 6. 1954	Verdi, *Un ballo in maschera (Ein Maskenball)*;	Roth
2. 12. 1954	Liebermann, *Penelope*;	Lorand, Schmidt, Ambrosius, Kozub; Roth
1. 1. 1955	Mozart, *Die Zauberflöte*;	Kozub, Lorand, Schlemm, Ambrosius; Rennert
20 .4. 1955	Strauss, *Der Rosenkavalier*;	Joesten, Zapf, Steffek, Böhme; Gielen
21. 6. 1955	Offenbach, *Les Contes d'Hoffmann (Hoffmanns Erzählungen)*;	Zapf, Kozub, Wolff, Schlemm, Lorand; Hartmann
26. 10. 1955	Gluck, *Orpheus und Eurydike*;	Hartleb
27. 1. 1956	Mozart, *Figaros Hochzeit*;	Wolff, Lorand, Schlemm, Adam, Steffek; Lindtberg
20. 6. 1956	Puccini, *Der Mantel, Gianni, Schicchi*;	Rennert
3. 10. 1956	Verdi, *La forza del destino (Die Macht des Schicksals)*;	Gutstein, Fehenberger, Zapf, Kreppel; Hartleb
30. 12. 1956	Strauß, *Die Fledermaus*;	Laubenthal, Lorand, Steffek, Stern, Zapf, Kozub; Mittler
28. 4. 1957	Wagner, *Der fliegende Holländer*;	Ericsdotter, Kozub, Hotter, Böhme; Hartleb

10. 7. 1957	Tschaikowsky, *Eugen Onegin*;	Watson, Gutstein, Sergi, Adam; Hartleb
9. 10. 1957	Verdi, *Don Carlos*;	Kreppel, Watson, Kozub, Gutstein; Hartleb
8. 4. 1958	von Einem, *Der Prozeß*;	Witte, Wolff, Schmidt; Rennert
27. 3. 1959	Wagner, *Parsifal*;	Gutstein, van Mill, Kozub, Stern, Ericsdotter; Hartleb
8. 7. 1959	Strauss, *Elektra*;	Borkh, Kuchta, Höngen, Sergi, Wolovsky; Hartmann
1. 11. 1959	Beethoven, *Fidelio*;	Goltz, Kozub, Wolovsky, Adam; Buckwitz
8. 1. 1960	Berg, *Lulu*;	Pilarczyk, Gutstein; Rennert
23. 6. 1960	Mussorgsky, *Boris Godunow*;	Mastilovic, McKee, Kozub, Wolovsky, Gutstein, Lagger; Herrlischka
23. 10. 1960	Wagner, *Die Walküre*;	Meyfarth, Goltz, Kozub, Wolovsky, Lagger; Witte
28. 5. 1961	Verdi, *Falstaff*;	Gutstein, Kouba; Witte

3. Royal Opera Covent Garden, London, 1959 bis 1996

12/1959	Strauss, *Der Rosenkavalier*;	Schwarzkopf, Jurinac, Steffek, Böhme; Busch
2/1961	Britten, *A Midsummer Night's Dream*;	Carlyle, Evans, Oberlin; Gielgud
8/1961	Gluck, *Iphigenie auf Tauris*;	Gorr, Turp, Massard; Gentele
9/1961	Wagner, *Die Walküre*;	Välkki, Watson, Gorr, Vickers, Hotter, Langdon; Hotter
2/1962	Mozart, *Don Giovanni*;	Gencer, Jurinac, Freni, Siepi, Evans; Zeffirelli
6/1962	Schönberg, *Erwartung*;	Shuard; Ustinov
6/1962	Puccini, *Gianni Schicchi*;	Carlyle, Vaughan, Turp, Evans; Ustinov
6/1962	Ravel, *L'heure espagnole (Die spanische Stunde)*;	Costa, Lanigan, Young, Savoie, Shaw; Ustinov
6/1962	Verdi, *Otello*;	Kabaivanska, Del Monaco, Gobbi; Vassallo
9/1962	Wagner, *Siegfried*;	Nilsson, Windgassen, Ward, Kraus; Hotter
9/1962	Verdi, *La forza del destino (Die Macht des Schicksals)*;	Cavalli, Bergonzi, Shaw, Ghiaurov; Wanamaker
1/1963	Verdi, *Falstaff*;	Ligabue, Resnik, Evans; Zeffirelli
5/1963	Mozart, *Figaros Hochzeit*;	Ligabue, Freni, Berganza, Evans, Gobbi; Schuh
9/1963	Wagner, *Die Götter-dämmerung*;	Nilsson, Collier, Windgassen, Stewart, Frick, Kraus; Hotter
1/1964	Britten, *Billy Budd*;	Lewis, Robinson, Kerns; Coleman
2/1964	Verdi, *Rigoletto*;	Moffo, Cossutta, Evans; Zeffirelli
9/1964	Wagner, *Das Rheingold*;	Andersson, Veasey, Ward, Lanigan, Collier; Hotter
12/1964	Offenbach, *Les contes d'Hoffmann (Hoffmanns Erzählungen)*;	Grist, Harper, Collier, Veasey, Lewis, Lanigan, Evans; Rennert
1/1965	Strauss, *Arabella*;	della Casa, Carlyle, Fischer-Dieskau; R. Hartmann

6/1965	Schönberg, *Moses und Aron*;	Robinson, Lewis; Hall
1/1966	Wagner, *Der fliegende Holländer*;	Jones, Pribyl, Ward, Frick; Williams
7/1966	Mozart, *Die Zauberflöte*;	Carlyle, Geszty, Wakefield, Evans, Ward; Hall
2/1967	Beethoven, *Fidelio*;	Jones, Pribyl; Copley
6/1967	Strauss, *Die Frau ohne Schatten*;	Hillebrecht, Borkh, Resnik, King, McIntyre; R. Hartmann
7/1968	Mozart, *Così fan tutte*;	Lorengar, Veasey, Popp, Alva, Ganzarolli, Engen; Copley
1/1969	Wagner, *Die Meistersinger*;	Ruk-Focic, Veasey, Thomas, Shirley, Bailey, Evans, Ward; R. Hartmann
5/1969	Strauss, *Elektra*;	Nilsson, Collier, Resnik, McIntyre; Copley
6/1969	Gluck, *Orpheus und Eurydike*;	Minton, Lorengar, Robson; Copley
2/1970	Verdi, *Don Carlos*;	Jones, Veasey, Cossutta, Glossop, Ward; Visconti
6/1970	Strauss, *Salome*;	Bumbry, Veasey, Ulfung, Bailey, Glossop; Everding
2/1971	Tschaikowsky, *Eugen Onegin*;	Cotrubas, Minton, Tear, Braun; Hall
6/1971	Wagner, *Tristan und Isolde*;	Dvorakova, Veasey, Thomas, McIntyre; Hall
7/1973	Bizet, *Carmen*;	Verrett, Te Kanawa, Domingo, Van Dam; Gelliot
4/1979	Wagner, *Parsifal*;	Minton, Hofmann, Mazura, Bailey, Moll; Hands
11/1987	Mozart, *Die Entführung aus dem Serail*;	Nilsson, Watson, van der Walt, Magnusson, Moll; Moshinsky
11/1991	Verdi, *Simone Boccanegra*;	Te Kanawa, Sylvester, Agache, Scandiuzzi; Moshinsky
11/1994	Verdi, *La Traviata*;	Gheorghiu, Lopardo, Nucci; Eyre

Amy   *D'un espace déployé*

Bach, Carl Philipp Emanuel
                         Cellokonzert in A-Dur
Bach, Johann Sebastian
                         Brandenburgische Konzerte Nr. 1-3, BWV 1045–1051
                         Konzert für Oboe und Violine, BWV 1060
                         Konzert für zwei Violinen in d-Moll (Doppelkonzert),
                              BWV 1043
                         Konzert für Violine in d-Moll, BWV 1052
                         Matthäus-Passion, BWV 244
                         Messe in h-Moll, BWV 232
                         Orchestersuite Nr. 3, BWV 1068
Barber   *Essay for Orchestra*
Bartók   Cantata profana
                         Der wunderbare Mandarin, Suite
                         Divertimento für Streichorchester
                         Herzog Blaubarts Burg
                         Klavierkonzerte Nr. 1–3
                         Konzert für Orchester
                         Konzert für Viola und Orchester
                         Musik für Saiteninstrumente, Schlagzeug und Celesta
                         Rapsodie für Violine Nr. 1 und 2
                         Tanzsuite
                         Ungarische Stücke
                         Violinkonzerte Nr. 1 und 2
                         Zwei Porträts
Beethoven   »Ah, perfido«, Konzertarie
                         Coriolan-Ouvertüre
                         Egmont-Ouvertüre
                         Fidelio
                         Klavierkonzerte Nr. 1, 2, 4 und 5
                         Konzert für Klavier, Violine, Violoncello und Orchester
                              (*Tripelkonzert*)
                         Leonoren-Ouvertüre Nr. 3
                         Missa Solemnis

	Romanze für Violine Nr. 1
	Symphonien Nr. 1 bis 9
	Violinkonzert
Berg	Violinkonzert
Berlioz	*Benvenuto Cellini*
	La Damnation de Faust (Fausts Verdammung)
	Le Carneval romain (Der römische Karneval)
	Les Francs-juges (Der Femerichter)
	Les Nuits d'été (Sommernächte)
	Romeo et Juliette (Romeo und Julia), Ausschnitte
	Symphonie fantastique
Blackwood	Symphonie Nr. 4
Bloch	Suite für Viola
Boccherini	Cellokonzert
Borodin	*Prinz Igor*, Ouvertüre
Brahms	Akademische Festouvertüre
	Ein deutsches Requiem
	Klavierkonzerte Nr. 1 und 2
	Konzert für Violine und Violoncello (Doppelkonzert)
	Symphonien Nr. 1 bis 4
	Tragische Ouvertüre
	Variationen über ein Thema von Joseph Haydn
	Violinkonzert
Britten	Sinfonia da Requiem
	The Young Person's Guide to the Orchestra
	Variations on a Theme of Frank Bridge (Variationen über ein Thema von Frank Bridge)
Bruch	Violinkonzert Nr. 1
Bruckner	Symphonien Nr. 0 bis 9
Burton	Sinfonia per grande orchestra (Sinfonie für großes Orchester)
Carter	Variations for Orchestra (Variationen für Orchester)
Chagrin	*Roumanian Fantasy for Harmonica* (Rumänische Fantasie für Mundharmonika)
Chopin,	Klavierkonzert Nr. 1

Copland	*Music for a Great City*
	Quiet City
	Rodeo: Buckaroo Holiday
Corigliano	Klarinettenkonzert
	Tournaments-Ouvertüre
Creston	Fantasie für Posaune
Debussy	Drei Nocturnes
	Images: Ibéria
	La Mer
	Prélude à l'après-midi d'un faune (Nachmittag eines Fauns)
Delius	*Brigg Fair*
Del Tredici	*Final Alice*
Dohnányi	Variationen über ein ungarisches Kinderlied
Dukas	*L'apprenti sorcier (Der Zauberlehrling)*
Duprac	Vier Lieder
Dvořák	Cellokonzert
	Symphonie Nr. 9 (*Aus der Neuen Welt*)
	Violinkonzert
Elgar	Cellokonzert
	Enigma-Variationen
	Falstaff
	In the South (Im Süden), Ouvertüre
	Pomp and Circumstances, Marsch Nr. 4
	Sea Pieces (Seestücke)
	Symphonien Nr. 1 und 2
Gershwin	Lullaby
Glasunow	Violinkonzert
Glinka	*Ruslan und Ludmilla*, Ouvertüre
Gould	Flötenkonzert
Händel	Concerti grossi, op. 3, Nr. 1 und 2
	Der Messias
	Harfenkonzert, op. 4, Nr. 6
	Orgelkonzert Nr. 16 in F-Dur

Hanson	Serenade für Flöte, Harfe und Orchester
Haydn	*Die Jahreszeiten*
	Die Schöpfung
	Konzert für Violine, Klavier und Orchester in F-Dur
	Orgelkonzert Nr. 2
	Sinfonia concertante für Violine, Violoncello, Oboe und Fagott
	Symphonien Nr. 22, 44 83, 93, 95, 96 und 100 bis 104
Henze	*Heliogabalus imperator*
Hindemith	Symphoniale Metamorphosen nach Themen von Carl Maria von Weber
	Symphonie in Es-Dur
Holst	*The Planets (Die Planeten)*
Hummel	Trompetenkonzert
Humperdinck	*Hänsel und Gretel*
Husa	Trompetenkonzert
Ibert	Concertino da camera
Ives	*Decoration Day*
	The Unanswered Question
	Three Places in New England
	Tone Roads Nr. 1 und 3
	Varationen über »America«
	Washington's Birthday
Kodály	Háry-János-Suite
	Psalmus hungaricus
	Variationen über ein ungarisches Volkslied (»Der Pfau flog«)
Levy	Klavierkonzert Nr. 1
Liszt	Faust-Symphonie
	Festklänge
	Klavierkonzert Nr. 1 und 2
	Les Préludes
	Mephisto-Walzer
	Totentanz
	Ungarische Rhapsodie Nr. 2
	Von der Wiege bis zum Grabe

Lutosławski	Symphonie Nr. 3
Mahler	*Das Lied von der Erde*
	Lieder eines fahrenden Gesellen
	Symphonien Nr. 1 bis 9
Martinů	Violinkonzert Nr. 1
McCabe	Konzert für Orchester
Mendelssohn Bartholdy	
	Hebriden-Ouvertüre
	Klavierkonzerte Nr. 1 und 2
	Ouvertüre zu *A Midsummer Night's Dream*
	Violinkonzert
	Symphonien Nr. 3 und 4
Menotti	Arie der Magda aus: *The Consul*
Mozart	Adagio in E-Dur
	Adagio und Fuge in c-Moll
	c-Moll-Messe
	Flötenkonzert Nr. 2
	Hornkonzert Nr. 4
	Klarinettenkonzert
	Klavierkonzerte Nr. 9, 12, 17, 20, 21, 23 bis 25, 27
	Ouvertüre zu *Don Giovanni*
	Ouvertüre zur *Zauberflöte*
	Sinfonia concertante for Violine und Viola
	Sechs Konzertarien
	Symphonien Nr. 25, 35, 38 bis 41
	Violinkonzerte Nr. 3 bis 5
Mussorgsky	*Bilder einer Ausstellung* (Orchesterfassung von Ravel)
	Chowanschtschina-Preludium
Nielsen	Symphonien Nr. 1 und 6
Paganini	Violinkonzert Nr. 1
Panufnik	*Sinfonia sacra*
Prokofjew	Klavierkonzert Nr. 3
	Romeo und Julia (Auszüge)
	Symphonie Nr. 1 (»Die klassische Symphonie«)
	Violinkonzert Nr. 1

Rachmaninow	Rhapsodie über ein Thema von Paganini
Ravel	*Boléro*
	Daphnis et Chloé (2. Suite)
	Klavierkonzert in G
	Le Tombeau de Couperin
	La Valse
	Shéhérazade
	Une barque sur l'océan
Rochberg	*Imago mundi*
	Symphonie Nr. 5
	Violinkonzert
Rossini	Ouvertüren zu:
	– *Il barbiere di Siviglia (Der Barbier von Sevilla)*
	– *La gazza ladra (Die diebische Elster)*
	– *La scala di seta (Die seidene Leiter)*
	– *L'assedio di Corinto (Die Belagerung von Korinth)*
	– *L'italiana in Algeri (Die Italienerin in Algier)*
	Semiramide (Semiramis)
Roussel	Symphonie Nr. 3
Rózsa	Cellokonzert
Ruggles	*Men and Mountains*
Saint-Saëns	Cellokonzert
Schönberg	*Erwartung*
	Moses und Aron
	Orchestervariationen
	Violinkonzert
Schubert	Symphonien Nr. 5, 6, 8 und 9
Schuller	Flötenkonzert
	Recitative and Rondo für Violine
	Seven Studies on Themes of Paul Klee (Sieben Studien über Themen von Paul Klee)
Schumann	Klavierkonzert
	Konzertstück für vier Hörner
	Symphonien Nr. 2 bis 4
Sessions	*When Lilacs Last in the Dooryard Bloomid*

Schostakowitsch	Cellokonzert Nr. 1
	Symphonien Nr. 1, 5, 8 bis 10, 13
Sowerby	*Comes Autumn Time*, Ouvertüre
Stout	George Lieder
	Symphonie Nr. 4
Strauß	Ouvertüre zu *Die Fledermaus*
Strauss	*Also sprach Zarathustra*
	Don Juan
	Ein Heldenleben
	Hornkonzerte Nr. 1 und 2
	Macbeth
	Oboenkonzert
	Salome
	Till Eulenspiegels lustige Streiche
	Tod und Verklärung
	Vier letzte Lieder
Strawinsky	*Jeu de cartes (Das Kartenspiel)*
	Le sacre du printemps (Das Frühlingsopfer)
	L'oiseau de feu (Der Feuervogel) Suite
	Oedipus Rex
	Orpheus
	Petruschka
	Symphonie in C
	Symphonie in drei Sätzen
	Violinkonzert
Suppé	Ouvertüre zu *Pique Dame*
Tschaikowsky	1812-Ouvertüre
	Die Nußknacker-Suite
	Klavierkonzert Nr. 1
	Romeo und Julia
	Schwanensee
	Symphonien Nr. 4 bis 6
	Violinkonzert
Tscherepin	*Magna Mater*
Tippett	Byzantium
	Suite in D
	Symphonie Nr. 4

Verdi	*Falstaff*
	Ouvertüre zu
	– *La forza del destino (Die Macht des Schicksals)*
	– *Otello*
	– *Quatro pezzi sacri*
	Requiem
	Simone Boccanegra (Vorspiel und 1. Akt)
Villa-Lobos	Ciranda das sete notas
Vivaldi	Concerti für Piccoloflöte
	Konzert für drei Violinen in F-Dur
	Konzert für zwei Violinen in a-Moll
Wagner	*Das Rheingold*
	Der fliegende Holländer
	Die Götterdämmerung (3. Akt)
	Die Meistersinger
	Siegfried (3.Akt)
	»Dich teure Halle« aus *Tannhäuser*
	Ouvertüren zu:
	– *Der fliegende Holländer*
	– *Tannhäuser* (Pariser Fassung)
	Vorspiel zu:
	– *Die Meistersinger*
	– *Lohengrin* (3.Akt)
	– *Parsifal*
	– *Tristan und Isolde* (mit Liebestod)
Walton	*Belsazzar's Feast*
	Konzert für Viola
	Partita für Orchester
Weber	Ouvertüren zu:
	– *Der Freischütz*
	– *Euryanthe*
	– *Oberon*
Weiner	*Prince Csongor and the Goblins*
Williams	Symphonie Nr. 4
Zwillich	Posaunenkonzert

FOTONACHWEIS

Béla Bartók, Zoltán Kodály: Hulton Getty Picture Collection
Richard Strauss, Generalprobe zu *Der Rosenkavalier*: Decca, London
Beim Tischtennisspielen: Decca, London
Metropolitan Opera Anfang der sechziger Jahre: Decca, London,
Louis Mélançon
Enid Blech: Reg Wilson
Hedi und John Gielgud: Hulton Getty Picture Collection
Lord Drogheda: Donald Southern
Im Walkürenkostüm: Decca, London, Elfriede Hanka-Broneder
Mit dem Chicago Symphony Orchestra: Decca, London
Proben zu *Otello*: Decca, London, Jim Steere

Alle anderen Fotos mit freundlicher Genehmigung der Familie
Sir Georg Solti